摩卡僧侶的咖啡煉金之旅

從葉門到舊金山，
從煙硝之地到舌尖的醇厚之味，
世界頂級咖啡「摩卡港」
的崛起傳奇

THE MONK OF MOKHA

戴夫・艾格斯——著
DAVE EGGERS
洪慧芳——譯

目錄

第二部

第三部

第四部

第五部

「為什麼？因為他讓整個世界壓在自己的身上。舉例來說呢？好吧，比如說，生而為人的意義。在一個城市裡，在一個世紀裡，在轉變之中，在群體之中。受到科學的改造，受到有組織的力量所支配，受制於強大的管控。處於機械化的情境，在根本的希望破滅之後，在一個毫無社群又貶抑人的社會裡。數字的倍增使自我變得微不足道。耗費幾十億軍費去對付外敵，卻不願斥資整頓國內秩序。放任暴行和野蠻行徑在國內的大城市裡橫行。在此同時，數百萬人已經發現同心協力、眾志成城的威力。猶如數萬噸的海水塑造出海底的有機體，猶如潮汐打磨石頭，猶如強風吹蝕懸崖。美好的超級機器為無數的人類展開一種新生活。」

索爾．貝婁（Saul Bellow），《何索》（*Herzog*）

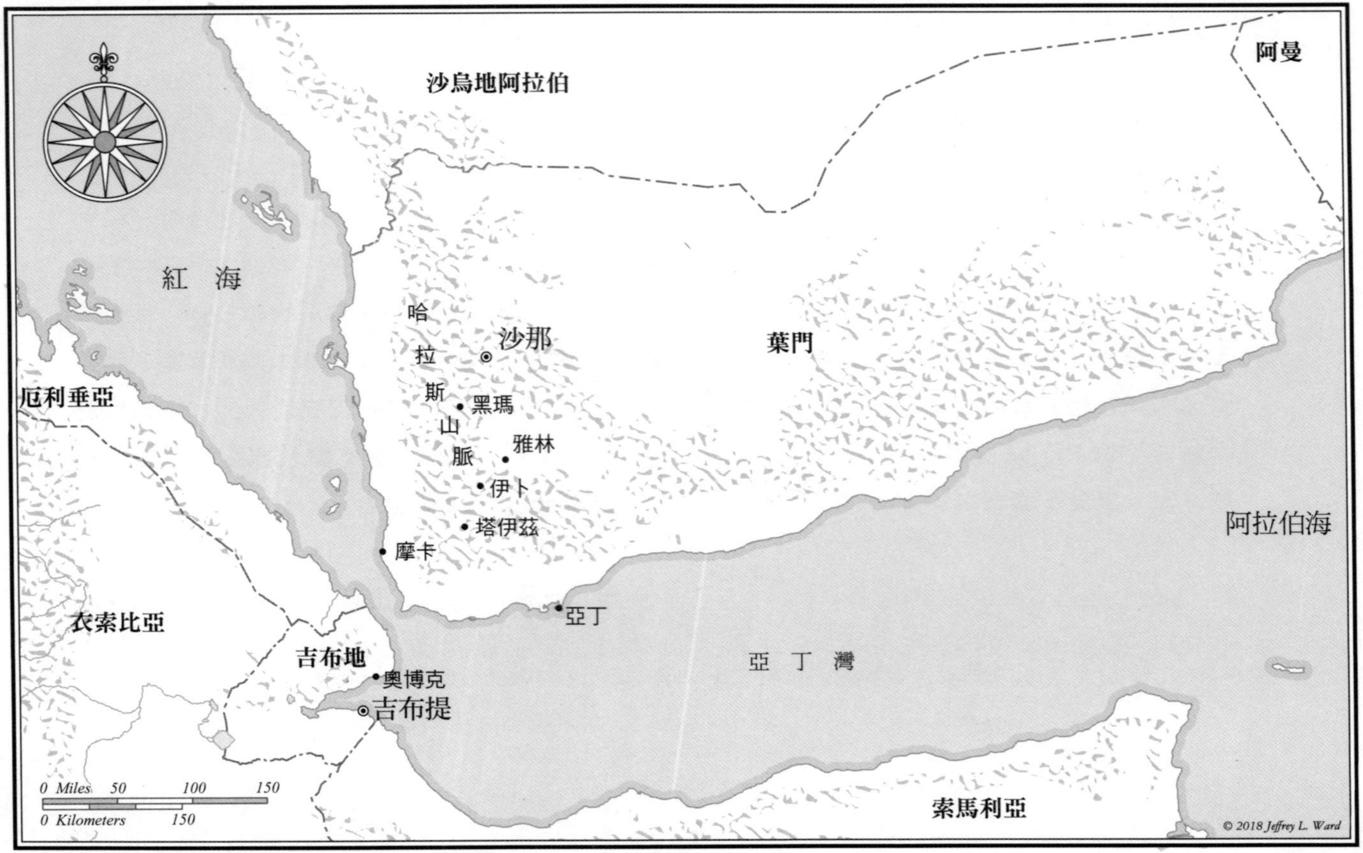
沙烏地阿拉伯
阿曼
紅　海
哈
拉
斯
山
脈
沙那
葉門
黑瑪
雅林
伊卜
塔伊茲
摩卡
厄利垂亞
亞丁
阿拉伯海
衣索比亞
吉布地
奧博克
吉布提
亞　丁　灣
索馬利亞
0 Miles 50 100 150
0 Kilometers 150
© 2018 Jeffrey L. Ward

序言

穆赫塔・肯夏利（Mokhtar Alkhanshali）*和我約好在加州的奧克蘭碰面，他才剛從葉門死裡逃生回來。他是美國公民，卻遭到美國政府的拋棄，只能靠自己閃躲沙烏地阿拉伯的炸彈和胡塞（Houthi）†叛軍。他找不到方法離開葉門，當地機場已經炸毀，離開葉門的道路也無法通行。美國沒有規劃任何撤僑方案，也沒有提供援助。美國國務院讓數千名葉門裔美國人困

---

* 譯註：阿拉伯語地名和人名前常有al。al是定冠詞the，也是阿拉伯語姓名中的前綴詞，表示「家」、「家族」、「家族成員」。但主角的家族進入美國後，把al和後面的字合成一個字。他的祖父名字是哈穆德・肯夏利・薩法蘭・阿艾許馬力（Hamood al-Khanshali Zafaran al-Eshmali），al-Khanshali的al是分開的，所以翻譯時並未把al翻譯出來，以免名字變得太長。

† 譯註：胡塞運動，正式名稱是真主虔信者，是葉門的一個反政府武裝恐怖組織。

在當地，他們只能自己想辦法逃離閃電戰——沙國空軍向葉門投擲了數萬顆美國製造的炸彈。

我在傑克倫敦廣場（Jack London Square）的藍瓶咖啡（Blue Bottle Coffee）外面等候穆赫塔。在美國的其他地方，有一場審判正在波士頓進行，兩名年輕的兄弟被指控在波士頓馬拉松賽中連續引爆多次炸彈，造成九人死亡，數百人受傷。在奧克蘭的上空，一架警用直升機盤旋在上頭，追蹤著奧克蘭港正在進行的碼頭工人罷工。這是二〇一五年，九一一恐怖攻擊事件已過了十四年，歐巴馬總統執政進入第七年。美國身為一個國家，已經擺脫布希時代的嚴重被害妄想症，穆斯林美國人遭到的騷擾已有緩解之勢。然而，只要有穆斯林美國人犯下任何罪行，每次都會再度掀起民眾的伊斯蘭恐懼症，使大家陷入草木皆兵的狀態好幾個月。

穆赫塔抵達時，他看起來比我上次見到時更老成，也更沉著。那天他下車時，穿著卡其褲和紫色的毛線背心，頭髮理得很短，上了髮膠，山羊鬍修剪得整齊。他走起路來出奇地平靜，上半身幾乎不動，讓雙腿撐著他過街，來到人行道上的桌邊。我們彼此握手，我看到他的右手上戴著一枚很大的銀戒，戒面有蛛網狀的紋路，戒臺上鑲著一大顆紅色的寶石。

他鑽進藍瓶咖啡，跟在裡面工作的朋友問好，並端了一杯衣索比亞咖啡給我。他堅持要我等咖啡涼了再喝。他說，咖啡不該在太燙時享用，那會掩蓋了風味，而且味蕾遇到高溫會退縮。當我們終於坐定位，咖啡也涼了以後，他開始講述他在葉門遭到誘捕及獲釋的故事，以及他在舊金山田德隆區（Tenderloin）成長的過程（就很多方面來說，田德隆區可說是舊金山麻煩事最多的地區），還有他在市區某棟高級大樓擔任門衛時，從咖啡找到一生志業的始末。

穆赫塔的講話速度很快，言談幽默風趣，態度真誠。他一邊講故事，一邊以智慧型手機裡的照片作為輔助說明。有時他會播放故事發生時所聆聽的音樂，有時他會歎氣，有時他為自己的人生與好運感到訝異——一個在田德隆區成長的窮小子，如今是事業有成的咖啡進口商。有時他不禁大笑，對於自己大難不死感到詫異，因為他經歷了沙烏地阿拉伯對沙那（葉門首都）的轟炸，並在葉門陷入內戰後，遭到當地兩個派系的劫持。但他今天主要還是想談咖啡；讓我看咖啡樹和咖啡農的照片；談論咖啡的歷史；講述咖啡之所以享有今天的地位，成為世界生產力的主要燃料及價值七百億美元的全球商品的來龍去脈。他談論這些話題時，唯一放慢語速的時候，是談到他困在葉門時，給朋友和家人帶來的擔憂。那時他暫停下來靜默不語，銅鈴大眼不禁熱淚盈眶，盯著手機上的照片看了一會兒才鎮定下來，繼續說下去。

❖

現在，我寫完這本書，距離我們在奧克蘭見面那天已經三年了。在開始撰寫這本書之前，我喝咖啡很隨性，對精品咖啡充滿了懷疑，覺得精品咖啡貴得離譜，甚至覺得那些非常在意咖啡怎麼煮、從哪裡來、排隊購買特殊烘焙咖啡的人都是裝模作樣的傻瓜。

然而，我到哥斯大黎加、衣索比亞等地走訪世界各地的咖啡園和咖啡農之後，受到了啟發。穆赫塔也啟發了我。我們一起去加州的中央谷地（Central Valley）造訪他的家人；去聖芭芭拉（北美唯一的咖啡園）摘採咖啡果實（coffee cherries）*；在衣索比亞的哈勒爾（Harar）咀嚼咖特草（qat）†；在俯瞰城市的山上，我們漫步在地球上一些最古老的咖啡樹之間。當我們沿著他在吉布地（Djibouti）走過的足跡前進時，我們造訪了奧博克（Obock）海岸前哨附近的難民營，那裡塵土飛揚，瀰漫著絕望的氣息。我也看到穆赫塔努力幫一個葉門的牙科學生拿回護照，那個學生剛逃離內戰，一無所有——甚至連身分也沒有。在葉門最偏遠的山區，我和穆赫塔跟著植物學家和謝赫（sheik，阿拉伯語中的常見尊稱，亦即部族長老）一起喝甜茶，聆聽那些與內戰無關、只求和平的百姓哀嘆。

在這一切之後，美國選民選了（或者說，是選舉團促成了）一個總統，他承諾不讓穆斯林進入美國。他說，「等我們搞清楚究竟是怎麼回事」，才讓穆斯林進來。他就職後，兩度禁止七國公民造訪美國，那七國的公民絕大多數都是穆斯林。葉門就是那七國之一，或許也是比其他國家更容易遭到誤解的國度。穆赫塔在總統大選後對我說：「我希望集中營裡有無線網路。」這是美國穆斯林圈子裡流傳的冷笑話，這個笑話的背後脈絡是：川普只要逮到機會（例如穆斯林在國內製造恐怖事件的話），就會提議在美國登記、甚至拘留穆斯林。穆赫塔開這個玩笑時，身上穿的T恤印著「要泡咖啡，不要戰爭」（Make Coffee, Not War）。

穆赫塔的一言一行總是散發著幽默，我希望這本書在字裡行間也抓到了幾分精髓，讓大家瞭解這種樂天的態度如何影響他看待這個世界，即便是身處險境。在葉門內戰期間，穆赫塔一度在亞丁（Aden）遭到民兵逮捕並關押入獄。由於他在美國成長，深受美國流行文化的薰陶，他突然想到，其中一個俘獲他的人長得很像電影《小子難纏》（*Karate Kid*）裡那個學空手道的主角。穆赫塔向我描述那段經歷時，直接把那個俘獲他的人稱為「空手道小子」，其他則什麼也沒說。我在書裡使用這個綽號，不是刻意想要輕描淡寫穆赫塔身陷的危機，而是覺得對於這樣一位處變不驚的人來說，我有必要充分反映出他看待世界的觀點。他覺得多數的危險只是暫時阻礙更重要的課題罷了。對他來說，尋找、烘焙及進口葉門咖啡，並協助農民持續進步，才是更重要的課題。我猜想，那個俘獲他的人確實看起來很像一九八〇年代初期的雷夫・馬奇歐（Ralph Macchio）‡。

穆赫塔面對他身處的歷史時，總是非常謙卑，他也覺得自己在那段歷史中的地位微不足道。但他的故事其實很老派，主要是在講美國夢——這個夢想如今不只鮮活，也深受威脅。他的故事也和咖啡有關，描述他如何盡力改善葉門的咖啡產量（葉門早在五百年前就開始種植咖啡了）。他的故事也和舊金山的田德隆區有關（那是一個位於巨富城市中的絕望低谷），講述

* 譯註：咖啡果實成熟時呈鮮紅色，宛如櫻桃一般，故英文名稱為「coffee cherry」。

† 譯註：咖特草亦被稱為「巧茶」，原產地為衣索比亞，十三世紀當地人咀嚼咖特草的嫩芽和葉子來抵抗飢餓和疲勞。後來嚼咖特草的習慣傳到許多非洲和中東國家。不少學生和司機嚼咖特草來提神醒腦，農民和勞動者則嚼咖特草來減輕疲勞。

‡ 譯註：《小子難纏》的男主角。

當地難以安身立命、尊嚴過活的家庭。他的故事也和葉門有關，描寫加州為什麼有很多酒舖是葉門人經營的；葉門人意外進駐中央谷地的歷史；葉門人在加州的工作如何呼應葉門悠久的農業史；直接交易如何改變農民的生活，賦予他們能動力和地位；像穆赫塔這樣的美國人如何透過創業的熱情和堅毅的勞動，與祖國維持深厚的關係，並在已開發國家與開發中國家之間，以及生產國和消費國之間，搭起不可或缺的橋梁；這些搭起橋梁的人如何巧妙及勇敢地體現美國這個國家存在的理由（一個充滿奇妙的機會及無限善意的地方）；以及當我們遺忘這是美國最大的優點時，我們也忘了自我——我們不是一個因停滯、懦弱、恐懼而團結在一起的混合民族；而是一個因非理性的繁榮、在全球積極進取的個人膽識、勇往直前的先天正義感、不受拘束且不屈不撓的勇氣，而團結在一起的大熔爐。

【作者註記】這是一部紀實作品，描述穆赫塔．肯夏利所看見及經歷的事件。為這本書做研究時，我在近三年的時間裡，對穆赫塔做了數百個小時的採訪。只要有可能的話，我都會找當時也在場的其他人或歷史記錄來協助驗證他的記憶。書中收錄的所有對話，都是以穆赫塔和其他當事人記憶的形式呈現。有些名字已經更改。如果對話是在葉門進行的，那些對話都是以阿拉伯語進行。在穆赫塔的協助下，我已盡力以英語精確地反映出那些對話的語氣和神韻。

第一部

第一章　背包

米麗安（Miriam）把東西交給穆赫塔，通常是一些書。她給了他《資本論》（*Das Kapital*），給了他諾姆．杭士基（Noam Chomsky）的著作。她灌輸給他思想，鼓舞他的鬥志。他倆交往了約一年，但終成眷屬的希望渺茫。穆赫塔是穆斯林及葉門裔美國人，米麗安是基督徒及巴勒斯坦和希臘人的混血。但米麗安很美，個性強悍，她為穆赫塔所做的奮鬥比穆赫塔為自己的奮鬥還多。穆赫塔說，等他終於想取得學士學位並去法學院就讀時，米麗安買了一個背包送他。那是律師用的背包，是西班牙的格拉納達（Granada）製造的，以最柔軟的皮革精心製成，搭配黃銅鉚釘、扣環，裡面還有優雅的分隔設計。米麗安心想，也許這個背包可以帶給他圓夢的動力。

穆赫塔心想，一切終於水到渠成。他終於攢夠了錢，申請上舊金山城市學院，將於今年的秋季入學。在城市學院就讀兩年後，他會到舊金山州立大學再讀兩年，接著再讀三年的法學院。完成這些學業時，他就三十歲了。雖然不盡理想，但至少那是他可以真正付諸實踐的時間表。在他的求學生涯中，這是他首度看到明確的前景與動力。

上大學需要一臺筆記型電腦，所以他向弟弟瓦力（Wallead）借錢。瓦力只小他幾個月，他們戲稱他們是愛爾蘭雙胞胎*，但瓦力早就幫他把事情搞定了。瓦力在名叫「無限大樓」（Infinity）的高級住宅中擔任門衛幾年，後來進入加州大學戴維斯分校就讀。他存夠了錢，可以幫穆赫塔買筆電。他以信用卡幫穆赫塔刷了一臺新款的MacBook Air，穆赫塔承諾分期償還一千一百美元。穆赫塔把筆電放進米麗安送的背包中，尺寸剛好，看起來頗有律師的風範。

穆赫塔背著那個背包去找索馬利亞的募款者。那是二〇一二年，他和一群朋友在舊金山舉辦了一場活動，為那些身陷饑荒的索馬利亞人募款，當時飢荒已奪走數十萬人的生命。那場賑災活動是在齋戒月（Ramadan）期間舉行，所以每位活動參與者都吃得很好，他們聽著索馬利亞裔的美國人談論祖國同胞的困境。最後，他們募集了三千美元，大多是現金。穆赫塔把錢放進背包裡。那天他穿著西裝，拿著皮革背包，裡面裝著一臺新筆電，還有一疊各種面值的美鈔，他感覺自己像個有目標的行動家。

穆赫塔難掩興奮之情，再加上生性衝動，便說服另一位活動的主辦者賽義德·達烏什（Sayed Darwoush），在活動結束的當晚，馬上開一小時的車把那筆錢送到南部的聖克拉拉

---

* 譯註：通常是指兄弟姊妹相隔不到一歲，以前這個詞是用來嘲諷蘇格蘭人生育頻繁。

（Santa Clara）。到了聖克拉拉，他們會去清真寺，把捐款交給伊斯蘭救援組織（Islamic Relief）的代表。伊斯蘭救援組織是在索馬利亞發放救濟物資的全球非營利組織。一位活動的主辦者要求穆赫塔帶一個大冷藏箱過去，裡面裝滿剩餘的 rooh afza（以牛奶和玫瑰水做成的粉紅色巴基斯坦飲料）。傑若米問道：「你確定今晚非去不可嗎？」傑若米常覺得穆赫塔太衝動了，把太多的事情攬在自己身上。

穆赫塔說：「我沒意見，去或不去都可以。」但他心想：「今晚非去不可。」

於是，賽義德開車，沿著一〇一號公路一路南下。一路上他們回想起當晚大家的慷慨解囊，穆赫塔覺得能夠想到一個點子並付諸實踐，那感覺真好。他也想到讀完法學院後，成為美國第一個拿到法律學位的肯夏利家族成員是什麼樣子。畢業後，他就可以為那些尋求庇護的難民，以及遇到移民問題的阿拉伯裔美國人處理法律事務，也許哪天還可以競選公職。

前往聖克拉拉的途中，穆赫塔筋疲力竭。籌備那場募款活動花了好幾週的時間，現在他的身體需要休息。他把頭靠在車窗上說：「只是閉目養神。」

他醒來時，車子正停在聖克拉拉清真寺的停車場上。賽義德搖動穆赫塔的肩膀說：「起來了！」幾分鐘後祈禱就要開始了。

穆赫塔睡眼惺忪地下車。他們從後車廂拿出飲料，匆匆地進入清真寺。

祈禱過後，穆赫塔才意識到他把背包放在外面了——就放在地上，汽車的旁邊。午夜時分，他把背包留在停車場，裡面裝了三千美元和那臺價值一千一百美元的新筆電。

他衝向汽車，發現背包不見了。

他們搜尋停車場，但一無所獲。

清真寺裡沒有人看到任何東西。穆赫塔和賽義德找了一整夜。穆赫塔完全沒睡，賽義德一早就回家了，穆赫塔則是留在聖克拉拉。

留下來根本沒有意義，但回家也不可行。

他打電話給傑若米。「我的背包丟了。為了那個該死的粉紅牛奶，我丟了三千美元和一臺筆電。這下子我怎麼跟大家交代？」

穆赫塔無法告訴數百位捐款救濟索馬利亞饑荒的人，他們的錢不見了。他也不能告訴米麗安這件事。他不敢去想她為那個背包付了多少錢，以及她會怎麼看他——他頓時失去了擁有的一切。他不能告訴父母，也不能告訴瓦力，他們要為一臺他從未用過的筆電支付一千一百美元。

穆赫塔搞丟背包的第二天，他的朋友易卜拉辛．阿赫麥．易卜拉辛（Ibrahim Ahmed Ibrahim）正要飛往埃及，去看「阿拉伯之春」*的狀況。穆赫塔陪他搭車去機場，機場正好在他回父母家的途中。易卜拉辛即將從加州大學柏克萊分校畢業，再過幾個月就可以拿到學位了。他不知道該對穆赫塔說什麼，說「別擔心」似乎不夠。他從安檢隊伍中默默地消失，飛往

---

* 編註：指的是二〇一〇年年底至二〇一二年期間在阿拉伯世界所爆發的一次革命浪潮。

開羅。

穆赫塔在機場中庭的黑色皮椅上坐了好幾個小時，看著人來人往，一些家庭在此出境入境，商務人士提著公事包和設計圖。在象徵著「移動」的國際航站裡，他坐在那裡顫抖，走投無路。

第二章 無限大樓的門衛

穆赫塔成了門衛。不，確切的職稱是「大廳特使」，無限大樓比較喜歡這種稱呼法，其實大廳特使就是門衛的意思。穆赫塔是費薩爾·肯夏利（Faisal Alkhanshali）和布席拉·肯夏利（Bushra Alkhanshali）的長子；瓦力、薩巴（Sabah）、哈立德（Khaled）、艾福拉（Afrah）、佛瓦茲（Fowaz）、穆罕默德（Mohamed）的長兄；哈穆德·肯夏利·薩法蘭·阿艾許馬力的孫子；伊卜的勇士；艾沙南部族（al-Shanan，巴基爾部族聯盟的主要分支）的後裔；他的職業是負責看門。

無限大樓是由四棟住宅組成，每棟建築都能俯瞰舊金山灣、陽光明媚的舊金山市和東灣丘陵，裡面住著醫生、科技新貴、職業運動員、富有的退休人士。他們進進出出時，都會經過金碧輝煌的大廳。穆赫塔站在那裡為他們開門，讓他們不用費力就能輕鬆進出。

如今，對穆赫塔來說，舊金山城市學院已經不再是選項。搞丟背包後，他不得不先找一份全職的工作。家族的朋友歐馬・蓋扎利（Omar Ghazali）借給他三千美元，以便捐給伊斯蘭救援組織。但他還需要還錢給蓋扎利，也需要償還瓦力一千一百美元，因此上大學的計畫只能無限期延後了。

瓦力幫他找到了那份門衛的工作，因為幾年前瓦力也在那裡擔任門衛。當時瓦力的時薪是二十二美元，現在穆赫塔的時薪是十八美元。瓦力在那裡擔任門衛時，那棟大樓有工會，但如今工會已解散，大樓是由名叫瑪麗亞的時髦祕魯人管理。瑪麗亞常穿著高跟鞋，咔噠咔噠地走過閃閃發亮的地板。她喜歡穆赫塔看起來乾淨俐落的打扮，所以錄取他擔任門衛。穆赫塔也沒什麼好抱怨的，當時他的時薪十八美元已經比加州的最低工資八・二五美元高了。

但他沒讀過大學，現在也沒了上大學的明確管道。白天，他待在無限大樓的B棟大廳裡，為住戶開門，也為那些提供住戶餐點及按摩服務、遛狗、清掃公寓、安裝水晶吊燈的形形色色人員開門。穆赫塔總是帶著一本書在身邊（他正試著閱讀《資本論》），但閱讀對門衛來說幾乎是不可能的消遣，因為大廳裡干擾不斷，噪音惱人。大廳和外面的街道等高，周圍的環境正在改變，每個月附近都有一棟新的建築拔地而起，把蘇瑪區（South of Market）變成迷你的曼哈頓。周遭的建築噪音雜亂，使他心神不寧。

噪音是一回事，但妨礙閱讀或思考的主要障礙還是那扇門。大廳宛如一個玻璃箱，是透明的六邊形，門衛必須隨時注意從任何角度進來的人，以及面對街道的那個雙扇門。踏進大廳的人大多是他認識的，例如住戶、大樓維修工人、送貨員等等，但也有一些散客，例如訪客、教練、房地產經紀人、治療師、修繕師傅。只要有人靠近那扇門，穆赫塔都必須做好應變的準備。

如果是送貨員，穆赫塔可以起身，露出微笑，打開門，不疾不徐。如果是大樓住戶，穆赫塔有一兩秒鐘的時間，從桌子後方的座位一躍而起，接著一個箭步衝向門口（而且不能顯得太匆忙），打開門，面帶微笑，讓那個人進來。要是住戶的手伸得比他快，比他更早碰到那扇門，那就不好了。他必須比住戶先碰到門，然後把門拉開，臉上堆滿笑容，還要準備好一個問題，隨口開朗地問道：「阿加瓦女士，今天跑得還好嗎？」

這些工作內容都是新的安排，都是瑪麗亞設計的。以前瓦力當門衛時，大樓還有工會，他們把門衛的工作稱為「坐職」。也就是說，每次有人進出大門時，門衛不必起身。但瑪麗亞接掌大樓後，改變了工作內容。現在門衛必須時時刻刻保持警覺，還要優雅敏捷地從座位上一躍而起，並迅速穿過大廳去開門。

雖然任何人都能輕易地自己開門，但那不是重點，重點在於人情味。有位西裝筆挺、笑容可掬的男士在那裡開門，感覺既奢華又體貼。那樣的安排可以讓住戶知道，這是一棟不同凡響的建築。那個在大廳裡打扮得乾乾淨淨、細心體貼的男子，不僅會幫他們收包裹、確保他們的客人受到殷勤款待，會小心審查或阻擋不速之客，還會為他們開門及問安（「早安」、「午安」、「晚安」、「看起來快下雨了」、「小心保暖」、「看戲愉快」、「散步順心」）。這名迷人的男子也會跟他們的愛犬、兒孫、新女友、特地請來在用餐時間彈奏豎琴的音樂家打招呼。

說到豎琴家，那是真有其事，真有其人。那個豎琴家經營一家公司，公司名稱是「我把豎琴留在舊金山」。後來穆赫塔跟他很熟。只要支付幾百美元，他就會帶著豎琴前來，並在眾人享用美酒佳餚之際，在一旁彈豎琴。住在大樓高層的一對夫婦每個月都會請他來演奏一次，他很友善。安裝及修理水晶吊燈的師傅也是如此，他是保加利亞人，常停下腳步和穆赫塔交談。寵物營養師是一個和藹可親的女人，頭髮挑染了幾綹藍色，手臂上掛滿了叮噹作響的銀飾。每天都有形形色色的人穿過那扇門。私人教練就有十幾個，穆赫塔必須熟悉所有的教練，瞭解哪個教練是為哪個住戶服務。另外，還有藝術顧問、私人購物顧問、保姆、木匠、私人醫生、騎單車送中菜的人、開車送披薩的人、步行送乾洗衣物的人。

但主要的訪客還是送包裹的快遞員，例如聯邦快遞、ＵＰＳ、ＤＨＬ的人。他們送來Zappos、Bodybuilding.com、diapers.com的箱子。有些人喜歡聊天，有些人很忙，總是遲到，只需要快速簽名，回一句「老兄，謝謝！」就夠了。有些人知道穆赫塔的名字，有些人不在乎。有些人喜歡閒聊、抱怨、八卦。不過，從那扇門送進來的包裹之多，令人難以置信。

「今天有什麼包裹？」穆赫塔問道。

「有俄勒岡州的腰果。」快遞員可能這麼說。

「有內布拉斯加州的牛排，這些應該迅速冷藏起來。」

「有倫敦來的襯衫。」

穆赫塔簽收後，把包裹拿到桌子後方的儲藏室。每次有收件人經過大廳時，穆赫塔就會舉起一根手指，開心地揚起眉毛，告訴他包裹到了。這種喜悅是互相的，有一次，年紀較大的住戶詹姆斯・布萊克本（James Blackburn）打開一個盒子，讓穆赫塔看一對新的萬寶龍鋼筆。

「世界上最棒的筆。」布萊克本先生說。

向來客氣有禮的穆赫塔欣賞著那對鋼筆，並問了一兩個跟那對鋼筆有關的問題。幾個月後的耶誕節，穆赫塔在桌上看到一份禮物。他打開包裝時，發現是同樣的鋼筆，那是布萊克本先生送給他的禮物。

多數住戶的財富是靠自己賺來的，不是繼承的，他們已經習慣了無限大樓的生活。如果他們想要一種更正式的關係，穆赫塔也可以配合。如果他們想交談，穆赫塔會跟他們交談，通常他都有時間和意願奉陪。也許住戶是在大廳候車，這時穆赫塔必須站起來，站到大門的附近，等候車子到達，這時通常會有幾分鐘的氣氛比較尷尬，住戶和他會一起盯著門外的街道。

「今天忙嗎？」住戶可能問道。

「還好。」穆赫塔回應。

絕對不能露出慌亂的樣子，這點很重要。門衛必須展現出沉著能幹的模樣。

「你有聽說巨人隊的新投手搬進B棟大樓嗎？」住戶這麼說。這時車子來了，他們的對話也就此結束。

但有時對話比較深入。例如，布萊克本先生總是聊得比較深入。他還沒送穆赫塔那支萬寶龍的鋼筆之前，就已經對穆赫塔展現興趣了。他說：「穆赫塔，你很聰明，未來有什麼計畫嗎？」

穆赫塔很尊敬他。布萊克本先生是退休的白人，六十幾歲，為人正派。他們每次見面時，布萊克本先生也覺得很尷尬。如果他覺得穆赫塔應該想做比門衛更好的工作，那好像是在貶抑他目前的工作。據他所知，對穆赫塔來說，目前的工作已經是他的個人巔峰了。然而，如果他認為門衛已經是穆赫塔的個人巔峰了，那背後的假設更令人不安。

多數的居民不會過問這些，他們也不想知道。門衛那份工作以及穆赫塔的存在只是提醒他們，這世上本來就有人住在玻璃塔內，也有人為那些人開門。至於住戶是否看過他在閱讀《大地上的受苦者》（*The Wretched of the Earth*）？也許看過吧。他從未掩蓋他閱讀的東西。他們是否在新聞中看過他偶爾參與或領導一些抗議活動，要求改善警察與舊金山的阿拉伯及穆斯林社群的關係呢？穆赫塔偶爾會參加一些公開的活動，有時他覺得將來他可以在更高的舞臺上，號召及代表阿拉伯人和穆斯林，例如擔任城市監督人、市長等等。有些大樓的住戶知道他是行動分子，但是對多數的住戶來說，他是一個令人不安的謎。穆赫塔知道，住戶希望他們的門衛更溫順一點、更乏味一點。

不過，也有布萊克本先生這種住戶，他會問穆赫塔：「你在哪裡成長？你本來就住這一帶嗎？」

第三章 偷書的孩子

穆赫塔對舊金山的最早記憶，是一個男人在賓士車上排便，那是他們全家搬到田德隆區的第一天。當時家裡只有五個孩子，八歲的穆赫塔排行老大。他們一家人在紐約布魯克林的貝德—斯泰區（Bed-Stuy）住了多年。他的父親費薩爾在那裡經營邁克糖果雜貨店——那是穆赫塔的祖父哈穆德（Hamood）擁有的酒舖，但費薩爾不想賣酒，賣酒總是令他不安。經過多年的計畫及痛苦協商後，費薩爾和妻子布席拉終於掙脫束縛，搬到加州。費薩爾在加州找到一份清潔工的工作。他寧願身無分文，重新開始，也不願受到父親的控制，勉強賣酒。

他們在田德隆區找到一間公寓。一般認為田德隆區是舊金山市內最混亂、最貧窮的區域。他們抵達舊金山那天，穆赫塔和兄弟姊妹坐在車子的後座，車子在紅綠燈前停了下來，他看到旁邊有一輛白色的賓士車。正當穆赫塔注意到那輛有完美烤漆又閃閃發光的車子時，一個衣衫襤褸的男人突然跳上車蓋，拉下褲子，開始排便。那裡距離他們住的地方只有一個街區。

以前在布魯克林時，他們是住在一間寬敞的公寓裡，穆赫塔記得以前的生活衣食無缺，孩子都有自己的房間，裡面裝滿了玩具。現在，他們是全家擠在波爾克街一〇三六號的一房公寓裡，正好夾在兩家色情商店之間。穆赫塔和兄弟姊妹一起睡在臥房裡，他的父母睡在客廳裡。每天晚上，警笛徹夜鳴響，還有吸毒者哀嚎慟哭的聲音。穆赫塔的母親布席拉不敢獨自在社區裡走動，常派穆赫塔去拉金街的商店買雜貨。最初他幫母親跑腿時，有一次有人朝著他扔了一個玻璃瓶，結果瓶子砸到他頭頂的牆上，化為碎片。

穆赫塔後來習慣了當地的毒品交易，那些交易都是露天進行，不分晝夜。他已經習慣了當地的氣味（包括人糞、尿液、大麻），習慣了男人、女人、嬰兒的嚎叫，習慣踩在針筒和嘔吐物上。他看過老男人和年輕男人在巷子裡做愛，看過一個六十幾歲的女人注射毒品，看過一個無家可歸的家庭在路上乞討，看過一個上了年紀的吸毒者站在車流中間。

舊金山人普遍認為，警方把田德隆視為該市的非法活動隔離區——就像舊金山市把漁人碼頭視為遊客隔離區一樣，他們也把田德隆的三十一個街區視為該市的毒品、冰毒、賣淫、輕罪、公共排便的聚集地。連「田德隆」這個地名（Tenderloin，意指嫩腰肉，也就是菲力，衍生的意思是警察便於收賄的油水肥厚區）也有邪惡的起源：二十世紀初，當地的警察和政客收賄嚴重，他們只吃最上等的牛肉部位。

不過，田德隆那一帶還是有真正的社區，那裡是舊金山市最平價的區域，所以幾十年來吸引了來自越南、柬埔寨、寮國、中東的新移民住在當地，其中也包括葉門人——田德隆有數百個葉門人，大多是當清潔工。在離鄉背井來到美國的零散移民中，葉門人是比較晚來的移民。一九六〇年代，有一大群葉門人移民美國，他們主要是在加州聖華金谷（San Joaquin Valley）的農場和底特律的汽車廠找到工作。起初，幾乎所有的葉門移民都是男性，他們大多來自務農的伊卜省（Ibb），來加州做摘採水果的工作。但一九七〇年代，數百名原本在農場工作的葉門人開始到舊金山當清潔工。清潔工的工資較高，福利較好。後來，總部設在田德隆的清潔工會「Local 87」裡，有二〇%的會員是葉門人。

❖

這也是費薩爾的計畫：當清潔工，或至少從清潔部門幹起。他找到一份工作，但沒做多久就離職了。他的上司粗俗無禮，習慣以高高在上的姿態對那些有移民身分的下屬講話。那些下屬大多是來自尼加拉瓜和中國，他們絕大多數是非法移民。穆赫塔的父親是有見識的人，深知自己的權利，所以沒做多久就辭職了。接著，他在「紅杉」住宅大樓找到擔任警衛的工作，上小夜班。穆赫塔剛到舊金山的那幾年，他的父親一直都做那份工作。警衛的工作時間不固定，有時一天工作長達十八個小時。

所以，穆赫塔有很多的時間到處閒晃。他可以瀏覽成人錄影帶店的櫥窗，無視馬路對面那個打赤膊的男人鬼叫一些淫穢的話語；他可以在葉門的市場裡駐足（當地有好幾個市場，葉門人經營其中一半的市場，連以西語命名的Amigo's市場也是葉門人經營的）；他可以去麥考利警官公園逛逛（那是在新世紀脫衣舞俱樂部對面的小遊樂場）。在街道的另一頭，奧法雷街和波克街的交叉口，一棟建築物的牆上有一幅壁畫，上面畫著海中的鯨魚、鯊魚和海龜。多年來，穆赫塔一直以為那棟建築是水族館之類的場所，後來才知道那裡是米切爾兄弟奧法雷劇院（Mitchell Brothers O'Farrell Theatre），是美國最古老、最出名的脫衣舞俱樂部之一，據傳舞孃直接騎坐在顧客的腿上表演就是從那裡開始的。田德隆區有三十一家酒舖，幾乎沒有讓孩子玩耍的安全場所。然而，在那些絕望的街區裡，有數千名孩童穿梭其間，他們很快就長大了。

到了中學，穆赫塔已經成為快速的學習者，不僅擅長花言巧語，也喜歡投機取巧。他和一群同樣擅長花言巧語及投機取巧的孩子結為朋友。在田德隆區，他們會盡量閃躲毒癮者和騙子；只要有可能，他們就會冒險離開田德隆區，因為他們知道，無論是哪個方向，只要再往外走幾個街區，就會進入一個全然不同的世界。田德隆區的北方是諾布山（Nob Hill），那裡是美國最昂貴的社區之一，費爾蒙特飯店（Fairmont）和馬克霍普金斯飯店（Mark Hopkins）就坐落在那裡。向東走幾個街區就是聯合廣場（Union Square），那裡有頂級的購物中心、纜車和珠寶店。

舊金山到處都有遊客，有遊客的地方一定有娛樂消遣。穆赫塔和朋友會去漁人碼頭，給歐洲的遊客指路，但故意講得模糊難懂，或是故意問他們荒謬的方向。例如，他們找上一個遊客並問他：「你知道喵喵怎麼去嗎？不知道？那你知道阿卡卡卡卡怎麼去嗎？」他們經過吃不起的昂貴餐廳時，會故意把赤裸的屁股貼在玻璃上。他們需要幾美元時，就去吉拉德里廣場（Ghirardelli Square）的噴泉，偷撈池底的硬幣。

穆赫塔知道他家很窮，但某些匱乏是有辦法解決的。他知道他們買不起任天堂64遊戲機（他年年要求那個生日禮物，後來終於死心了），但販售電器用品的電路城（Circuit City）離他家僅四個街區，那裡向來很忙亂。他和朋友可以假裝成潛在顧客，在那裡試玩遊戲。通常他們在那裡玩瑪利歐賽車遊戲一個小時後，才會被店員趕走。

❖

穆赫塔一家人與鄰居的關係很密切。波克街上的住宅住滿了葉門人，他們會守望相助。那些葉門家庭平日常去同一座清真寺，孩子在走廊上一起踢足球，而且令穆赫塔不解的是，大部分的孩子都是就讀金銀島（Treasure Island）上的學校。很多田德隆區的孩子就讀金銀島中學，那裡也是許多別無選擇的孩子求學的地方。金銀島聽來浪漫，但那裡其實很怪誕，島上充斥著令人費解的人為矛盾。一九三六年美國海軍打造了那個島，把二十八·七萬噸的石頭和五萬立方碼的表土注入舊金山灣內，地點在自然島嶼「芳草島」（Yerba Buena Island）的外面，介於舊金山和東灣之間。二戰期間，金銀島一直是軍事基地，但是當時不叫金銀島。後來軍事基地撤走後，當權者希望把那裡轉為商業用途，才以一本有關兇殘海盜的書作為當地命名。

但是戰後並沒有出現任何商業活動，原因很合理，卻不是無法克服。首先，那片土地的底下究竟埋了什麼，至今依然很神祕。美國海軍沒有說明那裡埋了什麼危險的廢棄物，也沒有人願意做必要的研究。第二，由於當地只比海平面高一兩呎，有鑑於海面持續上升，大家日益擔心二十年後整座島嶼會變成什麼樣子。

在學校裡，穆赫塔很難避免麻煩，也許是他自找麻煩，也許是因為他是孩子王。學校裡有黑人孩子、薩摩亞孩子、拉美裔孩子、葉門孩子。男孩即使才十三歲，就已經開始喝酒、抽大麻了，而且還是在中學的校園裡大剌剌地做。校園是水泥砌成的粗糙工程，建築是狹窄的牧場建築風格，每棟建築只比臨時搭建的建築稍好一些。那時也是穆赫塔喜歡投機取巧的鼎盛期，父母知道他誤入歧途了，想辦法要他為自己的行為負責，但他光靠花言巧語就可以擺脫麻煩。到了七年級，他們已經不想再聽他胡扯了。

他們說：「那些都是藉口。」

但老師知道他是有想法的人。穆赫塔很愛看書，他在家裡甚至還有一些個人藏書。家裡沒有擺放書架的空間，那些書是放在廚房小儲物櫃的架子上，上面壓著罐頭食品，下面是擺放義大利麵和Sazón Goya牌調味料的架子。穆赫塔為他找來或偷來的書開闢了一個家。取得那些書需要投機取巧——他沒錢買書，但又希望家裡有書，排得像一般家庭的書櫃一樣。有些書是他從公立圖書館無限期借出來的。他的藏書持續增加，從五本變成十本，之後又增為二十本。不久，櫥櫃裡的書架看起來還煞有介事，彷彿廚房那個黑暗角落是某種合法的學習天堂似的。

由於他沒有自己的房間，甚至房間裡也沒有自己的角落，那個藏書區是他唯一擁有的地方。他收集知名恐怖童書《雞皮疙瘩》（*Goosebumps*）系列、漫畫、《納尼亞傳奇》（*The Chronicles of Narnia*）、《魔戒》（*The Lord of the Rings*）。但是對他來說，任何書都比不上《哈利波特》（*Harry Potter*）系列。哈利·波特住在樓梯底下，但他不屬於那裡，他其實是被選來做大事的人才。每次穆赫塔厭倦了貧窮，厭倦了跨過無家可歸的毒癮者，厭倦了和六個兄弟姊妹一起睡在一個房間時，他的大腦就開始神遊，幻想自己可能跟哈利一樣，只是暫時活在貧困的世界裡，註定將來會有更大的發展。

第四章　蓋桑的睿智建議（上）

穆赫塔放學後，就去薩特街的討希德清真寺（Al-Tawheed）參加涂肯家族（Toukan）開辦的課後輔導活動。涂肯家族是巴勒斯坦裔的美國家庭。蓋桑・涂肯（Ghassan Toukan）只比穆赫塔大七歲，是那裡的導師。穆赫塔知道他快把蓋桑逼瘋了。穆赫塔的在校成績不佳，課後表現也不好。他還會干擾其他的同學，但他不在乎。蓋桑似乎什麼都懂，樣樣精通，但穆赫塔覺得連蓋桑也救不了他。

「穆赫塔！」蓋桑懇求道：「坐下來寫功課，做點事情。」

每天蓋桑都為同樣的事情跟穆赫塔爭論不休，他們可以為任何事情起爭執，例如是否循規蹈矩、是否做功課、完成功課的好處等等。穆赫塔根本不把蓋桑當一回事，總是把他的教誨當成耳邊風。當時他在金銀島中學就讀，金銀島是位於舊金山灣中央的前軍事基地。那所中學是為社會遺忘的邊緣人開設的。沒有人從那所中學畢業，也沒有人因為上那所學校而有所成就。

所以，在涂肯輔導中心裡，穆赫塔成了搗蛋鬼。

他在那裡找到一個志同道合的孩子，名叫阿里．沙欣（Ali Shahin）。阿里的父親是另一座清真寺的教長，但阿里和穆赫塔都很容易分心。他們兩人聯合起來，簡直快把蓋桑逼瘋了。他們常打斷及干擾大家的學習，而且又不做功課。年幼的孩子看到他們什麼都不做，也跟著有樣學樣。涂肯家族努力在輔導中心裡營造學業平衡的狀態，但他們的搗亂導致平衡的狀態蕩然無存。

「穆赫塔！」蓋桑喊道。每天他都必須如此大喊穆赫塔的名字。蓋桑要求他坐下、聽話、學習。

但穆赫塔和阿里根本不理他，常偷偷溜出清真寺，在田德隆區閒逛，同時也注意路上有沒有穆赫塔父親的身影。費薩爾做了多年的警衛後，去舊金山的公車和電車系統（MUNI）應徵工作，終於獲得一份職位。他辭去在紅杉大樓當小夜班警衛的工作，現在的工作時間比較合理，也穩定，這對九口之家來說是好事——他和布席拉後來又生了兩個孩子——而且那個職位也符合他的個性。他喜歡開車，也喜歡說話。

然而，對穆赫塔來說，父親的新工作很麻煩。不管走到哪裡，他都很怕被老爸撞見。由於費薩爾的開車路線不固定，穆赫塔永遠都不知道父親某天是開哪條路線，所以抄近路時需要特別小心。有時穆赫塔和朋友正在搗亂，朋友可能抬起頭來問道：「穆赫塔，那不是你爸嗎？」他的父親繞著城市開車時，也圈起了他的童年活動範圍，彷如一道方圓十八米的緊箍咒。

在外頭鬼混時，萬一撞見老爸，他和阿里會回到清真寺，回到蓋桑那邊，讓蓋桑繼續想辦法掌控他們。某天蓋桑突然發飆了，要求四個男孩坐下來——穆赫塔、阿里和另兩個搗蛋鬼阿赫麥（Ahmed）和哈森（Hatham）。

蓋桑指著哈森問道：「你父親是做什麼的？」

哈森說：「開計程車。」

他指著阿赫麥問道：「你父親呢？」

阿赫麥說：「清潔工。」

他指向穆赫塔，穆赫塔回答：「司機。」

蓋桑說：「很好。」他知道阿里的父親是教長，但他也很擔心阿里，他擔心這些孩子的前途。「你們的父母移民來這裡，他們別無選擇。難道你們也想開計程車？掃廁所？開公車嗎？」

穆赫塔聳聳肩，阿赫麥和哈森也聳聳肩。他們不知道自己想靠什麼謀生，當時他們才十三歲，穆赫塔一心只想擁有一臺Xbox。

「他們把你們帶來這裡，是為了讓**你們**有所選擇。」蓋桑說：「結果你們卻放棄大好機會。如果你們長大以後想做不一樣的事情，就得自己振作起來，像樣一點。」

第五章　葉門

穆赫塔的父母決定把他送去葉門，他們認為他需要換個地方，沉浸在家族的傳統中，換個環境。於是，穆赫塔從田德隆的一房公寓，搬到祖父哈穆德位於伊卜市的六層樓住家。在那裡，穆赫塔有自己的臥室，自己的樓層。那棟房子裡有幾十個房間，還有一個陽臺可以俯瞰市中心那個鬱鬱蔥蔥的山谷。那裡其實是哈穆德從無到有興建起來的城堡。

哈穆德不止是德高望重的長者而已。在肯夏利家族中，任何人都無法迴避他的影響力。儘管他已屆坐六望七的年紀，每天依然奔走一百六、七十公里，從首都沙那奔走到伊卜市，或是從伊卜市奔走到村莊，以參加婚喪喜慶或調解部族的紛爭。他的個頭不高，年老使他的身型萎縮，變得更削瘦，但腦筋依然靈活，反應迅速，性格堅韌。他大致上已經退休了，但依然是伊卜的顯赫人物。他走進婚禮大廳時，每個人都會起身恭迎他。有些人會上前親吻他的手，有些人會親吻他的頭——那是一種極度尊重的象徵。

一九四〇年代，哈穆德在伊卜內地的小村莊達赫拉（Al-Dakhla）出生，在八個小孩中排行老五。從小，他就覺得父親最疼他。他九、十歲的時候，父親和另一部族的人發生土地糾紛，對方有當權者撐腰，導致他淪為階下囚。入獄後，他的健康迅速惡化。當他知道自己來日不多，只召喚一個孩子（哈穆德）來牢房探望他。父親的明顯偏袒，導致哈穆德與兄弟姊妹交惡，尤其兄長們更無法諒解。父親死後，兄長都排擠他，不分給他父親的土地。

十三歲時，哈穆德決定自立自強。他赤著腳，背著一個小背包，隻身離開伊卜，步行前往沙烏地阿拉伯。他常對穆赫塔講這個故事。

「那要走四百八十公里。」穆赫塔說。

「而且我是赤腳走。」哈穆德強調。

不過，出發以前，哈穆德跟家人要了一頭驢子。他告訴兄長，他要走了，他會滾遠一點，以免他們看了心煩。他的唯一要求是帶一頭驢子走，那頭驢子可以陪伴他，並幫他扛東西。

兄長說：「驢子比你值錢。」

所以，哈穆德在要不到驢子的情況下，黯然離開了。

沙烏地阿拉伯是個充滿石油財富的國家，遠比葉門富裕。哈穆德來到沙烏地阿拉伯後，在路邊賣水為生。他也打掃餐廳，努力打零工，並把錢存下來，以便寄回家鄉給守寡的母親。每次寄錢回家時，他都會附上一張紙條，上面寫著：「這筆錢是來自比驢子不值錢的男孩。」

快滿二十歲時，哈穆德回到葉門，娶了從小在鄰村成長的年輕女子薩法蘭（Zafaran）為妻。他們一起前往英格蘭的雪菲爾（Sheffield），因為哈穆德聽說那裡的鋼鐵廠有高薪的工作。後來他轉往美國的底特律，那裡有不少葉門移民在汽車製造業謀生。哈穆德到克萊斯勒汽車（Chrysler）的裝配線工作，安裝安全氣囊。幾年後，他跟隨葉門的朋友搬到紐約，用積蓄在哈林區買下一家街角小店。小店在他的努力經營下開始盈利，後來，他又在皇后區買了另一家小店。為了經營小店，他不得不應付黑幫和黑手黨，但他毫不畏懼。皇后區的小店也經營得很好，不久，哈穆德已經有錢可以借給兒子（包括費薩爾）和表親。他們借了錢以後，都在紐約和加州開雜貨店和酒舖。每個借錢的人都會付息給哈穆德，所以他五十幾歲就可以退休了。

哈穆德在伊卜買了五英畝的土地，並自己繪製建築藍圖，交給建築工人。那幅圖令人眼花繚亂，即使是按照葉門特別古怪的建築標準來看，也令人困惑不解。他希望那棟房子看起來像他想像的那樣——少年時期在沙國謀生時，他就開始想像那棟房子了，那個影像在他的腦海中留存了五十幾年。他剛抵達沙國時還赤著腳，每天不見得能填飽肚子，那時他偶然看到山上有一座城堡。他記得那是一座城堡，那也可能是醫院或清真寺，但他從未忘記那棟建築。他發誓將來也要打造一棟類似的建築，所以憑記憶畫了建築藍圖。他畫完時，那棟建築看起來就像山上的城堡。至於室內設計，則是從心所欲，他想怎麼設計，就怎麼設計。他沒有依循任何建築規範，也沒有遵守葉門的習俗。有些房間遠比一般的規模還大，有些房間遠比一般的規模還小。有些樓層有四間浴室，但根本不需要那麼多間。四面八方都有陽臺，但出入口都不是設在預期的地方。薩法蘭說：「萬一家裡遭小偷，小偷會在屋裡迷失方向，永遠出不去。」

他從一九九一年開始興建那棟房子，但從未完工。穆赫塔抵達葉門後，在葉門待了一年。那段期間，家裡總是有工人在施工。任何時候都有五名工匠根據哈穆德的設計規格，為房子添加特製的裝飾，例如以罕見柚木雕刻而成的新門、五樓客廳的進口瓷磚、四樓陽臺上方的全新彩色玻璃。牆上掛滿了他收集的匕首、寶劍、牛仔帽、槍套和槍枝。他有一支貝瑞塔手槍，一排點四五的柯爾特自動手槍。他也收藏在龐德電影和約翰・韋恩（John Wayne）電影中出現的手槍。哈穆德看過韋恩拍過的每部電影，收集了槍套、帽子、牛仔靴——只要是韋恩穿戴過的東西，他都想要。

❖

穆赫塔讀完八年級後不久就來到了伊卜。他對韋恩和葉門都沒有興趣，很懷念以前在舊金山的生活。哈穆德把他送去當地一所嚴格的私立學校就讀，並要求他走路上學，單程就要走四十五分鐘。穆赫塔會說一些阿拉伯語，但學校裡沒有人說英語。校內只有少數幾位美國人，他是其一。他的穿著不對，也不知道怎麼回應一般的問候。他不知道葉門人該怎麼走路、行動、微笑及不笑，才會是正確的。為了融入當地，他決定把自己變成超級葉門人，努力學阿拉伯語，減少口音，穿得像葉門的孩子（穿著紗籠、涼鞋和正確的外套）。他試著理解及熟悉當地的風俗習慣，卻還是一直鬧笑話，令他尷尬不已。

某天，祖母請穆赫塔去買隻雞。穆赫塔已經習慣了美國超市，美國的雞肉是在雞寮的數百公里外加工、切片、包上保鮮膜，從包裝看不出來那原本是有生命的東西。現在他必須去伊卜市區向肉販買雞，他向肉販表達來意後，肉販伸手抓了一隻活雞，又問了穆赫塔一個問題。他聽不懂那個問題，覺得以肯定句回答對方最好。肉販一聽很驚訝，但隨即聳聳肩，抓起那隻雞，宰下牠的頭，然後放進塑膠袋裡。那隻雞血流如注，身上仍布滿了雞毛。

穆赫塔回到祖父家時，手裡拿著一個裝滿雞血的塑膠袋。祖母盯著他看了一會兒，接著笑了出來。穆赫塔覺得祖母應該會說他是傻瓜，因為她常叫他傻瓜（dummy）——她叫每個人傻瓜，那是她最喜歡的英語單字。

「傻瓜！」她說。

穆赫塔把那隻雞拿到廚房，交給女傭處理，接著走到客廳。祖父正在客廳裡招待客人，家裡總是有客人來共進午餐，不需要邀請。穆赫塔與那些鄰居一起享用午餐時，祖母突然走進來，跟大家講了那隻雞的故事。

她說：「傻瓜！真是傻瓜！」每個人都笑了。

但不久後，祖父母開始託付他各種大小事。例如，祖父可能對他說：「去銀行兌現這張支票。」然後遞給他一張價值三百萬利雅（riyal）的支票（約八十萬美元）。穆赫塔從銀行回來時，會扛著一大袋錢在伊卜的街上穿梭，看起來像卡通裡的銀行搶匪。哈穆德在伊卜及葉門各地都有生意，他帶著穆赫塔四處巡視，教他生意人的舉止及領導者的言行方式。祖父為穆赫塔設計了一些任務，那些任務都很艱鉅。有一次祖父給穆赫塔一筆鉅款，指示他去車程兩小時外的塔伊茲（Taiz），採購某種石材六噸，以便用來蓋家裡的庭院。那天晚上，穆赫塔率領著一支車隊回來，那支車隊是由三輛載滿石材的平板拖車組成的。

每次穆赫塔犯錯，祖父只有在聽到他找藉口搪塞時才會生氣，他會告訴穆赫塔：「認錯並改正。」祖父最愛的箴言是：「把錢放在手裡，而不是心裡。」他常把那句話掛在嘴邊。

穆赫塔問：「那是什麼意思？」

「那是指金錢只是過路財神，來來去去。」哈穆德說：「那是工具，別讓金錢進入你的內心或靈魂。」

穆赫塔在祖父家住了一年，回美國時，整個人已經變了。雖然不算是脫胎換骨（他讀高中時，還是經常投機取巧），但他學了古典阿拉伯語，意識到自己的葉門血統。儘管祖父希望他成為教長或律師，但穆赫塔開始從祖父的身上看到自己未來的模樣。他想像祖父那樣冒險進取，做一個喜歡四處闖蕩的人。

第六章　上進青年魯柏

從葉門返美不久，穆赫塔就穿著毛衣背心在香蕉共和國服飾店（Banana Republic）工作。田德隆的朋友對此都感到很困惑，中學的朋友對他的轉變感到訝異，開始稱他「魯柏」（Rupert），類似卡通中那隻打扮時髦的寶貝熊魯柏（Rupert Bear）。穆赫塔並不介意，他十五歲了，對於自己能有一份工作感到自豪。他從伊卜回來後想要工作，看到香蕉共和國的徵人廣告就去應徵了，並順利獲得錄用。

穆赫塔的父母簡直不敢相信他的變化，事實上沒有人相信。來自田德隆的小子竟然在香蕉共和國工作，而且不是在購物商場中那種死氣沉沉的分店上班，而是在市中心的旗艦店。他獲得錄用時，原本預期公司安排他在後場打雜，他確實是從那裡開始做起，但不久就被調到主要樓層，向商務人士及遊客銷售襯衫和卡其褲。

對穆赫塔來說，那是他大幅轉變的時期，他在那裡第一次遇到同性戀。穆赫塔在舊金山生活多年，但從未遇過同性戀。也許他遇過——可能他遇過——只是他不知道。以前他遇到的同性戀，肯定不像他現在的老闆和同事是出櫃的同志。他們都很歡迎他加入，教他如何搭配衣服、如何折疊大理石花紋的針織開襟羊毛衫、如何掛合身的棉褲。他把大部分的薪水都花在置裝上，包括經典的針織邊亨利衫、一雙一百三十美元的皮鞋，以及褲管到腳踝的英式剪裁褲子。

他的裝扮產生了深遠的效應。他在城裡穿梭時，不再是來自田德隆的窮小子。以前穿的那種寬大衣服，讓人對他產生負面的刻板印象。現在他是魯柏，就像那隻打扮時髦的寶貝熊一樣，處處都有人欣然接納他。他變成以前在高中、清真寺、任何商店裡遇到的成年人，受到信賴，人見人愛。

大家開始尊稱他為「先生」。

在香蕉共和國工作一年後，他聽說聯合廣場的梅西百貨（Macy's）有一份賣女鞋的職缺。儘管他才十七歲，對女鞋或女性、甚至對梅西百貨都一無所知，他還是應徵了那份工作，並以時髦的打扮獲得錄取。那裡的銷售傭金比香蕉共和國高，所以他辭去舊職，到梅西百貨上班。上班的第一天，他屏住呼吸，托起一位三十幾歲女子的腳。那名女子穿著短裙，腳顫抖著。

他對友人說：「我衷心推薦這份工作。」

你不該乘著職務之便，約客人出去。他也沒必要開口約客人，而是客人反過來追他。每天他打扮得整齊俐落，跪在她們面前，抓起她們脫下鞋子的腳。他們就像灰姑娘一樣，他也是灰姑娘，擅自闖入舞會，根本不瞭解她們的世界。兩個女人走進來，拿著Gucci手袋，撫摸著櫃上的鞋子，聊著馬德里、坎城、聖巴斯島的假期。週一，他聽到一個女人告訴朋友，她的兒子想讀南加州大學，說那裡的電影學院有多棒。週二，他聽到另一位母親提到兒子充滿創意，他便以類似專家的口吻，大讚南加州大學的電影課程有多棒、篩選有多嚴格，還說：「也許是全國最好的學院。」

田德隆的成長背景教他如何靈活變通，舌粲蓮花。在那種環境中，你必須傾聽及吸收。若是講話聽起來空洞無知，就會被占便宜。所以穆赫塔到梅西百貨才工作一兩天，他就瞭解Cole Haan、Betsey Johnson、Vince Camuto、Michael Kors等鞋子品牌，每天賺的銷售傭金約兩百美元，每週的平均工時是二十小時，主要是利用放學後及週末的時間上班。有些女人相信（或者說，是她們讓自己相信）穆赫塔比她們年長，例如來自德國的二十幾歲姊妹、來自紐約的三十幾歲女人。他和另一位賣鞋的業務員會帶她們出去，或讓她們約出去，然後帶她們去看她們不知道的舊金山景點。那些約會都沒什麼結果，但他學到了很多。他學到旅行的滋味，有錢買東西的感覺，購買機票飛往加勒比海和歐洲是什麼樣子。你去巴黎時，那些女人會說，你一定要去小蜜蜂餐廳（L'Abeille）！她們也會告訴你，一月份別去懷俄明州的度假勝地傑克遜霍爾（Jackson Hole），十二月或二月去比較好，絕對不要一月去。他聽到這種話時，會回應：「這建議不錯。」每天晚上下班後，他會回到位於波克街的一房公寓，睡在上下鋪的上鋪。

十八歲時，他已經很瞭解這些人。他們上過大學，可以住在想住的任何地方，擁有他欠缺的任何東西。他們沒有比較聰明，這點是肯定的；他們的反應也沒他快，甚至不會比他冷酷無情。真要說的話，他們可能還比他溫和，但他們享有優勢，或者說，他們有預設的想法或想當然爾的觀念。他們覺得自己本來就會上大學，並找到符合成長背景及學歷的工作。然而，穆赫塔的世界裡沒有那種想法。在學校，一位奇怪的高中老師跟他提起上大學的事，說他可以辦到，有那個頭腦。但家人很少聊到大學，因為家中沒有先例，也沒有錢。

第七章 魯柏銷售本田汽車

高中畢業幾個月後，穆赫塔看到一則徵人廣告。舊金山本田汽車公司是範內斯大道（Van Ness）上的一家經銷商，他們正在徵泊車的人手。

穆赫塔填了一份申請表後，很快就接到邁克・李（Michael Li）的面試通知。李的體格健壯，穆赫塔隨即得知他曾是陸戰隊員，曾在第一次波斯灣戰爭中服役，現在是這家經銷商的業務總監。他問了穆赫塔幾個有關汽車的問題以及他的工作經驗。穆赫塔談到他在香蕉共和國和梅西百貨上班的情況，並稍微誇大了他對汽車的瞭解，說他有兩個舅舅住在貝克斯菲爾德（Bakersfield）附近，他們教過他一些汽車知識。穆赫塔在言談中加了幾個術語（諸如發電機、雙四缸、化油器等等）。李點點頭，聆聽他的說法，又問了幾個問題。那次面試的時間比應徵泊車小弟的時間還長，最後李說：「你有想過賣車嗎？」他說，他們剛剛走了一名銷售助理，問穆赫塔想不想試試看？

穆赫塔準備好了，他總是有備而來，來自田德隆的小子隨時都處於準備就緒的狀態。他的腦筋動得很快，所以跟李相處幾分鐘後，已經可以感覺到李可能錄用他了。他嘴裡回答著有關折襯衫、銷售鞋子、泊車的問題，但腦中的另一部分正在評估李可能錄取他做其他工作的可能性。穆赫塔也不知道這種第六感是怎麼回事，他不知道怎麼跟別人形容那種感覺——他如何嗅出機會上門，並在心理上為那個機會做好準備。即使講了，大家也不會明白。但他知道，只要有人稍微給他一點機會，即使機會之門只敞開一小縫，他也可以靠三寸不爛之舌，讓自己順利過關。

他就是這樣回應李的。他說，當然，他有想過賣車。接著，開始進入唬爛模式，說他其實經常那麼想，尤其是本田汽車，因為本田汽車很可靠，轉售價值也高。之後，他環顧四周，對Accord、Civic，以及那個名叫Element的奇怪方形車款，發表了一些普通到錯不了的隨機想法。他也談到ABC的觀念，亦即「一定要成交」（Always Be Closing）。他也不知道那個觀念是從哪裡聽來的，只覺得當時講出來很貼切，就拿出來用了。李繼續點頭，聽穆赫塔閒扯了半個小時，便錄取他擔任基層的銷售助理。

當時穆赫塔才十九歲。

他帶著十幾本小冊子回家，仔細研究了各種車款及功能。等他回到經銷商公司時，感覺自己已經所向無敵了。穆赫塔成為員工後，李彷彿變了一個人——不是當初面試他的樣子。面試時，李太溫和了，講起話來輕聲細語。聽到那個方正的下巴及粗大的脖子發出那種聲音，感覺很不協調。但李的面試風格就是那樣，面對客人時也是那樣——輕聲細語，笑容可掬，姿態輕鬆。但是關起門來談配額及庫存出清的速度時，李馬上搖身變成陸戰隊員：「穆赫塔！你得掌控他媽的談話！別讓那些混蛋掌控對話！誰掌控對話，誰就掌控交易，懂嗎？」

穆赫塔無法辯駁，那傢伙看起來快九十公斤，身材像個雕像一樣，穆赫塔只能想辦法掌控對話。李說，你可以問他們問題，問他們一些必須以肯定句回答的問題。「讓他們肯定地回應。他媽的想盡辦法讓他們肯定地回答你，懂嗎？」

穆赫塔懂了。他看到一個潛在客戶踏進店裡，是一個戴著「49人隊」帽子的中年男子。穆赫塔漫步接近他。

「喜歡今年49人隊的戰績嗎？」

「當然！」

「那個賈斯汀·史密斯（Justin Smith）實在很猛。」

「是啊。」

「還有法蘭克·戈爾（Frank Gore）也是！那傢伙簡直像一臺坦克車，壓碾無數！球賽就該那樣打！」

「沒錯。」

（現在客人正在端詳黑色的Accord汽車。要讓客人繼續肯定地回答。）

「你喜歡這輛車嗎？」

「對啊。」

「喜歡這個顏色嗎？」

「是啊。」

「其他顏色都比不上黑色，無論白天或夜晚都好看。你想進車內體驗一下嗎？」

「好啊。」

「喜歡儀表板嗎？」

「喜歡。」

「喜歡皮革嗎？」

「喜歡。」

「你看這個控制面板，喜歡嗎？」

「喜歡。」

「你看這套音響，你喜歡圖派克（Tupac）、還是酷玩樂團（Coldplay）？」

「酷玩。」

「我也是。去年那場演唱會你去了嗎？在海岸線圓形劇場（Shoreline）開的那場？喔，對了，你看這個衛星導航系統，喜歡嗎？」

「喜歡。」

「你想試駕嗎？」

「好啊。」

「喜歡開快車嗎？」

「嗯。」

「喜歡方向盤的握感嗎？」

「嗯。」

「喜歡圓弧感？」

「嗯。」

「喜歡數位時速表嗎？」

「嗯。」

「給你一個好價格的話，你想今天就開這臺寶貝回家嗎？」

客人試駕之後，一切改由李作主，那是他們的刻意安排。李決定讓穆赫塔扮演年輕的業務員，一個懂車、愛車、但不懂價格的年輕菜鳥，數字不是他的強項。所以穆赫塔只要負責抓住潛在客戶，讓客人對某款車子充滿興趣就好了。他讓客人試駕，使客人對車子興致高昂，帶客人到蘇瑪區兜風，就這樣一個客人接著一個款待。然後，他再把客人帶回辦公室，讓李接手繼續談。

上班的第二個月，穆赫塔賣出兩輛車。第三個月，賣出九輛。不久，李就讓他自己報價了。首先，穆赫塔必須學會怎麼打量客人的口袋深度。他瞭解穿著打扮，知道什麼人穿得起精緻的襯衫和鞋子。鞋子是關鍵，但有時可能有誤導的效果。科技界的人愛穿運動鞋，穿運動鞋的人預算較少，但他知道客人是怎麼想的。有些有錢人喜歡簡潔的汽車及支付現金，渴望提高社會地位的人偏愛充滿額外配備的汽車，他們喜歡貸款買車。無論是付現或貸款，價格都可以調整。你需要搞定的數字有四個：總價、利率、月付款、頭款。你可以調整這四個數字，直到你得出想要的價格。但首先是報價，那是一個基準值，而且你怎麼報那個價格是賣車的關鍵。「報價以後就閉嘴。」李說：「你報價後，誰先開口，誰就輸了，懂嗎？誰先他媽的說話，誰就輸了。」

穆赫塔可能報價三萬兩千五百美元，然後就盯著桌子對面的顧客瞧。就只是盯著他看，沒別的奇怪舉動——他沒有想要催眠任何人。但你必須對那個數字有信心，那個數字就是最佳數字，是你能報的最好價格。顧客總是先開口說話，總是如此。「你讓那個混蛋先說，懂嗎？誰先開口，誰就輸了。」

過了一陣子，穆赫塔每月平均賣出十二輛車，每月的傭金可達三千美元。他為自己添購了新衣和新鞋，把剩下的錢都交給父母。他們為他感到驕傲，覺得他應該會繼續做下去，沒有理由換工作。賣車的收入比開任何街角商店的收入還高，也比當清潔工賺得還多。

但是工作一年後，穆赫塔又想換工作了。他想做點別的，做更多的事情。他有幾個朋友正在申請大學，或已經上大學了。他考慮離職，也許他只是在找藉口。

某天，一個老人開著車來到經銷商公司，那個人看起來老得誇張。穆赫塔不明白他是怎麼自己開車來，並下車走進展示區。他看上去至少有九十歲了，穆赫塔走向他，愈接近那個老人，覺得他看起來愈老，應該至少有一百一十歲了吧。他的穿著很像老人，但想買新車。他說，他想以現有的雪佛蘭客貨兩用車換購Accord轎車，但他不喜歡Accord的標價。李跟穆赫塔提過這種客人，他們讀過《消費者報告》（*Consumer Reports*）的一些文章或網路上的資料。來找經銷商時，腦中已有一個武斷的價格，那個價格絕對不是標價，總是比標價低，有時比標價少五百美元，甚至少一千五百美元，但通常是少一千美元。那是他們的標準價碼，他們希望價格比任何標價少一千美元，這個老人也不例外。他告訴穆赫塔，他想買那輛車，但希望價格降一千美元。穆赫塔對老人說，他跟經理商量一下，接著就走進辦公室找李。

「好啊。」李說：「我們來填寫文件吧。」

穆赫塔回到展示區，告訴老人那個價格可以成交。於是，售價比標價少了一千美元。

老人聽了很高興，他們握了握手，穆赫塔把他帶進辦公室，把他介紹給李。李說：「接下來由我來處理吧。」穆赫塔又回到展示區。

一個小時後，穆赫塔看著老人開著新車離開。他向老人揮手道別，心想那天做了一件好事。他對李感到佩服，沒想到那麼冷酷無情的議價高手竟然對老人還有一些尊重、一些仁慈，並在無盡的傭金爭戰中決定停火一天，很乾脆地降價一千美元。那老人看起來在這世上也沒有幾年光景了，不值得跟他計較那些錢。

「你真的很酷。」穆赫塔對李說。

李以一種奇怪的表情看著穆赫塔，並指了指合約。那些數字是一般的附加款項、費用和其他有的沒的胡亂添加。穆赫塔發現，李根本沒有砍價，那輛車子的售價就是李想要賣的標價。他從標價先減掉一千美元，再利用雜七雜八的名目，把一千美元加回去。

那件事使穆赫塔覺得辭職變得容易多了。他已經參與了上百輛車子的交易，每筆交易都會在數字上耍點花招，但這次不一樣。當天穆赫塔若無其事地回家，幾天後他就傳簡訊辭職了。他知道傳簡訊辭職很不專業，那顯示出一個人的舉止失當及職場禮儀低落，但他還是那樣做了。他在寫給李的簡訊中，只寫了五個字：「老子不幹了。」

第八章 豐園鬥士

年輕人想展開英雄之旅時，通常不會把貝克斯菲爾德這個地方當成起點。但穆赫塔的外婆希特（Sitr）住在附近的豐園區（Richgrove），那裡有一張沙發。穆赫塔打算免費睡在那張沙發上，同時去貝克斯菲爾德學院（Bakersfield College）修課。他需要時間專心求學又不花錢，所以他搭公車四個小時，前往加州南部。

那不全然是他自己的主意，父親對他辭去汽車業務員的工作很不諒解，費薩爾覺得穆赫塔在那裡薪水豐厚、前途光明，而且他又不是因為什麼大不了的理由而辭職。這也進一步證明了他沒有定性，甚至不思上進。穆赫塔的父母想知道，穆赫塔對未來其實是有計畫的。他們說，你要嘛去找份工作，要嘛去上大學。辭掉好工作，繼續睡家裡的地板，不是長久之計。

外婆說：「來我這裡住一陣子吧，修點課。」

穆赫塔需要轉換心情、改變步調，所以他收拾行囊南下，選修了四門課：政治學、世界史、社會學、電影研究。他搬進外婆家，就在南99號公路的快道加油超市（Fastway Gas and Grocery）後面。

早在一九八〇年代，希特和先生阿里就買下了快道加油超市。店面就在中央谷地的中央，周圍都是果園——公路邊種滿了葡萄，後面的路段種了酪梨和杏仁。希特和阿里接手那家店時，那裡是方圓數公里內唯一的加油站，所以經營不久就開始盈利了。那裡的水果摘採工人幾乎都是來自墨西哥和拉丁美洲，對他們來說，快道加油超市是他們買午餐、下班後買啤酒、給卡車加油的地方。賣汽油從來沒盈利過，但可以吸引顧客上門買雜貨，那些雜貨才是盈利的來源，包括食物、彩券、票券、酒類等等。

希特和阿里在超市的後方打造了一間複合式建築，在那裡快樂地生活了二十五年。他們的孩子和現在的孫子孫女是他們一邊經營商店一邊帶大的。他們在家裡說阿拉伯語，在學校說英語，在雜貨店裡說西班牙語。自從穆赫塔一家人搬到加州後，他偶爾會南下拜訪他們。那裡過著鄉村生活——靜謐、乾燥、炎熱。舅舅拉菲克（Rafik）和拉坎（Rakan）在李子園和葡萄園之間的狹路上教他開車。此外，由於葉門的年輕男子都懂得操作步槍，他們也帶他去五狗靶場（5Dogs Range），教他怎麼射擊。

穆赫塔這次來到外婆家時，外公已經過世十年了，但超市的生意依然很好。那家超市目前還是由希特擁有，但由兒子拉坎和女婿泰吉（Taj）經營。泰吉和妻子安德莉亞（Andrea）以及他們的四個孩子也住在那間複合式的建築中。那裡面已經很擠了，但他們依然為穆赫塔騰出空間。最初一個月，他一直睡在沙發上，後來拉坎從車庫裡找到一張舊床架，把它拿出來重新架好。多年前，安德莉亞的女兒琪曇（Khitam）用過那張床，是粉紅色的，但穆赫塔已經很滿足了。他想為快道超市做點事情，所以幫他們倒垃圾、拆紙箱。他也會協助講話犀利的墨裔廚師歐嘉（Olga），歐嘉主要是負責為農場的工人做墨西哥卷餅、肉餡卷餅和三明治。

工人來到快道超市時，常帶著幾箱葡萄、橘子、李子、藍莓、杏仁給希特——看當季產什麼水果而定——希特則是把自己種的香草、香料、無花果送給他們。希特很喜歡豐園區（Richgrove的原意是豐茂的果園），這裡讓她想起了葉門——童年記憶中那個溫暖、富饒的葉門。她告訴穆赫塔，任何東西都可以在伊卜生長，例如西瓜、無花果、檸檬、蘋果、杏仁，任何東西都可以生長。他們的祖先是伊卜省的農民，所以伊卜的葉門人移民到加州很合理，那裡註定是她生活的地方。

希特認識拉美裔的勞工與民權領袖凱薩・查維斯（Cesar Chavez）和多洛莉絲・韋爾塔（Dolores Huerta）。她也認識葉門裔的美國農場工人兼工運的犧牲者納吉・戴弗拉（Nagi Daifullah）。查維斯開始號召農場工人時，中央谷地的葉門人都受到感召。一九七三年，來自伊卜的葉門人戴弗拉成為「聯合農場工會」（United Farm Workers）罷工運動的領袖。他精通英語和西語，是西語和阿語勞工之間的重要橋梁。當年八月，工會與農場主人及執法單位的衝突達到了高峰，戴弗拉正在一家酒吧外，慶祝工會獲得小小的勝利。克恩縣（Kern）的一名警察走了過來，和戴弗拉發生爭執。他以手電筒打了戴弗拉的頭，拖著他過街，並殺了他。後來，查韋斯帶領著七千多名農場工人所組成的送葬隊伍，穿過德拉諾（Delano）*。

現在穆赫塔和這些農場工人的子女一起上大學。他在貝克斯菲爾德學院修的課程還不錯，但他很快就感到乏味。對豐園區的一些居民來說，貝克斯菲爾德是個大城市，但穆赫塔覺得他在貝克斯菲爾德沒事做。他沒有車，也沒地方花錢，跟其他的學生沒有往來。社會學那堂課上有個波斯女孩，他覺得很迷人；班上也有幾個穆斯林女孩覺得他很有魅力，但除此之外，他很快就意識到貝克斯菲爾德不適合他，所以讀一學期後，他就離開了，搬回去跟父母住。不過，這時他的父母已經搬到金銀島上居住，離他讀的中學只有幾個街區。

他們對他感到不滿，因為他辭掉賣車的工作，又離開大學，現在睡在他們的地板上。

❖

但葉門還是有希望。當時是二〇一一年，阿拉伯之春所掀起的希望席捲了整個葉門，穆赫塔加入灣區的葉門裔美國人社群，以慶祝那些運動的進展及闡述眼前的各種可能性。四月，穆赫塔和一些年輕的葉門裔美國人組織了一場遊行，有兩千名葉門裔美國人加入舊金山的示威行動，支持葉門人推動民主改革。不久之後，華盛頓特區邀請葉門裔的全國代表團去美國國務院及白宮發表演講，穆赫塔是代表團的成員，當時他才二十一歲，是代表團中最年輕的成員。代表團是由十一個州的十九名代表組成，穆赫塔沒有得體的衣服可穿。他這輩子只有一套西裝，而那一套已經被他穿破了。

奧克蘭第七街清真寺的教長穆罕默德・穆加利（Mohamed Mugali）把他帶到男裝店Men's Wearhouse，幫他搞定了服裝。穆赫塔沒有錢買機票去華盛頓特區，穆加利和一群活動人士幫他出了機票錢。穆赫塔早上六點去到加州的聖荷西機場，才發現穆加利以前沒上網買過機票，所以他幫穆赫塔訂的機票是從哥斯大黎加的聖荷西出發，而不是從加州的聖荷西出發。

航空公司同情他的遭遇，所以當晚他還是抵達了華盛頓特區。翌日，代表團（他們以「改革葉門人」自居）到國務院演講。他們在演講中提到，中東的阿拉伯國家傳統上只有兩種選擇：軍事獨裁（例如利比亞、伊拉克、埃及）或右翼神權政治（例如伊朗、沙烏地阿拉伯）。

他們的演講主題是「第三選擇」，並以開羅的解放廣場（Tahrir Square）†為例。他們指出，成千上萬名渴望民主的年輕埃及行動分子對西方毫無敵意，他們只想要一個民族自決的國家，以新憲法和法治為基礎。

國務院的人對他們的訴求禮貌地表達興趣，接著代表團提出一項請求：美國應該停止支持葉門總統阿里・阿卜杜拉・沙雷（Ali Abdullah Saleh），因為當年美國提供沙雷價值兩億美元

＊　譯註：克恩縣下屬的一座城市。

†　譯註：原名是伊斯梅爾廣場，以十九世紀的統治者伊斯梅爾帕夏命名。一九五二年埃及七月革命後，為了紀念埃及的政治制度從君主立憲制轉變成共和制，廣場更名為解放廣場。

的武器。

國務院的人士不知道該如何因應他們的要求。接著，代表團又受邀到白宮，向歐巴馬總統的一小群外交政策顧問做了幾乎一樣的演講。結果如何，他們也不清楚，但代表團離開賓夕法尼亞大道時，覺得他們的意見獲得了傾聽，為此感到高興。穆赫塔和兩名代表團的成員──穆加利和來自加州的化學工程師海宣・胡賽因（Hesham Hussein）──繼續前往林肯紀念堂。

胡賽因說：「你知道你在葉門能得到什麼嗎？」他站在紀念碑的腳下，對著攝影鏡頭說話──他正在為沙那的抗議者錄製影片。他希望那段影片可以激勵他們。「你難道不想在葉門享有這樣的自由嗎？」他對著鏡頭這麼問，並解釋代表團做的事情，說他們那天去國務院和白宮演講時都有人聆聽。

穆赫塔覺得很高興。美國在海外可能犯了可怕的錯誤，尤其是在中東。對於如何處理「無人機攻擊行動」這個議題，代表團無法取得共識。然而，在此同時，他們仍保有一定的開放態度，讓大家暢所欲言──那是真實的；身為美國人，他對此感到自豪。不過，這個時候，他從眼角的餘光看到一個穿制服的人朝著他們走過來。那人穿著藍色制服，別著一枚徽章。穆赫塔心想：「拜託，不會吧！」

那人說：「抱歉，打擾一下。」他面色紅潤，面帶微笑。「嗨，你們好嗎？」

穆赫塔用最美式的英語回他，說他們很好。他大概可以猜到對方為何會盯上他們，但他暗暗祈禱他的臆測是錯的。

那個人問道：「呃，你們剛剛說什麼語言？」穆赫塔仔細端詳他的徽章，他不是華盛頓特區的員警，而是其他單位的。他也不是特勤局的人員，而是紀念碑專設的某種警力部隊。

穆赫塔告訴他，他們剛剛說阿拉伯語。

那人說：「喔，是阿拉伯語嗎？」那眼神顯示，他似乎在一瞬間確定了自己抓到可疑的東西，「可以讓我看一下你們的身分證嗎？」

這時胡賽因已經停止錄影了，他們把身分證交給對方，那個人拿了證件後，快步走下林肯紀念堂的臺階，到一輛黑色轎車的旁邊。穆赫塔認為，他正在用一個恐怖分子嫌疑犯的資料庫來查詢他們的名字。這時，來參觀紀念碑的人都在一旁看熱鬧，偷瞄穆赫塔三人。有些遊客迅速離開，他們可能認為執法單位和一群極端分子之間即將爆發暴力衝突。

穆赫塔想起了父親，他確定父親的名字已經登錄在某種資料庫中。幾年前，費薩爾和布席拉開車穿過金銀島以尋找租屋，警察把他們攔下來臨檢。有人看到他們在島上開車，布席拉戴著頭巾，被認為他們可能是在為恐怖行動勘查地點，預作準備。最後，他們夫妻倆得到警方的道歉，但穆赫塔深信他們的名字都已經輸入某個神祕的資料庫了，或許連他的名字也在裡面，永遠不會移除。

十五分鐘後，那個人回到林肯紀念碑的旁邊。

他說：「抱歉。你們可以離開了，或留下來也可以。」

穆赫塔知道把這件事情小題大作或借題發揮不太好，但他還是忍不住發飆了。

「長官，」他說，「如果我告訴你，我是美國公民，我們才剛從國務院和白宮出來，他們邀請我們去演講。這一整天下來，我們對一些重要的人物發表演講後，正為了我們的民主感到自豪，結果你的盤查卻成了我們來華盛頓特區的回憶，你會怎麼想？因為這就是剛剛發生的事。如果林肯還活著，他會怎麼說？」穆赫塔就這樣講了一陣子，直到對方的表情終於軟化下來。他的眼睛看起來不像狂熱者或無知者，他只是照規矩行事、資訊有限的公僕罷了。

那人說：「呃，對不起。」他又道歉了幾次，似乎真心感到愧疚。接著，他迅速走下臺階，回到車內，開車離去。

第九章　按鈕

接下來的那幾年，穆赫塔沒有任何計畫。他住在金銀島，睡在父母家的地板上，打零工。他到加州大學柏克萊分校，幫忙號召學生投入攸關阿拉伯和穆斯林美國人的議題。他在那裡待了很長的時間，以至於多數學生還以為他在那裡就讀，連朋友易卜拉辛也誤以為他是柏克萊的學生。其實他沒修那裡的課程，也沒到任何地方修課，而是看著同齡的朋友升上大二、大三、大四，看著他們畢業。他也看著米麗安畢業，自己卻因為優柔寡斷及毫無作為而蹉跎了幾年的歲月。

有陣子他為事業有成的水果經銷商蓋扎利工作。蓋扎利在葉門成長，二〇〇四年身無分文地來到美國，也沒有特別的計畫。他先開計程車謀生，後來當警衛，接著去當隨從，之後嘗試採購及經銷加州的農產品。他從中央谷地採購，運到舊金山販售。不久，唐人街的水果大多是他經銷的，教會區（Mission）也是如此。如果有人需要在明天下午以前取得一萬顆柳丁，他可以辦到。有人想在隔夜取得十噸的士德頓櫻桃（Stockton cherries），他也可以辦到。他把小事業發展成一家營收數百萬美元的公司。

蓋扎利給穆赫塔一份在奧克蘭倉庫打工的工作，負責搬貨上車。有時穆赫塔也會開車送貨，或打電話催收拖欠的帳款。他知道加州最好的櫻桃是出口到日本，一顆櫻桃可以賣到一美元。他也學到農產品的來源很重要，例如士德頓出產的柳丁和加州南部出產的柳丁味道不同。他也知道，蓋扎利其實不需要他，只是想幫助葉門同胞才給他一份工作。等穆赫塔攢夠了城市學院的學費，他隨時都可以離開。

穆赫塔把積蓄拿去繳交城市學院的學費，米麗安因此送他背包，他向瓦力借錢買了筆電，並為索馬利亞的飢荒募集了救濟資金，卻把那些東西都弄丟了。蓋扎利借錢給他，讓他把救濟款交給伊斯蘭救援組織。現在，穆赫塔的負債總額是四千一百美元。

❖

所以，他來無限大樓當門衛，每天坐在大廳的櫃臺，惴惴不安，想著時光飛逝，朋友要上研究所了，弟弟瓦力即將從加州大學戴維斯分校畢業。這時穆赫塔二十五歲，讀過四所社區大學。

他是門衛，默默地聆聽著住戶的無聊對話及粗話，例如一名女子最近在大廳講了十五分鐘的手機，內容都是露骨的挑逗對話。她知道穆赫塔聽得見，她離穆赫塔不到一百五十公分，但她不在乎，也不覺得在他面前講那些露骨的內容很有趣或很誘人。另一個住戶則是執意要告訴穆赫塔，她寄送的瓷器價值高達八萬美元。和那個住戶相比，這名女子究竟是比較好、還是比較差？為什麼他非得聽她講那些內容不可？逢年過節，這個女子還會給他二十美元及一塊餅乾。

但是，能有這份工作，穆赫塔已經很感恩了。能在這樣乾淨又安全的地方工作，而且工作內容既不困難，也不危險，他已經覺得萬幸了。他有一些朋友在坐牢，一些朋友在田德隆的街角商店工作，身邊還要擺放手槍以求自保。幼時和他一起上課後輔導的阿里．沙欣已經過世。阿里去了一趟麥加，回到舊金山沒幾週，就被發現陳屍在燭臺球場（Candlestick Park）附近，頭部中了五槍。沒人知道是誰幹的，也不知道為什麼。

穆赫塔坐在無限大樓的櫃臺，知道自己也可能跟阿里一樣，因為他們兩人認識的人一樣，見識和經歷也一樣，容易受到同樣的誘惑。相較於阿里，他現在還活著，安全地坐在無限大樓內，他充滿了感激，但他還是想要擁有更多，只是不知道自己想要什麼。

賈斯汀想成為橄欖進口商。賈斯汀．陳（Justin Chen）是穆赫塔在加州大學柏克萊分校結識的朋友，他和很多學生一樣，以為穆赫塔也是該校的學生。賈斯汀常來無限大樓找他，坐在大廳的白色真皮沙發上。瑪麗亞不准門衛的朋友來訪，但賈斯汀假裝成單車快遞員混進來，他和穆赫塔可以在大廳裡消磨半個小時。穆赫塔穿著藍色西裝，在櫃臺和前門之間來回地走動，為住戶開啟大門，一邊聽賈斯汀談論橄欖油。

賈斯汀即將完成學業（他的研究主題是和平與衝突），但他真正想做的是種植橄欖。穆赫塔聽他聊著夢想，覺得又好氣又好笑。畢竟，賈斯汀對橄欖油有多少瞭解？他想在加州買塊地，種植橄欖，包裝橄欖油。而且他還強調，是**特級**橄欖油。他已經研究過供應鏈，也有改進供應鏈的想法。穆赫塔不知道該說什麼，賈斯汀在加州又沒有家人務農。為什麼會看上橄欖？他以前不是想當警察嗎？他哪來的錢買農地並開闢成橄欖園？

❖

有時米麗安也會來無限大樓。米麗安已經大學畢業了，正在幫父母經營位於霍華德街與第十一街交叉口的泰德市場兼熟食店（Ted's Market & Deli）。有時她會幫熟食店外送餐點，如果外送的地點正好是無限大樓或附近的地方，她就會來找穆赫塔，並在大廳裡待到瑪麗亞出現為止。

他們的戀情持續了一年，也許更短，中間遇到一些明顯的障礙。穆赫塔來自保守的葉門家庭——葉門人是阿拉伯社群中最封閉的族群。葉門裔美國人嫁娶非阿拉伯人，幾乎是聽都沒聽過的事。穆赫塔的葉門朋友，不分男女，大多是透過媒妁之言，與祖國的葉門人結為連理。那是標準的作法，也就是說，你回到葉門，跟父母為你安排的對象結婚，對方是伊卜、沙那或亞丁的當地人，兩個家族的關係遠溯及數百年前。很少葉門裔美國人與其他的葉門裔美國人相遇並結婚。至於葉門裔美國人與母親是巴勒斯坦人、父親是希臘裔美國人（而且還是歌手傑瑞·加西亞〔Jerry Garcia〕的死忠粉絲）、父母皆是基督徒的人結婚，則是根本聞所未聞，那是不可能發生的。

所以穆赫塔和米麗安一直很小心，他們的感情進展得很慢，不敢太躁進。他們在市區走動時，隨時要避免被開著公車的費薩爾撞見。經過幾週的曖昧後，他倆終於對彼此坦承愛意，整晚一起在城裡散步，最後走到穆赫塔一直想帶她去的海灘。那天晚上天氣清朗，沙灘因日曬了一整天，踏起來格外溫暖，他們在那裡待到凌晨三點才走去搭公車回家。他們走到公車站時，穆赫塔才赫然想到——他怎麼會忘記呢？——那條線是父親開的公車路線「富爾頓五號」（5 Fulton）。萬一被父親抓到他們在一起就完蛋了。於是，他們跑離公車站，走了好幾公里，才到米麗安的家。

現在，對穆赫塔來說，他們的感情更重要了。米麗安很上進，他也想要上進。米麗安為他而努力，為各種不公不義的事情而奮鬥，為巴勒斯坦不平而鳴，為美國國務院的移民政策而憤怒。她鼓勵穆赫塔發聲、參與抗爭。她毫不畏懼；任何錯誤，無論是地方的、還是全球的，都使她更加大膽；她無法忍受的是停滯和沉默。每次他們一起坐在無限大樓的大廳，談論著夢想或延後的夢想時，穆赫塔看著米麗安，感覺到自己變得更堅強，獲得鼓舞，也覺得自己當前的生活（為有錢的陌生人開門）很糟。

尤其，那裡本來就有一個按鈕，就在電話的旁邊，從以前就一直在那裡。他只要按一下按鈕，那道離按鈕六米遠的雙扇門就會打開。系統反應很快，而且運作優雅，安靜無聲。穆赫塔看到有人從人行道走進來時，只要按一下按鈕，那扇門就會敞開，恭迎那個人進來。更棒的是，按鈕可以一次打開兩扇門，他自己去開門的話，還無法一次開兩扇門，因為那兩扇門太重、太大了。有了那個按鈕後，住戶可以毫無阻礙地穿過那兩扇寬敞的玻璃大門，享受賓至如歸的感覺。他們可以輕鬆地跨入大廳，讓大廳特使穆赫塔迎接他們。對穆赫塔來說，抬起頭向住戶問安是很輕鬆愜意的事情，不費吹灰之力。但是，刻意從櫃臺起身，衝過去開一扇本來可以用按鈕打開的門，實在令人憤慨，也有損自尊。尤其住戶穿過大廳、搭上電梯後，便回到樓上的住處，穆赫塔從未見過那些地方。

第二部

第十章 雕像

某天，米麗安發了一則簡訊給穆赫塔，問道：「你注意過對面嗎？」穆赫塔不知道她是指什麼，她說：「對面有個葉門人的雕像，他正在喝一大杯咖啡。」她剛剛為熟食店外送到無限大樓對面的大廈，她在那個院子裡看見一座巨大的雕像，那座雕像穿著長袍，把一個巨大的馬克杯舉到嘴邊，她說：「那肯定意味著什麼，也許那正適合你。」她的意思是說：穆赫塔，你已經二十五歲了，應該找個人生方向。

穆赫塔的工作地點離那座雕像才三十六米，但他從未見過雕像。那座雕像很大，約六米高，擺出邁大步的姿態，啜飲著巨大的咖啡杯。穆赫塔不太確定那座雕像所刻畫的歷史是否正確，那個人看起來像衣索比亞人和葉門人的混合體，而且他的長袍上為什麼會布滿可愛的小花？他看起來好像穿著浴簾或浴袍，有點自尊心的阿拉伯人不會穿著布滿小花的長袍。

穆赫塔走進對面那棟大樓，進入大廳，看到那裡以裱框的相片和文字來說明美國豐富的咖啡史。那棟建築是由希爾斯兄弟（Hills brothers）建造的，奧斯丁（Austin）和R. W.兩兄弟在十九世紀末創立了一家咖啡進口公司，名為阿拉伯咖啡和香料廠（Arabian Coffee and Spice Mills）。兩兄弟從世界各地把咖啡豆帶到加州，加以烘焙，再配銷到美西各地。

但保持咖啡豆的新鮮是一大挑戰。那些咖啡在海上、鐵路上、公路上運輸時，每天都會逐漸走味。到了一九〇〇年，情況終於改變了，R. W.偶然發現了一種從包裝中吸除空氣的方法，亦即後來的「真空包裝」，可讓咖啡豆保鮮更久，因此迅速改革了咖啡業。希爾斯兄弟的事業從此開始蓬勃發展，他們也是在美國推廣咖啡的功臣。那座雕像的圖像版成了他們著名的標誌，該公司獨立發展了一百年。兩兄弟過世後，把公司轉讓給後代及陌生人。多年後，雀巢（Nestlé）收購了希爾斯兄弟公司，之後又把它轉賣給莎莉公司（Sara Lee）。莎莉公司把它賣給馬西莫扎內蒂飲料公司（Massimo Zanetti Beverage USA），該公司於一九九七年離開舊金山，把總部遷至格倫代爾（Glendale）。

但那座雕像仍在當地，穆赫塔茫然地離開那個院子。咖啡和葉門，他突然想起了什麼。當晚，在金銀島上，他向母親提到那座雕像，母親聽完後笑了。

「我們家族種咖啡好幾百年了。」她說：「你不記得你爺爺在伊卜的房子嗎？他在院子裡也種了咖啡樹，他還留著。你不知道葉門是第一個出口咖啡的國家嗎？基本上，咖啡是葉門人發明的，你不知道嗎？」

❖

從此，穆赫塔開始投入瘋狂的研究。他在家裡用手機卯起來搜尋，不久就發現咖啡的起源爭議已久，衣索比亞和葉門都宣稱咖啡是他們發明的。

一般普遍認為，最早的起源和一個名叫卡爾迪（Khaldi）的衣索比亞牧羊人有關。那個傳說指出，卡爾迪在偏遠的地方牧羊，他放任羊群啃食任何植物。每天晚上他都睡在羊群附近，羊群一向很平靜，但某晚那些羊不肯休息，還到處跑來跑去，而且牠們不只跑來跑去而已，還又跳又叫。卡爾迪對此大惑不解，以為羊群中邪了，但不久他發現那些羊吃了附近灌木叢裡的豆子。那些豆子是咖啡豆，卡爾迪自己吃下豆子以後，也獲得同樣的效應，感覺全身充滿活力，精神特別抖擻，他因此發現了咖啡豆。

且慢！不對！穆赫塔指出，那不是咖啡豆。那些羊吃的是咖啡**果實**。咖啡豆是藏在咖啡果實裡，咖啡果實是長在茂盛的綠色灌木上，成熟時是紅色，看起來像葡萄。穆赫塔在網路上看過照片，成堆的紅色果實，狀似大顆的紅寶石。咖啡其實是一種水果！穆赫塔記得這點，他還記得他在祖父的院子裡，從一棵小樹摘下紅色的果實，那個果實是可以吃的。他記得他吃過果肉，果肉是甜的，然後吐出種子，那個種子**就是**咖啡！現在他終於搞懂了！咖啡是一種從樹上摘下來的水果，咖啡樹通常每年開花一次，每顆果實內都有咖啡豆。我們一般看到的咖啡豆是分成兩半的樣子——小小的豆子，呈橢圓狀，中間有一條凹紋。那兩半的豆子是包覆在葡萄大小的果肉中。

但首先，必須把豆子和果肉分開。果實有紅色的外皮，白色的果肉。豆子外面包著黏膠，黏膠裡面還有一層銀皮。咖啡豆裡面是綠色的，有時是黃色的，跟所有種子一樣堅硬。沒有烘焙過的咖啡種子都可以種出咖啡樹！有人知道或記得這點嗎？如果穆赫塔不知道這點，有誰知道呢？誰知道葉門在咖啡史上扮演的角色？

很少人知道咖啡是在阿拉伯誕生的。咖啡有兩種：羅巴斯塔咖啡（Robusta）和阿拉比卡咖啡（Arabica），但一般認為阿拉比卡咖啡的風味上乘許多。它之所以名為阿拉比卡，是因為來自阿拉伯，尤其是羅馬人所謂的Arabia Felix，亦即「快樂的阿拉伯」，那就是指葉門。據傳，這種咖啡豆最初是在葉門的海港摩卡（Mokha）烹煮的。牧羊人卡爾迪出現及消失後的幾百年間，衣索比亞人嚼咖啡豆，用那些豆子泡出清淡的湯汁。後來是住在摩卡港的蘇菲派（Sufi）聖人夏狄利（Ali Ibn Umar al–Shadhili）率先把咖啡豆烹煮成類似現在的咖啡，當時稱為咖瓦（qahwa）。他和蘇菲派的僧侶在延續到深夜的敬神儀式上使用這種飲料，咖啡幫他們進入一種虔誠的宗教極樂狀態。由於蘇菲派四處漂泊遊走，他們把咖啡帶到北非和中東的各個角落。土耳其人把qahwa變成了kahve，後來傳到其他語言時，變成coffee（咖啡）。

夏狄利後來以「摩卡僧侶」（Monk of Mokha）著稱，摩卡變成葉門咖啡的主要出口港，葉門種植的所有咖啡都是由這裡銷往遙遠的市場。摩卡港本身是個貧瘠、乾燥的沿海地區，不適合種植咖啡，但摩卡這個詞變成了咖啡的同義詞。咖啡實際上是種在內地的山區，是運用梯田及巧妙的灌溉方式栽種的。他們把咖啡果實運到摩卡處理及出口，摩卡因此變成繁榮的商業中心——不僅出口咖啡，也出口其他的水果和商品。但咖啡把貿易量帶來港口，而且價值非凡，以至於出口咖啡樹成了犯罪行為。有人因試圖帶一株幼苗離港而遭到逮捕，並以叛國罪遭到處決。

最早的咖啡館名叫 qahveh kaneh，阿拉伯半島上隨處可見這種場所，館內以熱烈的討論和音樂著稱。有些咖啡館還盛行一些當地政府禁止的活動，例如賣淫、賭博、批評地方政府等等。統治者常下令關閉咖啡館，因為他們認為咖啡館是反叛暴動的源頭。一五一一年，麥加總督海伊爾—貝伊（Khair–Bey）聽說諷刺他的詩歌是源自於咖啡館，便下令關閉所有的咖啡館。但禁令持續不久就廢除了，因為民眾對咖啡的需求太大。

穆赫塔不禁納悶：「誰知道這一切歷史呢？」他要是上街隨便找人來問咖啡是哪裡來的，他們可能會回答巴黎，也可能回答非洲。他們可能會說是來自哥倫比亞或爪哇，但誰會說葉門呢？現在世界對葉門的瞭解只有恐怖主義和無人機。自從美國軍艦科爾號（Cole）在亞丁灣的外海發生爆炸事件*後，穆赫塔便眼睜睜地看著父母的祖國從「快樂的阿拉伯」變成人們眼中最危險的地方——那裡是蓋達組織和伊斯蘭國（ＩＳＩＳ）崛起之處，也是美國無人機不斷地出擊，以期消除那些恐怖威脅之處。

而且葉門的咖啡貿易幾乎已經結束了。衣索比亞是最早發現咖啡樹生長的地方，但葉門是第一批栽種咖啡樹及從事咖啡貿易的地方。過去五十年來，衣索比亞開始主宰那個區域的咖啡業，如今衣索比亞是全球第四大咖啡產國，葉門幾乎已經遭到遺忘，出口量微乎其微，而且品質難以預測。十九世紀中葉，葉門每年出口七．五萬噸的咖啡；到了二十一世紀，產量僅剩一．一萬噸，其中僅四％是精品咖啡。除了品質問題以外，對西方遊客來說，葉門也比較難以親近。種植咖啡的山區是由當地的部族和民兵管理，他們的活動對遊客、出口商和任何人來說都不穩定。在選擇貿易對象時，多數的咖啡專家會覺得，跟衣索比亞貿易遠比跟葉門貿易來得簡單、安全。

第二個因素是咖特草。穆赫塔瞭解咖特草，也喜歡咖特草。咖特草在美國是非法的，但在葉門幾乎是百姓日常生活的核心。嚼食咖特草的長葉可以產生輕微的麻醉效果，咖特草的生長氣候與咖啡相似，但利潤遠高於咖啡，所以對葉門農民來說，種植咖啡的動機實在微不足道。葉門的咖啡大多是出口到沙烏地阿拉伯，利潤普通。相較之下，咖特草的售價較高，在國內銷售。有鑑於市場的實際狀況，葉門咖啡只剩下一小群有熱情、但缺乏訓練的葉門農民在種植。

培訓是最後一個因素，也是最重要的因素。由於多數農民覺得栽種咖啡沒有利潤，在葉門栽種及採收優質咖啡的細膩流程已經失傳。現在的葉門咖啡都是隨便摘採、隨便儲存。所以葉門咖啡雖是世上最早栽種的咖啡，但一般認為葉門咖啡的品質不如世上的多數咖啡或所有咖啡。

＊　譯註：二〇〇〇年十月十二日，美國科爾號進入葉門南部的亞丁港補充燃料，兩名蓋達組織男子乘坐一艘裝載烈性炸藥的小艇，靠近這艘飛彈驅逐艦並引爆炸藥。科爾號的艦身嚴重受損，船上十七名水兵死亡，三十九傷。

第十一章 計畫（第一單元）

穆赫塔很感激米麗安，每天都對她、賈斯汀、傑若米、金銀島的家人，興奮地報告他打算成為咖啡進口商的最新計畫。他把一切想法寫在紙上，不是一般的紙，而是一大卷白紙，就是那種常掛在畫架上的紙卷。他每天帶著那卷白紙四處跑，如此過了幾個月，不斷地在上面記錄及規劃，攤開來跟朋友分享，不僅解釋葉門咖啡的歷史，也說明他想重振葉門咖啡的決心。他從ＳＷＯＴ圖開始分析——二〇一三年，任何重要的計畫都是從ＳＷＯＴ分析開始的。

在「優勢」那欄，他寫道：

- 咖啡的基因多樣性最高
- 理想的微型氣候
- 最高海拔

- 歷史意義

在「劣勢」那欄，他寫道：

- 缺乏基礎設施
- 缺乏資料
- 缺陷多
- 沒有生產履歷

在「機會」那欄，他寫道：

- 歷史意義
- 葉門沒有人關注精品咖啡
- 找出及恢復古老品種

在「威脅」那欄，他寫道：

- 蓋達組織
- 腐敗政府
- 紅海的海盜

- 部族暴力
- 安德魯・尼寇森（Andrew Nicholson）（？）

這個尼寇森是何許人？每次穆赫塔研究葉門咖啡，都會遇到這個名字。他顯然是來自路易斯安那州的美國人，不知怎的移居葉門的首都沙那，開始以「瑞洋」（Rayyan，阿拉伯文的「天堂之門」）之名出口葉門咖啡。尼寇森似乎囊括了穆赫塔想要投入的領域。不過，在沙那有另一名美國同業，可能也有很大的助益。除了享有規模經濟以外，還可以共享人脈和資源，培養同業情誼。

他告訴米麗安：「就是這個！我想復興葉門咖啡，讓它在全球恢復往日的絕代風華。」

米麗安心想：「喔，天哪！」

但她還是支持穆赫塔，每個人都支持他，尤其是穆赫塔的朋友朱利亞諾（Giuliano）更是不遺餘力。穆赫塔是朱利亞諾讀大一時認識的，朱利亞諾是個異類，青少年時期自己決定皈依伊斯蘭教，他是在舊金山北灘（North Beach）的義大利天主教家庭長大，父母離異。家裡沒什麼錢，但一家人樂天知命。朱利亞諾從小就是個快樂的孩子，充滿好奇心。他的父母得知唯一的兒子想皈依伊斯蘭教時，感到困惑，但也不覺得意外。當時他十五歲，對伊斯蘭教的理解大多是源自於閱讀《伊斯蘭入門速成班》（*Islam for Dummies*）。

他對伊斯蘭教的興趣始於幾年前，當時大家開始以為他是阿拉伯人。他們對他說：「你看起來像穆斯林，你是阿拉伯人嗎？」說阿拉伯語的人會熱情或隨意地問候他Salaam alaikum（中文意譯為「祝安詞」，或音譯為「色蘭」、「色倆目」）。後來朱利亞諾仔細地照鏡子，想知道他們究竟看到了什麼。他心想：「肯定有什麼東西吧，也許我真的看起來像中東人。」那是當初驅使他皈依伊斯蘭教的起因，那是一種奇怪的催化劑：以迂迴的方式促使他變成穆斯林，因為很多人以為他是穆斯林。於是，他開始研究伊斯蘭教，並改信伊斯蘭教。伊斯蘭教允許信徒主動加入信仰，因個人信念而成為穆斯林，無需任何正式的儀式。所以，某天他逕自宣布他是穆斯林，並在漢堡王（Burger King）度過第一個齋戒月。

不過，朱利亞諾與穆赫塔的關聯不僅止於伊斯蘭教。他們讀高中時，都沒什麼零用錢，他們發現彼此都有在城市裡找到免費娛樂的能力。他們去漁人碼頭騷擾遊客，尋找遺落的美元，但他們主要是談論書籍和食物。朱利亞諾的義大利家族背景使他特別瞭解食物，他常帶穆赫塔回家吃家常義大利燉飯。他們會討論希羅多德（Herodotus）和愛德華・薩伊德（Edward Said），也假裝他們瞭解柏拉圖的《理想國》（*Republic*）。穆赫塔和朱利亞諾都是自學成才的人，他們透過食物去接觸迄今為止未知的世界和歷史。朱利亞諾的父親曾短暫開過一家餐廳，名叫米開朗基羅餐館，後來因經營不善而關閉，又回去當服務生。他們以前去那家餐廳時，看到菜單上有「梅乾」，就好奇地研究梅乾是怎麼來的——是來自托斯卡尼（Tuscany）嗎？那是在法國、還是在義大利？

他們自學歷史和哲學，長時間無人看管，很快就長大了。十九歲時，朱利亞諾愛上一位巴基斯坦裔的美國女子，名叫貝妮徐（Benish）。她有一雙棕色大眼，美若天仙，也是舊金山的本地人。他們是高中剛畢業時認識的，他們想結婚，但朱利亞諾知道雙方的父母肯定會覺得他們那時結婚太早了。更糟的是，朱利亞諾覺得他們之間還有一道無法逾越的跨文化鴻溝。貝妮徐的巴基斯坦父親會答應讓女兒嫁給十九歲的義大利穆斯林嗎？未來會有嚴重的麻煩嗎？諸如榮譽謀殺（honor killing）＊之類的討論？（深陷愛河中，使他不免想到一些奇怪的議題。）不過，朱利亞諾的父母欣然同意他們在一起。朱利亞諾去問貝妮徐的父親時，他也同意把女兒嫁給他，還要求抱孫子。於是，朱利亞諾和貝妮徐在她家舉行婚禮，穆赫塔帶了乳香和沒藥去當賀禮。婚後他們搬到北灘的公寓居住，三年後，他們的第一個孩子紹達（Saudah）誕生了。

那時穆赫塔在無限大樓工作，朱利亞諾當優步（Uber）的駕駛。他們下班後會一起到24小時健身中心（24 Hour Fitness）舉重紓壓。運動前，他們會先喝咖啡。

朱利亞諾從小在喝咖啡的環境中成長，他教穆赫塔義大利人喜歡的咖啡喝法：站在櫃檯前，啜飲濃縮咖啡，加點糖，從來不加牛奶。他帶穆赫塔去渡輪大廈（Ferry Building）新開的藍瓶咖啡。朱利亞諾告訴他：「這是最接近正港義式濃縮咖啡的東西。」他們站在那裡，盡量擺出義大利人的模樣，啜飲兩三杯濃縮咖啡，為舉重預作準備。

❖

藍瓶咖啡離那棟希爾斯兄弟大樓很近，那棟大樓以前是進口咖啡、烘焙咖啡，接著把咖啡運往美西各地的地方。穆赫塔覺得巧合愈來愈多，而且累積起來日益彰顯出一個無可辯駁的事實：這是命中註定的，他終於找到天職了。不，這不單只是天職而已，早期穆赫塔稱之為「**使命**」。他很小心，不敢貿然說出那是真主阿拉給他的指引，但他深信一定是那樣。

他想像著自己穿梭在葉門鄉間，為農民帶來知識和財富，把美好的咖啡果實運送出口。他的新生活將在飛機、馬匹、船隻之間切換，他的故事將收錄在咖啡探險家的名人錄中——跟他們一樣促成咖啡種植的擴散，讓咖啡這種飲料風靡全球。他帶著那卷SWOT分析圖四處走時，想像自己是咖啡傳承史上的一分子。那是一條精彩的時間軸，由連串的冒險家所組成。那些冒險家碰巧也是盜賊，幾乎無一例外。

首先是巴達．布丹（Bada Budan），那是十六世紀來自印度卡納塔卡邦（Karnataka）奇庫馬嘎魯爾區（Chikmagalur district）的穆斯林聖人，他去麥加朝覲，在返鄉的路上，途經葉門，看到咖啡，當時的咖啡稱為「伊斯蘭酒」。他對咖啡產生了濃厚的興趣，想把它帶回印度，但是當時是禁止的。阿拉伯人可以賣給他烘烤的咖啡豆，只要他買得起又扛得走，想買多少豆子都可以，但不能販售幼苗，連咖啡果實也不能賣。

於是，他用偷的。他把七顆咖啡果實綁在肚子上，藏在褶皺裡，外面再套上寬鬆的長袍。

＊ 譯註：是指被家族、部族或社群成員以維護家族名聲、清理門戶等理由殺害。

回到印度後，他把種子種在強卓吉里山（Chandragiri Hills）。那七顆咖啡果實，後來繁衍出數百萬棵阿拉比卡咖啡樹。印度現在是世界第六大咖啡產國，布丹也成了大家眼中的聖人。

荷蘭人也想帶咖啡樹離開葉門海岸。一六一五年，咖啡首次進入歐洲，當時是從摩卡港出口到威尼斯，作為醫療用途。後來，咖啡變成社交飲品，並擴散到歐洲的部分地區，但威尼斯人壟斷了歐洲與摩卡港的咖啡貿易。當時荷蘭是全球海上貿易的強國，對於威尼斯人的壟斷深感不滿。他們覺得咖啡是價值非凡的商品，但太少人栽種，又被一個阿拉伯小港壟斷交易，實在不合理。所以，一六一六年，荷蘭東印度公司（Dutch East India Company）的荷蘭人彼得・範登布盧克（Pieter van den Broecke）造訪摩卡港時，從摩卡偷了一些幼苗，帶回荷蘭，種在阿姆斯特丹植物園（Hortus Botanicus）裡。

那些幼苗在植物園裡扎根，但荷蘭的氣候不適合大規模地栽種咖啡。後來，一六五八年，咖啡被帶到荷蘭的殖民地錫蘭，之後又傳到爪哇（也是荷蘭的領土），才蓬勃地繁衍。爪哇很快就變成歐洲的主要咖啡供應區，摩卡的霸主地位隨之衰落。

荷蘭人跟以前的葉門人一樣，小心地鞏固他們在咖啡業的霸主地位，不遺餘力地保護爪哇的咖啡園，以阻止任何幼苗或咖啡果實出口。所以，長達半世紀的時間，荷蘭人一直壟斷著歐洲市場。後來因為阿姆斯特丹的市長出現損己利人的怪異行為，才讓法國跨入這一行。一七一三年，阿姆斯特丹的市長送給法王路易十四一棵咖啡樹。他堅稱那是一份禮物，不是一種產業的開始。多年來，法國人一直遵守那樣的共識，只在巴黎植物園的牆內栽種咖啡樹。訪客可以從遠處欣賞咖啡樹，多數人也乖乖遵守規矩，沒有非分之想或竊盜的想法。但後來蓋布里爾·狄克魯（Gabriel de Clieu）萌生了不同的打算。

狄克魯是法國的海軍軍官，他決心把咖啡帶到西印度群島。西印度群島是法國的領土，一般認為那裡很像爪哇，適合栽種咖啡。一七二三年，他搭乘名為「單峰駝」（Dromadaire）的護衛艦起航，但航行兩週後，那艘船艦在突尼斯海岸遭到海盜攻擊。不過，單峰駝號裝備精良，有二十四門大炮，足以擊退海盜。船艦在距離馬丁尼克島（Martinique）僅幾百公里的地方，遭到暴風雨侵襲，開始進水。為了避免船艦沉沒，他們必須拋棄一些貨物。拋棄的貨物中，包括許多船員的飲用水。在剩下的航程中，水必須嚴格限量配給，狄克魯不得不把自己獲得的少量水分，一點一滴地分給咖啡樹。在馬丁尼克島上，狄克魯種下咖啡樹苗，後來繁衍出數百株，他把那些樹苗移植到島上的各個角落。此後，當地的咖啡種植幾乎成倍數成長，取代了島上之前的經濟作物可可。狄克魯成了英雄，法國人壟斷了西半球的咖啡種植至少好一段時間。

法蘭西斯科·德梅洛·巴耶達（Francisco de Melo Palheta）是巴西的陸軍中校，當時巴西仍是葡萄牙的殖民地。葡萄牙人迫切想要搶進迅速擴張的咖啡市場，他們認為巴西是種植咖啡的理想環境，但一直拿不到幼苗。

此時，法國人不僅在馬丁尼克島栽種咖啡，也在法屬圭亞那（French Guiana）栽種。一七二七年，法屬圭亞那與荷屬圭亞那發生邊界紛爭，那裡正好在歐雅帕克河（Rio Oiapoque）的北方。為了解決邊界紛爭，兩個殖民地要求表面上公正的巴西人出面調解，巴西派出巴耶達出面協調。那時巴耶達已經五十七歲了，但依然英俊浪漫，對女人充滿了魅力。他去了法屬圭亞那的首府卡宴（Cayenne），與法國及荷蘭的殖民總督同席，以解決邊境問題。但那不是他的主要目的，他在卡宴期間，密謀把一株幼苗帶回國。然而，當地的咖啡園戒備森嚴，他又是知名人物，不能被撞見鬼鬼祟祟地行動。

於是，他勾引總督的妻子瑪麗—克勞德·德維克·德蓬吉波（Marie-Claude de Vicq de Pontgibaud）。她深受巴耶達的吸引，在為他舉辦的國宴上，為了感謝他促成邊境協議，送給他一束花，並在花裡藏了足夠的咖啡果實，讓他足以開闢自己的咖啡園。

巴耶達在巴西的帕拉地區（Pará）種植了第一批咖啡樹，七年內繁衍出上千棵。那些咖啡樹成為巴西咖啡業的基礎，到了一八四〇年，巴西的咖啡產量已占全球總產量的四〇％。巴西最大的出口市場之一是北美的新興殖民地。十七世紀，荷蘭人把咖啡引進北美，咖啡在當地廣受歡迎，與茶葉並列為最熱門的飲品。但隨著北美殖民者和英國王室之間的關係日益緊繃，再加上茶葉課稅日益繁重，北美殖民地的居民開始把茶葉視為英國枷鎖的象徵。

一七七三年十二月十六日，數百名殖民者裝扮成美洲原住民，在波士頓港圍堵英國東印度公司的四艘船，並把船上的所有茶葉倒了海中。從此以後，美國的喝茶文化再也不同了。這個新興國家在挑選提神飲品時，咖啡成了首選。當時美國的咖啡主要是從荷蘭進口，所以美國人暱稱咖啡為「java」（爪哇）。美國人對咖啡的喜愛在短時間內暴增，後來量產、更好的儲存和包裝技術（希爾斯兄弟公司對此貢獻良多），以及一戰和二戰帶來的需求，促使美國變成全球最大的咖啡消費國。二十一世紀，美國人消費的咖啡量占全球的二五%。二〇一四年，咖啡已是世上最有價值的農產品之一，產值高達七百億美元，哥倫比亞、越南、柬埔寨、肯亞、烏干達、瓜地馬拉、墨西哥、夏威夷、牙買加、衣索比亞等地皆產咖啡果實。

葉門是全球最早開始栽種咖啡樹的地區。但如今在全球的咖啡市場上，葉門只扮演很小的角色，地位微乎其微。穆赫塔認為他可以改變現狀，但首先，他必須去找蓋桑談談。

第十二章 蓋桑的睿智建議（下）

蓋桑在穆赫塔的心中占有重要的地位。每次談到錢或創業，他第一個想到的就是蓋桑。

蓋桑輔導了年少的穆赫塔後，前往聖荷西州立大學就讀。他以為他可以在那裡學到創立科技新創企業所需要的一切知識。豈料，學校的步調緩慢，再加上當時系上的教授大多是由數學教授轉任，對創業一無所知，無法教他想學的東西，蓋桑索性輟學，自己創立顧問事業，為朋友組裝及改善電腦。與此同時，他也在舊金山市場街的一家手機店工作。他的父母希望兒子拿到大學學位，如果能拿到碩士學位更好。等到他們發現兒子竟然輟學，還到市場街上某家不起眼的手機店工作時，大吃一驚。

但蓋桑自有一套想法，他和朋友架設了一個電子商務平臺，創立了自己的公司，幾年後，電子商務巨擘 NetSuite 以可觀的價格收購了他的公司。蓋桑雖然還不是有錢有閒的暴發戶，但已有不錯的財力，穆赫塔一直很注意他的發展。多年來，他和蓋桑始終保持聯繫，現在穆赫塔有投入咖啡業的想法，他想找認識的人之中最成功的創業者談一談。

他們約好在教會區的四桶咖啡館（Four Barrel Coffee）見面。蓋桑先到了，他預期穆赫塔會遲到，但穆赫塔一反常態準時抵達，還帶了類似相框的東西前來。蓋桑心想：「他真的帶相框來嗎？」沒錯，穆赫塔確實帶了一幅鑲框的照片前來，而且尺寸還挺大的。

「你看！」穆赫塔說，接著揭開覆蓋物。那是一八三六年一份英文報紙的翻印版，頭版上有一幅老摩卡港的版畫。接著，穆赫塔開始暢談咖啡、葉門、摩卡港、摩卡的兩種拼法（他順便問蓋桑喜歡哪種拼寫，是Mocha，還是Mokha？），以及他如何發現自己與這一切的關聯，還有他打算如何成為咖啡進出口商，並從祖先的土地上振興咖啡這門古老的藝術及往日風華。蓋桑不知道該說什麼，穆赫塔講得口沫橫飛，跳來跳去，令人聽得一頭霧水。

蓋桑問道：「你有商業企劃書嗎？」

穆赫塔以剛剛揭露裱框報紙的誇張模式，攤出他的商業企劃書。那是一疊近三公分厚的全彩企劃書，裡面是宣言、歷史、理念、狂妄想法的奇怪組合。

「還有這個。」穆赫塔指著那頁列滿要點的頁面。他的意思是說，光是那些羅列的項目就是精彩的商業企劃書了。

蓋桑看了一下，試著閱讀那些項目，最後他吸了一口氣說：「穆赫塔，我必須老實說，這是我見過最貧乏的商業企劃書。」

不過，他知道穆赫塔確實掌握了某個想法，他從穆赫塔的眼神及企劃書的頁面中看到了熱情。商業企劃書必須重寫，但那裡面可能有一些可取的東西。他們需要更改名字，摩卡僧侶（Monk of Mocha）的拼寫有問題，那個僧侶是指誰？穆赫塔是僧侶嗎？為什麼穆赫塔突然變成了僧侶？

「不，那不是指我。」穆赫塔說：「那是我從書中看到的傢伙……幾百年前，摩卡港有個僧侶，他……」

「算了吧，別提那個僧侶了。」蓋桑說：「別提僧侶，專注在咖啡上，專注在事業上。仔細想想，你必須做出選擇。你是生意人，還是活動分子？至少現在你必須選一個。」

穆赫塔的企劃書上列滿了抱負，以及跨文化合作的夢幻囈語，他想讓全世界知道葉門的美好，一個跟恐怖主義及無人機無關的葉門。

「但那不是非營利組織。」蓋桑說：「你創立一家真正的公司，那一切就會發生。當顧客接觸你的產品時，他們自然而然就會認識葉門。在此同時，你要雇用真正的葉門人，做一些具體的事。你靠這個事業謀生，不需要募款，而且那不見得要和伊斯蘭教有關，你不是在賣伊斯蘭咖啡豆，你是賣葉門咖啡豆。做那件事，而且把它做好，其他的一切自然會水到渠成。」

那天蓋桑離開後，隔幾天就去麥加朝聖了，接著他由麥加轉往日本（當時是櫻花季，他很喜歡櫻花），但一路上他一直想著穆赫塔和他的商業企劃書。

蓋桑瞭解咖啡，幾年前他迷上精品咖啡，一頭栽進了精品咖啡的世界。在舊金山，你幾乎不可能迴避精品咖啡，也很難不成為業餘愛好者，就好像你一定會略懂科技或葡萄酒的皮毛一樣。但是對於咖啡，蓋桑頂多只是顧客，他從來沒想過做咖啡的生意。事實上，這幾年來，他說服十幾位朋友**不要**開咖啡館。穆赫塔不是唯一來找他徵詢創業意見的人，這些年來，打算開咖啡館而來找他徵詢意見的朋友多得驚人。

蓋桑**勸退了**每個想開咖啡館的朋友。

他們想創造社區空間，啟動下一波的啟蒙運動，讓大家一起沉浸在某種氛圍中。

聽到這些說法，他總是說：「不，不，不，不，不。」

他使盡渾身解數，說服那些頭腦清醒、事業有成的「前」科技人才不要開咖啡館。他告訴他們，想開咖啡館盈利，幾乎是不可能的事，因為舊金山的咖啡館租金高、利潤低，光是顧客就令人頭大。例如，留著大鬍子的傢伙上門，霸占一張桌子，一坐就是六個小時，他不斷地使用筆電，喝著一杯咖啡，那杯咖啡的利潤可能才二十美分，那要賺什麼錢？他告訴那些想開咖啡館的朋友，想從咖啡獲利的話，唯一的方法是採購咖啡豆，烘焙後出售——掌握供應鏈，設定價格，從原產地取得咖啡豆，那才有利可圖。

但從來沒有人想那樣做。

只有穆赫塔想到。所以，蓋桑飛去沙國朝聖，接著飛往京都賞櫻時，他覺得穆赫塔可能抓到了某個商機。他知道葉門咖啡應該很好，但很難出口。如果一個葉門裔美國人去了葉門，他不是正好可以在難以深入的高山和葉門的政治亂象，以及咖啡豆的國際市場之間搭起自然的橋梁嗎？

在瞬息萬變的軟體世界裡待了那麼久以後，蓋桑正在尋找更具體的東西。咖啡聞得到、嘗得到、摸得到，它是一種商品，又不受經濟衰退的影響。除了汽油以外，它可能是最不怕景氣衰退的商品。汽油是驅動機器的燃料，咖啡是驅動人類的燃料。

「但你要認真投入。」那天他在教堂區對穆赫塔這麼說：「至少你要知道你到底在說什麼。」

第十三章　不再偽裝

穆赫塔知道藍瓶咖啡，朱利亞諾帶他去過。這些年來他常聽到大家提起這個店名，而且藍瓶咖啡在舊金山遍地開花。自從他開始談起他想跨入咖啡業後，大家就一直叫他去藍瓶咖啡觀摩一番。他有打算去，但是首先，身為熱愛研究又博學的人，他深入探索後，發現了另一個冒險故事：一個人冒著生命危險把咖啡從一處帶到另一處。

一六八三年，鄂圖曼帝國正處於鼎盛時期，領土囊括了東歐和中歐的大片土地。鄂圖曼土耳其人想占領維也納，以三十萬大軍包圍了那座城市。除非維也納人能夠派一名特使穿過敵軍防線，去向四百六十二公里外的波蘭軍隊求援，否則這座城市幾乎不可能阻止鄂圖曼大軍攻陷。波蘭軍隊可以從後方進攻，維也納人可以從前方抵禦。

維也納人從軍中選出一位名叫法朗茲・喬治・柯奇斯基（Franz George Kolshitsky）的年輕波蘭人，他曾在阿拉伯世界住過一陣子，會說阿拉伯語和土耳其語。維也納人讓他穿上土耳其士兵的制服，趁半夜派他穿過敵軍防線。他順利抵達波蘭，向波蘭軍隊傳達訊息。波蘭人前來援救維也納，他們一起擊退了鄂圖曼大軍的圍攻。鄂圖曼軍隊撤退時，土耳其人把帶來的大部分物資都留下來了，包括兩萬五千頂帳篷、五千頭駱駝、一萬頭牛、五百袋又小又硬的綠色豆子。

波蘭人認為那些豆子是駱駝的飼料，但柯奇斯基知道那是咖啡豆，他在阿拉伯世界看過他們烘焙及烹煮那種豆子。維也納為了獎勵他的英勇行為，允許他留下那些咖啡豆，他用那些豆子在中歐開了第一家咖啡館，取名為「藍瓶」。他在那裡以他在伊斯坦堡學到的方式烹煮咖啡，等著大發利市，但沒有成功。維也納人不喜歡那種新飲料，他們覺得咖啡太濃太苦了。為了沖淡那種濃苦的味道及挽救生意，柯奇斯基加了一勺奶油和一點蜂蜜在咖啡裡，客人開始絡繹不絕。大家開始模仿他調配的咖啡，並往其他的地方傳播。他就這樣發明了維也納咖啡，並把咖啡館帶進了歐洲。

約三百二十年後，美國人詹姆斯．費曼（James Freeman）在一群咖啡熱愛者中似乎獨樹一幟，他曾是加州莫德斯托交響樂團的副首席單簧樂手，也熱愛在家裡自己烹煮咖啡。他喜歡純粹的咖啡，對於咖啡界不斷出現奇奇怪怪的調味感到失望（例如南瓜口味拿鐵、焦糖瑪奇朵咖啡）。他想回歸根本，讓顧客品嘗到真正的咖啡，在顧客面前一杯又一杯地現煮。他夢想打造一臺更大的烘豆機，結合土坯陶鍋和旋轉滾筒，靠人（或狗）在相連的跑步機上跑步以啟動烘豆機。他把他的設計拿給奧克蘭的多位衛生官員看，大家都感到困惑不解。

最後，費曼決定選用愛達荷州桑德波因特市（Sandpoint）所生產的Diedrich IR–7烘焙機，那是以標準電力啟動的。他在舊金山的海斯谷（Hayes Valley）開了一家店，開創以講究工序的緩慢方式烹煮咖啡的方法，每一杯咖啡都是獨一無二、一點一滴累積而成。他的咖啡店很快就從鄰里間的罕見小店，變成死忠的客人趨之若鶩的名店。他把店名取名為藍瓶。

❖

如今藍瓶咖啡的總部位於奧克蘭的傑克倫敦廣場。每逢週日，藍瓶咖啡都會舉辦公開杯測活動，歡迎任何人來參觀及參與杯測，並分析各種現煮咖啡的風味。

穆赫塔第一次參加杯測時，蓋桑無法前往，所以他帶蓋扎利去了，他還欠蓋扎利三千美元，他也希望蓋扎利能看到商機。蓋扎利瞭解水果，咖啡也是一種水果。蓋扎利瞭解新創企業，也瞭解葉門。蓋扎利用經銷水果的獲利，投資了T恤事業、綿羊事業、電話卡事業，他很樂於接納新商機。

那個週日他們抵達藍瓶咖啡時，約有十幾人聚集在那裡。穆赫塔原本擔心及料想那會是一個很假掰的場合，但他和蓋扎利意外地發現現場氣氛其實挺熱絡的，大致上沒什麼高姿態。藍瓶咖啡的工作人員在一張高桌上放了約四十杯的咖啡，每杯都盛著不同的咖啡，烘焙度及品種各不相同。接著，他們示範如何評估每杯咖啡的風味和品質，他們的作法是把一根湯匙放到每個杯子裡，舀起咖啡，拿到唇邊，但不是直接喝下那勺咖啡，而是啜飲。他們之所以那樣做，是為了讓咖啡氧化，以充分帶出風味。他們如此啜飲每杯咖啡，在嘴裡輕輕品嘗，接著再拿起另一個更高的杯子，把每勺咖啡吐出來。

穆赫塔不發一語，只在一旁觀看，但他看得出來蓋扎利想笑或離開，再也不回來了。那個負責杯測的人從一個杯子走到另一個杯子，大聲地啜飲咖啡，再把咖啡吐出來。實在很難想像這種方式怎麼可能為咖啡做出更好的評價，為什麼不乾脆喝下咖啡呢？為什麼不喝一匙以上呢？而且，發出那種咕嚕咕嚕的啜飲聲不會讓人分心而忽略根本的要素嗎？

後來輪到他了，穆赫塔把湯匙拿到面前的杯子，舀起一勺棕色的液體，接著把湯匙舉到唇邊，心想他啜飲時會發出什麼聲音。他啜飲時的聲音又快又尖，他原本以為抬起頭時，現場有人發笑，但他發現沒人笑，他在嘴裡品嘗著咖啡，試著思考那是什麼味道。

那是烘烤味嗎？於是他寫下「烘烤味」。有果香嗎？當天他聽到「果香」那個字眼好幾次，所以他也寫下「果香」。附近有人說嘗起來有巧克力味，穆赫塔說他也嘗到了。那門課的走向介於實用和深奧之間，持續了一個小時，涵蓋了太多資訊，多到無法完全消化，例如談到品種、風味、一爆、二爆、淺焙、深焙、瓜地馬拉咖啡，還有咖啡果實的五層結構。

穆赫塔聽得頭昏腦脹，也感到灰心。他擅長吸收大量的資訊並迅速反芻吸收，但這門課的資訊量實在太多了。儘管如此，他還是覺得下課後有必要去找那個講師湯瑪斯·亨特（Thomas Hunt），向他提出自己的計畫。他告訴亨特，他的葉門家族栽種咖啡已有數百年的歷史，他很快就會回到葉門以振興葉門咖啡的藝術，把它帶到精品咖啡的市場。亨特雖然適度地鼓勵穆赫塔，但他也提到，葉門咖啡以髒污及品質不穩著稱，而且以前有幾位經驗豐富的出口商想把葉門咖啡運出國外，但他們都遇到很大的挑戰。

穆赫塔心想：「我可以做得更好，我可以讓葉門咖啡順利出口。」

但他其實沒有理由相信那是真的或他做得到。

隔週，穆赫塔又來到藍瓶咖啡，這次他帶賈斯汀一起來，賈斯汀仍考慮投入橄欖油業。他們一起做筆記、做杯測，這次又多學了一點東西。下課後，穆赫塔又留下來，再次向亨特自我介紹，重申他真的很認真想要振興葉門咖啡，把它帶到世界精品咖啡的舞臺上，並創造跨國合作，讓全世界看到一個不同的葉門，一個不是充滿無人機和蓋達組織的葉門。這次，亨特不知是相信穆赫塔的說法，還是想擺脫他，就把他介紹給另一個叫格拉西亞諾．克魯茲（Graciano Cruz）的人。克魯茲是巴拿馬人，從事咖啡出口的工作，但他是出口衣索比亞、祕魯、薩爾瓦多的咖啡。

亨特說：「你應該找他談談。」

穆赫塔問道：「怎麼談？」他確信克魯茲是他這趟英雄之旅中的下一位貴人。

亨特說：「我會把他的電郵信箱寄給你。」

但後來亨特並沒有寄給他。

每週日，穆赫塔都會到藍瓶咖啡做杯測，跟著學習，並在現場逗留，抄下白板上的所有資訊。每次下課後，他都會向亨特索取克魯茲的電郵信箱。每次亨特都說：「抱歉，我忘了。」並說隔天會寄，因為他相信穆赫塔和克魯茲真的應該聊一下，他們的使命相同，應該認識一下彼此。但每週亨特還是忘了寄。

於是，穆赫塔持續來藍瓶咖啡，現在連平時的上班日也來。亨特和藍瓶咖啡的工作人員都不會干預他，甚至讓他來帶大家做杯測。不久，穆赫塔就熟悉了一些基礎知識。

第十四章 基本知識

首先是咖啡樹，他認得咖啡樹。

阿拉比卡咖啡。那是介於灌木和樹木之間的一種植物，稱它為灌木或樹木似乎都可以，有人稱之為灌叢。它可以長到十二米高，但那不是理想的高度。理想的高度是小一些，約兩三米左右。咖啡樹的成長需要很多水，可以在陽光充足或局部光照下蓬勃生長。在多數的氣候條件下，每年開花兩次，嬌嫩的白色花瓣狀似某些蘭花。開花後，會結咖啡果實，顏色從黃色轉變成綠色，再轉變成紅色。在恰當時機採收時，可做出最好的咖啡。但咖啡豆在果實的深處，果實呈橢圓體，外表明亮光滑，像顆葡萄，內有五層。先是最外層的紅色果皮。下面是果肉，可食用，甚至多汁，比葡萄的果肉硬薄，但密實度差不多。果肉下面是一層很薄的果膠，再下面是內果皮。內果皮的下面還有一層很薄的銀皮，最後在銀皮下面才是咖啡豆。咖啡豆其實是雙頭的種子，顏色從綠色到卡其色都有。

每次採收季，每棵咖啡樹平均約結出十磅的咖啡果實。在多數國家，咖啡果實必須手工摘取，放進籃內。那只是採收流程的開始，對任何作物來說，採收都是最複雜的流程之一。而且，咖啡從農場摘採到消費的歷程，可能也是人類食物中最複雜的。

首先，咖啡樹的照料和引導就像任何大型植物一樣——它們需要授粉、防蟲害、修剪，好讓較低的樹枝產出大部分的咖啡果（因為摘果實不該用到梯子，此外，較高的樹枝產出的果實較少）。

每棵健康的咖啡樹會結出數百顆、甚至數千顆的咖啡果實。這些果實一年會成熟兩次，但不會同時成熟。也就是說，任一根樹枝上都有熟度不一的果實，熟度的範圍寬得出奇。最好的果實是紅色的（有些人說只有紅色的才算咖啡果實），並在最佳狀態下採收——果實愈紅，含糖量愈多，口感愈好。所以，採收者必須精明判斷，他們必須採收紅色的果實，讓黃色和綠色的果實成熟，並摘除已經過熟的果實。優秀的採收者可以在一小時內裝滿一桶果實，約三十磅重，一天約可採收十二桶，亦即一天約採收三百六十磅的果實。理想的狀態下，桶內的果實都是紅色的。一天的工作量是數千顆紅色的果實，每一顆都需要動用眼力，也要動用兩根手指扭轉。

這些果實會送到農場的中央儲藏所處理。小農場（全球有數萬個小農場，很多農場占地僅幾英畝）通常是把採收的果實送到共用的處理廠。較大的農場會自己處理，但總之，重點是挑出咖啡豆，這就是「處理」的意思——移除咖啡豆外面那五層東西。這主要有兩種作法：水洗法和日曬法。

水洗處理法是最常見的作法，處理完的咖啡豆通常稱為水洗咖啡豆。在這個過程中，紅色果實送進果肉篩除機，以去除果皮和果肉，最後剩下一層黏滑的果肉留在豆子上。接著，把豆子浸泡在水中，讓它發酵幾小時到幾天的時間。果膠會變乾，比較容易剝除。這需要使用更多的水以再次沖洗豆子，直到最後只剩下裡面的青豆。這些豆子接著曬乾四到八天，可以露天日曬，也可以用機械烘乾。水洗處理法的豆子品質較為穩定，那也是精品咖啡想要的理想狀態，但耗水量驚人，或許不是永續生產的方法。

自然處理法又稱日曬法，是比較古老的處理方式，據傳是源自於葉門，且沿用至今。顧名思義，這種方法不需要用水，而是把咖啡果實放在平臺上晾乾，平臺通常是像金屬網一樣的網格結構。果實晾乾後，以簡單的機器去除咖啡豆外的所有外層。由於豆子沒洗過，仍會殘留一些果膠。豆子在果實內吸收味道的時間較久，所以會產生較濃郁的果香，但風味不穩。幾個世代以來，葉門咖啡一直是這種禍福相倚的行業——要嘛風味絕佳，不然就是品質不良，掩蓋了其他優點。

咖啡豆處理好後，便裝袋靜置。穆赫塔學到，咖啡豆需要靜置，因為處理過程對水果來說是一種創傷——水果會受傷！受創的咖啡豆需要時間復原。有人告訴穆赫塔：切記！豆子依然活著，它們是種子，依然可以種出咖啡樹。所以，靜置時間可能持續三到六個月。不在意品質的農民會讓咖啡豆存放較久，那還是可以煮出像樣的咖啡，但多數專家認為，咖啡豆的存放時間不宜超過一年——咖啡豆應該在採收一年內烘焙。

但首先需要揀選分類。

幾乎所有的農場或處理廠都有好幾排的工人（通常是女性）手工挑揀咖啡豆。她們的任務很簡單，但勞力密集：她們取來一堆又一堆的咖啡豆，有成千上萬顆，然後煞費苦心地挑除瑕疵豆。專家說，瑕疵豆就像爛蘋果，可能搞壞一整批咖啡豆。

什麼算是瑕疵豆？瑕疵通常顯而易見。有的豆子碎裂了，那些碎片需要移除。有的豆子爛了、發酵或發酸了。有瑕疵的豆子通常很明顯。挑豆員坐在桌邊，搬來一堆又一堆的豆子，然後挑除那些不合格的豆子。這個揀選流程需要花好幾天，也需要一定程度的專注力和細心。數十億咖啡飲用者可能對此感到訝異，大家通常以為咖啡豆就是把豆子堆在一起，然後一起烘焙。他們沒想到每顆豆子其實都是經過人工精挑細選，那需要驚人的細心度，以及對一致性的執著。

接著是運送。挑揀過的青豆經過包裝，貼上標籤後，便運送出去。穆赫塔在藍瓶學到精品咖啡品種的包裝和運輸，每批收成都有詳細的記錄，而且是少量出口——以公斤為單位，而不是噸。每種精品咖啡都會標示農場及栽種者，袋上印著出口國與地域，例如瓜地馬拉的安提瓜島（Antigua）。此外，還會標示品種，例如波旁（Bourbon）、鐵比卡（Typica）。那些咖啡豆通常是以農場和場主的名字來命名，以呈現出類似葡萄酒或上等乳酪那樣的履歷和資訊。

接著是把這些裝袋的咖啡豆運去烘焙。藍瓶是烘豆商，皇家廣場（Royal Grounds）和知識分子咖啡（Intelligentsia）也是烘豆商。烘豆商可以是個體戶，也可以是公司，規模可大可小，可以是跨國企業，也可以是獨自一人運作的咖啡愛好者。他們把生的青豆加熱烘烤，直到豆子狀似我們所能聯想的咖啡豆。

在過去一百年間，多數人知道「烘焙」是對咖啡豆進行的一道工序，法國人有一套烘焙法，義大利人有另一套烘焙法。然而，在藍瓶咖啡，穆赫塔可以看到咖啡豆在他的面前烘焙——放在德國進口的巨大機器裡，機器噴出熱氣，需要有人持續在一旁顧著。烘豆師把咖啡豆從槽溝放進一個狀似大鼓的大烤箱，讓咖啡豆在裡面不斷地旋轉攪拌，以確保每一面都烘焙均勻。但是，所有的咖啡豆都是以相同的方式烘焙嗎？不見得。咖啡豆都不一樣，但無論是什麼豆子，過度烘焙都是忌諱。

好的咖啡應該溫和地、少量地、輕柔地烘焙。深焙的咖啡（過熟）會掩蓋咖啡的優點，就像烤焦的牛排毀了上等好肉一樣。烘焙過的咖啡豆有八百多種不同的香氣和味道成分。要帶出明顯的風味，有賴烘豆師的技藝。穆赫塔看著藍瓶咖啡的烘豆師烘焙豆子，那過程就像觀賞厲害的大廚或玻璃師傅一樣——烘豆需要高超的技藝和精準度，還要懂得控制火候、閥門和槓桿。整個過程很短，平均的烘焙時間是十分鐘，而且每一秒鐘都很重要。在烘焙過程中，烘豆師每隔一段時間就會取出一些豆子，檢查顏色、大小和裂紋。那幾分鐘的氣氛特別緊繃，烘豆師往往事後依然覺得他還可以烘得更好。烘焙後的咖啡豆最好先靜置一段時間，風味在烘焙三天後達到巔峰，七天後開始下滑。咖啡豆烘焙三天後再研磨最為理想，研磨後最好立即沖煮。

過程中的每道工序都有人參與。農民種植咖啡樹，並追蹤、照料、修剪、施肥。摘採工人走在成排的咖啡樹之間摘採咖啡果實，周邊是山中稀薄的空氣，他們只摘下紅色的果實，一顆接一顆地放進桶子或籃子裡。咖啡果實的處理大多是靠手工，工人以手指剝除每顆豆子上的果膠。日曬法也需要工人翻動平臺上的豆子，以確保每顆豆子乾得均勻。接著是挑揀工人細心地挑除瑕疵豆。然後，有人把挑揀過的豆子裝袋，使咖啡豆在袋內保持新鮮，保留原始風味，又不會增添多餘的味道和氣息。工人把成袋的豆子扔到卡車上，運送到集運處，再把袋子搬下車，放進貨櫃，送上船。船抵達目的港後，有人從貨櫃卸貨，再放上卡車，運到東京、芝加哥、的里雅斯特的烘豆商。烘豆師是批次烘焙咖啡豆，再把烘焙好的豆子裝進更小的包裝中，讓想在家裡研磨和沖煮咖啡的人購買。又或者，咖啡師在咖啡店裡研磨咖啡，然後費心為客人沖煮黑咖啡、義式濃縮咖啡、卡布奇諾。

所以，任一杯咖啡，從農場到裝杯，可能有二十個人碰過，但每杯咖啡的售價僅兩三美元。即使一杯咖啡要價四美元，那還是很不可思議，畢竟中間需要那麼多的人手，還要投入那麼多關注和專業在那些溶解成咖啡的豆子上。事實上，投入的關注和專業實在太多了，即使一杯咖啡要價四美元，也有一些人——或者是許多人，或數百人——在過程中遭到壓榨和剝削，忍受著低薪之苦。

第十五章　商品市場與三波浪潮

穆赫塔意識到，問題出在商品市場（C Market）。咖啡是一種商品，商品市場認為咖啡有多少價值，就決定了全世界採收及銷往世界各地的多數咖啡能賣什麼價格。如果商品市場宣布咖啡的價格是每磅一美元，那個價格就會影響任何地方的咖啡農民（從瓜地馬拉到盧安達再到越南）可收取的價格。當然，農民本身拿不到那一美元，那是雀巢、寶僑（P＆G）、菲利普莫里斯（Philip Morris）、莎莉公司等集團付出的最終價格，那些集團購買了全球四〇％的咖啡。一般小農（例如哥倫比亞的咖啡小農）的平均售價可能是每磅三十美分，而且還不是直接賣給那些大集團。他們可能先把作物賣給高利貸業者——亦即當地的掮客。高利貸業者在收成前會先借錢給小農，而這等於是讓小農永遠處於負債狀態，接著再把數十個小農的收成集合起來，賣給區域的掮客。這些掮客遍布在哥倫比亞各地，他們從數十個到數百個小農場收購咖啡豆，把那些豆子全部混在一起，合稱為哥倫比亞咖啡，接著，他們再以大宗商品的價格，將該區大量匯集的咖啡豆出售給國際集團。

這個體系是在咖啡的第一波浪潮中出現的，當時希爾斯兄弟公司享有舉足輕重的地位。在第一波浪潮中，咖啡大受歡迎，變成年營收數十億美元的事業，深受量產的優缺點所影響。真空包裝使得咖啡更容易保鮮，也比較容易運到遙遠的地方，但也進一步拉開了顧客和烘焙業者之間的距離。一九〇三年日裔美國人加藤聰（Satori Kato）取得即溶咖啡的專利，使雀巢、麥斯威爾（Maxwell House）、福傑仕（Folgers）等公司把咖啡當成提供咖啡因的產品來行銷，而不是一種訴諸感官的食品。量產的咖啡價格低廉，但苦澀難喝，消費者不得不加糖、加奶，或添加無數的輔助品才得以入喉。

咖啡的第二波浪潮，是源自於大家對咖啡價格和品質不斷下滑的反應。一九六〇年代，艾弗雷德．皮特（Alfred Peet）在加州柏克萊開了一家小型的咖啡烘焙坊和咖啡館，重新把焦點放在咖啡豆的產地及最佳烘焙法上。在皮特的咖啡館裡喝一杯咖啡，比同一條街的小餐館貴得多，但風味也好很多。消費者一試成主顧，皮特咖啡館因此一炮而紅，這也促使其他的企業家（包括星巴克的霍華．舒茲〔Howard Schultz〕）擴大咖啡第二波浪潮的影響範圍。舒茲和皮特都是有社會意識的商人，不僅努力強調他們的咖啡來自何處，也付給咖啡農民更好的價錢。不過，隨著星巴克蓬勃發展，變成一種遍及全球的現象，並強調咖啡館的社會空間——有時更勝於咖啡本身——咖啡界有許多人想再次回歸純樸的手工烘焙與沖煮方式，把焦點直接放在咖啡上。

於是，第三波咖啡浪潮開始了。第三波浪潮中的烘豆商通常是獨資經營，而不是連鎖店。

他們不僅標明咖啡產地是來自哪個國家或地域，也突顯出實際栽種咖啡的農場、農場的名字，並把土壤、海拔、遮蔭等因素都列為影響咖啡風味的重要因素。他們在自家營業空間內烘焙豆子，並馬上沖煮咖啡。他們偏好手沖法，一次沖一杯，讓每一杯都有手工沖煮、獨一無二的特色，就像顧客在原產酒莊啜飲新釀的卡本內紅酒（Cabernet）那樣。

❖

穆赫塔知道，把咖啡拿來跟葡萄酒相提並論，是促成第三波浪潮的關鍵。當代的顧客在餐廳裡想喝葡萄酒時，他們會索取酒單。酒單上不是只列葡萄酒的種類——卡本內、黑皮諾、夏多內等等——而是每個種類底下還有數十種選擇。講究的顧客可能不僅想喝阿根廷的國寶紅酒馬爾貝克（Malbec），還會特別指定要來自烏格河谷（Uco Valley）門多薩酒莊（Mendoza Winery）的馬爾貝克。一般認為當地的土壤、水質、高海拔是培育出這種順口紅酒的理想地點。這種明確的獨特性及顧客的博學多聞，長久以來讓葡萄酒業受益良多，釀酒業者對於售價比較有掌控權。只要能釀出優質的葡萄酒，他們就可以收取較高的價格。因此，釀酒業走向精品路線，咖啡則因一八八二年以來受限於大宗商品的定價，無法朝那個方向發展。

第三次浪潮讓農場主有機會從商品市場中解放出來。在衣索比亞，可能有一個農場主二十年來都只能以每磅一美元的商品價格出售咖啡豆，那個價格導致他和員工始終無法脫貧。但如果那位農場主設法栽種出特別好的咖啡，他可以報名區域比賽或全球比賽。如果他的咖啡獲得好評，就會受到第三波浪潮中的烘豆商關注，例如芝加哥的知識分子咖啡館（Intelligentsia Coffee & Tea）或波特蘭的樹墩城咖啡館（Stumptown Coffee Roasters）。接著，不尋常的事情就會發生，他們可以直接交易。

誠如第三波浪潮是以第二波浪潮的重要成果為基礎發展出來的，直接交易也是從宣導「公平貿易」的重要成果發展出來的。公平貿易的宣導者努力地確保，第一世界不是靠剝削開發中國家的勞力來取得他們消費的產品。直接交易則是更進一步：當前述那位衣索比亞的咖啡農可以和烘豆商知識分子咖啡館直接交易時，大宗商品定價的所有陷阱都消失了，所有的未知數都消除了。烘豆商可能實地走訪衣索比亞的咖啡園，會見農場主、員工和摘採者，勘查咖啡樹及處理廠，親眼看到自己收購的產品。如果咖啡園的產品品質很好，而且營運健全，烘豆商和農場可能會協議一個收購價，那個價格不受高利貸業者、掮客、國際集團或商品市場的干預。直接交易的烘豆商付給衣索比亞咖啡農的價格，一定會比咖啡農以往的賣價還高。咖啡農從全球市場的無情羈絆中解脫出來，每磅咖啡豆也許可以賣到三美元、十美元、二十美元的價格。世界各地一些罕見的品種甚至售價高達每磅四十美元，例如來自薩爾瓦多、夏威夷、巴拿馬等地的特殊咖啡。直接交易的效果立竿見影，影響深遠。如果透過直接交易，咖啡農每磅可多賺一美元，那筆交易就徹底改變了咖啡農的生活，也改變農場上那些摘採工人及其他員工的生活。如果咖啡農的咖啡售價是大宗商品售價的四十倍，以前只能勉強餬口的工作就變成一種專業，每個人都可以活得更有尊嚴和自豪。

最後一步是說服顧客付錢。顧客習慣了一杯兩美元的咖啡，一想到要花五美元買一杯直接交易的衣索比亞咖啡，一定會大吃一驚。但是顧客若是知道那杯咖啡的實際價格應該是五美元——確保為那杯咖啡做出貢獻的每個人都獲得人道對待、可以尊嚴過活的正確價格——顧客究竟會猶豫不決，還是欣然接受呢？

❖

穆赫塔思考著這番改變可為葉門帶來的影響。他知道，在葉門，咖啡是勞力密集的產業，而且賣得非常便宜——主要是賣給掮客和高利貸者，讓他們從陸路把咖啡運到沙烏地阿拉伯——所以對葉門農場主來說，種植咖啡幾乎無法獲得溫飽。幾年前，多數農民已經放棄種植咖啡，改種咖特草。儘管咖特草需要更多的水，但利潤高出許多，而且大多是內銷。那一行需要的人力較少，生意也比較簡單。他們在葉門生產咖特草，也在葉門銷售咖特草。

穆赫塔振興葉門咖啡的唯一方法，是把葉門咖啡的收購價拉到比咖特草還高。為此，他必須直接與農民打交道，並根據他把葉門咖啡賣給國際專業烘豆商的價格，來決定他給咖啡農的收購價。為了從這些專業烘豆商獲得更高的價格，他必須大幅提升葉門咖啡的品質。在尚未踏進任何葉門咖啡園之前，他就必須啟動了。

第十六章 計畫（第二單元）

現在穆赫塔有個新計畫。這個計畫比他之前給蓋桑看的貧乏版本好多了，也更有重點。他寫好新的版本，標題是《摩卡僧侶咖啡》。他依然沒改名稱，也尚未決定摩卡的正式拼法，但他把「思考新名稱」也列在計畫清單上了。他需要做的事情很多。

「願景：讓葉門的咖啡農有足夠的知識和工具，為他們的咖啡品質和生活帶來正面的改變。」

他看過一些商業企劃案，那些企劃案通常是這樣開始的——用一句話來概述願景，超過一句話就失焦了。在願景之後，可以用「使命」來進一步闡述願景。他寫道：

「使命：在葉門成立一家永續營運的咖啡公司，目的是提高咖啡豆的品質、穩定一致性和產量，並以高道德標準及富有社會意識的商業實務，來改善栽種者及生產者的生活。」

「核心價值觀：

- 以農民為重
- 誠實及透明化
- 全面提高道德水準
- 負責及問責
- 質重於量」

「使命」結束後，通常會列出「策略性重點領域」之類的東西，所以穆赫塔又進一步闡述。

「策略性重點領域：我們的重點領域是精品咖啡市場。我們希望種植者生產高品質、一致的日曬阿拉比卡咖啡豆，有明確的生產履歷。我們希望咖啡農使用更有效的栽種、收成、處理方法，不要放棄古老的栽種傳統，而是找到新舊世界的最佳交匯點。」

他把計畫拿給蓋桑看。

蓋桑說：「這版比較好了。」

❖

穆赫塔最後終於聯絡上克魯茲，他們在網路上建立了友誼。克魯茲告訴穆赫塔，洛杉磯即將舉行一場活動，來自世界各地的專業烘豆商和交易商將齊聚一堂。「我認識主辦單位。」克魯茲對穆赫塔說：「只要告訴他們，你認識我就好了。」

穆赫塔不想隻身前往，覺得帶個夥伴同行可能看起來更專業。他打電話給朱利亞諾，但朱利亞諾不想開車南下洛杉磯，賈斯汀也不想開車到洛杉磯，沒人想開車過去，穆赫塔也沒錢搭飛機，所以他打電話給舅舅拉菲克。拉菲克曾是奧克蘭的員警，現在與希特、泰吉、拉坎一起住在豐園區。

拉菲克是個不斷自我改造、精進的人，他只比穆赫塔大六歲，但感覺已經過了十幾個人生。他曾在非裔移民博物館擔任警衛，接著去UPS當快遞司機，然後去AC公共交通公司當公車司機。他甚至曾和穆赫塔一家人一起住在金銀島一年。最後，他考進警察學院，成績優異，槍法神準，並獲選為畢業典禮上致告別辭的畢業生代表。他在奧克蘭當了六年的巡警，但後來因背部受傷而退役領殘障補助。回到豐園區後，他正在考慮自己還有什麼選擇，也許他會開一家漢堡店，或是開闢一片葡萄園，也許是開咖啡店。

穆赫塔問他想不想去參加精品咖啡的大會，向來以美食家自居的拉菲克欣然同意了。於是，滿心想成為咖啡進出口商的穆赫塔開了四小時的車到豐園區去接拉菲克，他們再一起開幾小時的車到洛杉磯。一路上，穆赫塔不斷給拉菲克灌輸葉門咖啡的潛力，說咖啡業可能拯救葉門的貿易，並讓全世界知道葉門有豐富的資源，不是只有無人機攻擊和咖特草而已。但他們兩人都不知道大會上會發生什麼事，不知道他們的穿著是否得體，也不知道會不會有人要求他們出示證件，或出示他們有資格與會的證據，他們連名片都沒有。

門口站著一個笑容可掬的年輕人，留著大鬍子，他詢問他們是哪個單位的。穆赫塔說，他是來自摩卡僧侶咖啡，那是一個葉門和美國之間的跨國組織。（他依然沒改名稱，也尚未決定正式的拼法。）

「好的。」鬍子男說。

「我們正在重振葉門咖啡。」穆赫塔說，並繼續說了幾分鐘。他講太多了，而且他們根本還沒踏進大門。

他們踏進會場後，穆赫塔才意識到自己不屬於那個地方。衣索比亞最大的三家咖啡出口商從一萬五千多公里外趕來，會見美國精品咖啡市場的最大採購商。那裡的人來自樹墩城咖啡、知識分子咖啡、藍瓶咖啡。穆赫塔既不是衣索比亞的咖啡種植者，也不是美國的咖啡買家。他本來以為他可以想辦法融入或隱身在數百名與會者之間，但那個希望很快就破滅了，因為現場只有二十人參加會議。

穆赫塔和拉菲克參加討論小組和杯測，假裝他們跟現場的人是同一掛的。但穆赫塔覺得，即使他在藍瓶待了幾個月，前一晚花了兩個小時看了一部有關全球咖啡貿易的紀錄片，他依然不屬於那個地方。那部紀錄片是《咖非正義》（*Black Gold*），內容主要是談衣索比亞的咖啡貿易，看了令人義憤填膺。那部影片說明咖啡的大宗商品價格如何為農民的咖啡賣價設定極低的上限，並顯示為了幫咖啡農創造公平的競爭環境，有多少事情亟需著手進行。

但那部紀錄片中，有一位鼓舞人心的衣索比亞人，名叫塔德斯・梅斯柯拉（Tadesse Meskela），他正發起一項運動，以改變這種模式。梅斯柯拉設法號召了數千名衣索比亞的咖啡農，透過精品咖啡的出口市場，大幅提高了每公斤咖啡豆的售價。但他每幫助一千名咖啡農，仍有一萬多名咖啡農無法競爭，活在貧困中。在衣索比亞，付給咖啡工人的工資約一天一美元。穆赫塔知道，葉門的條件好得多，工資約是一天十美元。衣索比亞處境艱難，咖啡產量較多，所以比較沒有稀缺性，咖啡也以品質參差不齊及交貨不穩著稱。但是在影片中，梅斯柯拉充滿幹勁又能言善道。他代表衣索比亞的咖啡農走訪世界各地，在市場及民心上都多有斬獲，備受各界愛戴。他也為咖啡農開辦了一所學校和一間醫院。

在那場大會上，他就站在離穆赫塔沒幾公尺的地方。

「那是梅斯柯拉。」穆赫塔告訴拉菲克。

拉菲克不知道梅斯柯拉是誰。

「我要過去自我介紹一下。」穆赫塔說。

拉菲克並不在意。

但穆赫塔忐忑不安，不敢上前，梅斯克拉的身邊一直有人在。最後，到了午餐時間，穆赫塔看到梅斯柯拉和另兩位衣索比亞人共進午餐。穆赫塔走近時，梅斯柯拉抬起頭來，一臉訝異。因為現場除了衣索比亞人以外，穆赫塔是唯一的非白人。

「先生，您好。」穆赫塔對梅斯柯拉說。

「您是哪裡人？」梅斯柯拉問道。

「我跟您只隔著一條河，葉門。」

「噢，葉門！」梅斯柯拉說，「我愛葉門人。」

他們就這樣聊開了。他們一致認為，他們面臨的挑戰和機會有許多相似之處。他們討論了品質、供應鏈、最佳作法和計畫。梅斯柯拉告訴穆赫塔，他去葉門參加過一次會議。

「是在沙那舉行的阿拉比卡自然會議嗎？」穆赫塔問道。

梅斯柯拉一聽，不禁對穆赫塔刮目相看。他們談到衣索比亞的哈勒爾（Harar）和葉門有多相似。哈勒爾也有咖特草的麻煩，他們難以說服農民放棄咖特草，改種咖啡。

梅斯柯拉說：「無論你做什麼，都要幫助農民。」這時，他們已經握住彼此的手——對男人來說，這在葉門和衣索比亞都是很正常的舉動，「如果你是為了錢而投入，那是無法持久的。」

梅斯柯拉把名片遞給穆赫塔，那張名片比穆赫塔見過的名片大了三倍。

梅斯柯拉說：「有機會到衣索比亞的話，一定要來找我。」

❖

主持那場會議的人是威廉・布特（Willem Boot），他是個充滿魅力的荷蘭人，五十出頭，認識在場的每個人。穆赫塔後來得知，他與人合撰了一份葉門咖啡的現狀報告，將於當年的晚些時候發表。那份報告是咖啡品質協會（Coffee Quality Institute, CQI）委託他們製作的，並由美國國際開發署（United States Agency for International Development, USAID）資助。穆赫塔不禁以手肘撞了一下拉菲克。在洛杉磯舉行的衣索比亞咖啡會議上，他們碰巧遇到最適合幫他振興葉門咖啡的人。

在會議與杯測之間的空檔，穆赫塔設法和布特單獨聊了幾分鐘。他很想讓布特覺得他言之有物，卻講得太快，再加上他還不知道要談些什麼，所以隨口說了一堆跟現實沒多大關係的字眼。「對於那些在原產地栽種特殊品種的農民，我想從根本改善及精簡連向他們的供應鏈……」這樣隨口掰了一會兒後，他終於決定閉嘴不講了。

布特同情地看著他。他們兩人都可以明顯看出穆赫塔充滿熱情，但需要第一手的知識，因為他現在知道的一切都是二手的。布特讓他知道，他的公司布特咖啡（Boot Coffee）專門為想要投入進出口事業的人提供諮詢服務，也提供「Q等級咖啡品鑑」（Q-grading）的課程。

「好。」穆赫塔說，雖然他不知道什麼是Q等級咖啡品鑑課程。

布特補充說，任何服務或課程都有收費，但是對認真考慮創業的人來說，那些費用都在負擔得起的範圍內。

「好。」穆赫塔說，雖然他既沒有錢，也沒有獲得資金的管道。

穆赫塔記下布特的電子郵寄信箱，說他會再跟他聯絡。

布特也不知道該怎麼看眼前這個年輕人：他究竟是年輕的業餘愛好者、某種騙子，還是真的想創業？他是怎麼進來這場為衣索比亞的咖啡農及美國買家舉辦的會議？這看來像克魯茲安排的事情，於是他在腦中記下來，回去記得向克魯茲詢問這個名叫穆赫塔的人。然而，當下他並沒有想到穆赫塔日後會聯絡他。

但翌日穆赫塔就聯絡他了，他說他想聘請布特當顧問，唯一的問題是，他不知道自己能不能去一趟荷蘭。穆赫塔認為布特咖啡公司既然是荷蘭人經營的，應該是設在阿姆斯特丹。

布特說：「為什麼要去荷蘭？我住在加州的米爾谷。」

第十七章 從荷蘭偷咖啡回來

米爾谷就在舊金山的北方，但穆赫塔從未去過。米爾谷位於馬林郡（Marin），離田德隆僅十六公里，充滿異趣，但穆赫塔對當地一無所知。那裡綠油油的，雜草叢生，位於塔瑪帕斯山（Mount Tamalpais）的遮蔭下。塔瑪帕斯山是一座常綠的山峰，佇立在太平洋海岸邊，海拔七六二米。威廉和凱薩琳．布特（Catherine Boot）的房子坐落在一條蜿蜒的路上，就在該鎮的主幹道米勒大道的旁邊，但他們家給人一種遺世獨立感。那是一棟兩層樓的土坯建築，上面裝飾著紫藤、竹子和野玫瑰，感覺像在托斯卡尼或希臘一樣。

那天，穆赫塔帶著蓋扎利一起去。從洛杉磯會議回家後，穆赫塔打了電話給蓋扎利，概略敘述他對衣索比亞咖啡貿易的瞭解，以及把衣索比亞那一套應用在葉門上的可能性。蓋扎利聽了很感興趣，所以他們三人一起坐在布特家屋外的大長桌邊，那張桌子就像義大利電影裡常見的那種，整個家庭上下好幾代聚在一起吃乳酪和燻火腿，孩子在旁邊蹦蹦跳跳。那天，在斑駁的日光下，穆赫塔和蓋扎利認識了布特，這個出生在咖啡世家的男子。

他的父親雅各是率先參與第二波咖啡浪潮的歐洲人，早在精品咖啡普及之前就投入了。一九七〇年代，量產降低咖啡的整體品質時，雅各試圖讓荷蘭人迷上家庭烘豆及手工沖煮咖啡。他曾是荷蘭烘豆商諾特本（Neuteboom）的區域總監，布特從小就常造訪烘豆廠，把手伸進一桶又一桶的生豆中游移。但雅各私底下懷抱著製作及銷售家庭烘豆機的夢想，他想讓大家在家中的廚房就可以掌控及體驗烘豆的過程。他發明了一種機器，名叫「金咖啡盒」，並把畢生的積蓄都押在上面。他賣掉自己的房子，創立一個混合型事業，包括承租一個店面及設立一家製造廠。顧客可以到店裡瞭解高品質的咖啡豆，製造廠則是用來製作及銷售金咖啡盒。

那是一九七〇年代，那年代的歐美人都比較喜歡購買又快又便宜的食物。雅各希望大家能放慢速度，關心食物的來源。他把公司的總部設在烏特勒支省（Utrecht）的巴恩鎮（Baarn），事業並未一炮而紅，但金咖啡盒和雅各烘焙的咖啡銷量還足以讓他維持生計。後來，布特十四歲時，加入父親的生意，學會如何為每個顧客介紹適合他的咖啡風味。充滿藝術氣質的客人可能比較喜歡肯亞咖啡的鮮明感，抽菸的客人可能需要更濃郁的味道，也許是蘇門答臘豆。年紀較大的客人可能比較喜歡香醇的墨西哥象豆（Maragogype）。

他們的事業規模很小，店面的生意向來不太繁忙，雅各也喜歡這樣。他有時間和顧客交談，傾聽他們的故事，以便為客人介紹合適的咖啡豆。雅各對細節極其關注，他對咖啡的點點滴滴充滿了無限熱情。布特看著父親不斷地追問咖啡豆進口商那些咖啡豆的來源，把進口商搞得很頭大。如果咖啡豆是來自爪哇，雅各想知道那是來自爪哇的哪裡、哪個咖啡莊園、海拔多少、園主是誰。進口商大多對這些資訊一無所知。

不過，年復一年，雅各愈來愈疲累，無法處理日常工作，布特接手愈來愈多的烘豆任務。雅各把知道的一切都傳授給兒子，布特有時間和機器去做實驗，因此累積了廣博的知識。大學畢業後，他到德國烘豆機製造商Probat-Werke的美國子公司工作。公司派他駐點於加州，他在加州認識了妻子凱薩琳，凱薩琳是加州納帕谷的在地人，後來他們一起搬到米爾谷，成立布特咖啡公司。那是一家從事烘豆及咖啡教育的機構，讓咖啡農、烘豆師、學者，以及有心投入咖啡業的任何人都可以來這裡學習。布特後來變成顧問，經常培訓烘豆師及栽種者，並成為世界各地咖啡大賽（從中美洲到衣索比亞和巴布亞紐幾內亞等地）競相邀請的評審。

❖

穆赫塔來到米爾谷的第一天，布特已經為他設計了一套計畫。

布特說：「如果你真的有心走這一行，應該成為咖啡品質鑑定師（Q grader）。接著，你應該去參加美國精品咖啡協會所舉行的大會，地點在西雅圖。然後，你應該去葉門。」

「好。」穆赫塔回應，腦中已經開始計算花費了。

布特說：「如果你想改善葉門出口的咖啡，你必須懂得分辨咖啡的好壞。據我所知，如果你成為阿拉比卡咖啡的咖啡品鑑師，你會是第一個擁有這個資格的正港阿拉伯人。」

「太棒了。」穆赫塔回應，他仍然不知道咖啡品鑑師是什麼。

「那門課要多少錢？」他問道。

那門課要兩千美元。聘請布特當顧問，需要預付五千美元。穆赫塔和蓋扎利當然知道這很諷刺，他們兩個葉門人明明是咖啡這門古老貿易的嫡系傳人，如今卻得付費向一個荷蘭人學習咖啡這門生意。

那次會面結束後，穆赫塔和蓋扎利回到各自的車上。穆赫塔開著車跟在蓋扎利的後頭，蓋扎利往西開了幾公里，接著開上一號公路。他們在一個俯瞰太平洋的岔道邊停了下來，進行中午的祈禱。祈禱結束後，他們起身。穆赫塔說費用太高了，他不能再跟蓋扎利借錢了，因為他弄丟背包後，蓋扎利已經借他三千美元。即便如此，蓋扎利還是拿出支票簿，開了一張五千美元的支票給穆赫塔，他說那是他給穆赫塔的信用額度。

這種事情以前從未發生在穆赫塔身上。每次他想到什麼點子或計畫，家人、老闆或師長一直很鼓勵他，但從來沒有人像蓋扎利那樣出錢又出力。穆赫塔從來沒見過那麼大筆的錢，他接過支票後，鑽進車子裡，看著蓋扎利駛離。他獨自一人站在那裡，激動得不知如何是好，索性放聲大哭一場。

第十八章　學徒

穆赫塔正式聘請布特及布特咖啡公司擔任顧問，但他們的關係不太正式。五千美元的預付金其實只是入門費。不過，穆赫塔踏進門後，就像以前在藍瓶咖啡那樣，巧妙但徹底地潛入那裡的運作。短短一週內，布特咖啡裡有一半的員工都不太確定他究竟是不是在那裡工作。

每天，穆赫塔一大清早就出門，趕在車流之前往北方開上一小時的車，越過里奇蒙大橋（Richmond Bridge），再向南開進米爾谷，每天都是在布特咖啡開門時抵達。別人要求他做什麼，他就做什麼，例如去喜互惠超市（Safeway）和全食超市（Whole Foods）購物、清洗機器、掃地等等。他仔細觀察每個人的一舉一動，聆聽他們的話語。布特夫婦經常旅行，前往巴拿馬、尼加拉瓜、歐洲等地。他們不在時，布特便把公司的營運交給年輕的員工史蒂芬・艾澤爾（Stephen Ezell）、喬蒂・維澤（Jodi Wieser）、瑪麗・貝尼菲爾德（Marlee Benefield）照料。

史蒂芬只比穆赫塔年長幾歲，他已經完成了穆赫塔想做的自我改造流程。他是佛羅里達人，大學讀哲學系，當過酒保、玩過樂團，後來決定跟隨哥哥到舊金山灣區。某天他仔細閱讀徵才廣告時，圈出三個有趣的選項。一個是木材翻新修補，另一個是消除生物危害，最後一個是提供「米爾谷的咖啡前景」。一九九九年，他曾在星巴克短暫工作一段時間，所以投了履歷去應徵第三個工作。

史蒂芬加入布特公司還不到一年，但他那鐵鏽色的鬍子及從容不迫的態度給人一種傳統歐洲學徒的感覺。他在布特公司裡負責大部分的烘豆工作，把技藝和科學巧妙地融合在一起，展現出一種特有的精確度和直覺。穆赫塔不確定自己能不能達到他那樣的水準。

如果史蒂芬算是年輕的學徒，喬蒂則像是已出師的學徒，她比史蒂芬早幾年接受培訓。她很年輕，身材纖細，戴著眼鏡，留著淺色的金髮，沉著幹練。她在達拉斯成長，高中時曾在一家高級咖啡館當過咖啡師，那裡一杯咖啡的售價高達四美元（那是一九九六年）。大學畢業後，她去非洲從事非政府組織的工作，先是在馬利共和國，接著去象牙海岸。後來，她搬回美國，拿了跨文化研究的碩士學位，之後又回到非洲，這次是去烏干達。她在那裡幫忙成立非營利組織「憐憫之泉」（Fount of Mercy），那個組織是與罹患愛滋病的寡婦、孤兒、還有以前的童兵合作。

喬蒂和研究所的朋友瑪麗一起加入布特公司。瑪麗看起來很年輕，性格樂觀正面，感覺就像夏令營的輔導員一樣。喬蒂搬回美國時，上克雷格列表網站（Craigslist）尋找有國際觀的工作，看到布特刊登的廣告，廣告上寫明「一定要熱愛咖啡」。二〇〇八年她加入布特咖啡，二〇一〇年取得咖啡品鑑師的資格。喬蒂加入布特公司不久，瑪麗也來了，她開始銷售烘豆機及教授烘豆課程。相較於布特本人，喬蒂、瑪麗、史蒂芬都是最近才加入布特咖啡，他們皆以布特為典範，跟隨他的指導——他們都是專家，但不高傲，對工作很認真，但不會自視甚高。

❖

不過，布特唯一的堅持是：穆赫塔需要取得咖啡品鑑師的資格。穆赫塔也知道這點，雖然他依然不知道咖啡品鑑師究竟是什麼意思。而且他還有一個小問題，他對咖啡的味道瞭解不多。他從未跟任何人講過這件事，尤其是布特公司裡的人。在那之前，穆赫塔一輩子才喝過幾十杯咖啡而已。他曾和朱利亞諾喝過幾杯義式濃縮咖啡，在藍瓶啜飲了一些咖啡。他之所以對咖啡感興趣，一開始是因為咖啡的歷史。葉門在種植及傳播咖啡的歷史中扮演著核心要角，這令他自豪。不過，加入布特咖啡後，他開始放慢腳步，細細地品味咖啡，學習分辨品種、沖煮方法，以及各種變化組合。在布特咖啡，他終於可以放輕鬆，坦承他不知道的一切。

他開始熟悉各種咖啡。二十年前，那些咖啡感覺充滿了異國風情，但現在已經變得稀鬆平常了。例如濃縮咖啡是指咖啡豆的含量和一杯咖啡差不多，但研磨得很細，濃縮在更少的水裡；歐蕾咖啡是半杯咖啡，半杯蒸熱的牛奶；瑪奇朵是兩份濃縮咖啡加奶泡。還有一些咖啡是源自於國外的流行喝法，例如羅馬濃縮咖啡（espresso romano），那是一份濃縮咖啡，並在杯緣放一片檸檬。但你可不要把羅馬濃縮咖啡和吉爾莫（guillermo）搞混了。吉爾莫是一份或兩份的濃縮咖啡沖倒在幾片檸檬上。阿爾及利亞為世界提供了馬薩克朗咖啡（mazagran），那是一種冰咖啡，混合咖啡和冰，有時也加入蘭姆酒、糖或檸檬，裝在高腳杯裡。還有很多咖啡是搭配起司——把起司浸入一杯熱咖啡中，等咖啡和起司混和起來的東西稍稍凝結時才喝。在西語世界裡，有一種起司咖啡叫 guarapo con queso＊，是用高達起司（Gouda）或艾登起司（Edam）製成。瑞典人稱之為 kaffeost，但他們是採用芬蘭的起司 leipäjuusto。另外，還有冰咖啡和冷萃咖啡，泰國的 black tie（混合冷的紅茶、糖、煉乳、壓碎的羅望果、大茴香、橙花水、兩份濃縮咖啡的飲料），愛爾蘭咖啡（加威士忌）、英國咖啡（加琴酒），卡里普索咖啡（加入咖啡利口酒和蘭姆酒）。在塞內加爾，有一種咖啡叫 café touba，那是在烘豆過程中把咖啡豆和塞利姆胡椒（selim）和其他香料混在一起，並在沖煮出來的熱咖啡中加糖，使它變成芬芳香甜的飲料。澳洲的冰咖啡是把一份濃縮咖啡倒進裝滿冰的拿鐵玻璃杯裡。

除了主流知識以外，非主流方面還有一些奇怪的東西，其中又以麝香貓咖啡（kopi luwak，又稱 civet coffee）最為奇怪。蘇門答臘島栽種咖啡已有一百五十年的歷史，但直到最近，當地人才發現，當地特有的麝香貓也是咖啡鑑賞家。麝香貓善於摘採最成熟的咖啡果實來吃，有人發現它消化完後的排泄物已經完成了原本需要大量人力、機器、用水的咖啡處理工

＊ 編註：西語直譯即為「混合了起司的飲料」，通常便是咖啡加起司塊的意思。

作。也就是說，咖啡果實經過麝香貓的消化系統時，會去除果皮、果肉、果膠，只排出麝香貓無法消化的咖啡豆。有人突發奇想，從麝香貓的糞便中挑出這些咖啡豆，然後加以烘焙，再進行研磨和沖煮。麝香貓的消化道裡有某種東西賦予咖啡一種出奇迷人的特殊風味——帶有麝香、口感滑順。於是，麝香貓咖啡突然紅了起來，這種咖啡的供應商還可以開高價。不過，布特倒是對麝香貓咖啡不以為然，他喜歡套用知名烘豆師喬治・霍威爾（George Howell）自創的一句話：「出自屁眼（asshole）的咖啡，是給混帳（asshole）喝的。」

❖

布特、史蒂芬、喬蒂、瑪麗欣然接受了穆赫塔的幫忙。布特咖啡的訪客太多了，所以多一個人賴著不走，其實沒什麼差別。來這裡上課、杯測或尋求諮詢服務的人絡繹不絕，國籍多到令人眼花繚亂，例如韓國人、烏茲別克人、日本人、克羅埃西亞人、俄羅斯人。還有很多德國人、很多荷蘭人、一些法國人、一些加拿大人、一些馬來西亞人、很多中國人和澳洲人。他們圍在圓桌旁，做杯測、寫筆記並在黑板上畫圖。每門課程持續幾個小時，而且非常扎實，學生在課堂上還會哈哈大笑。這裡有一種輕鬆又開放的氣氛，以為杯測（評比及討論咖啡）難以忍受的人來到這裡肯定會很訝異。不過，他們的用語還是比較少見。

「我嘗到經典茉莉和玫瑰味。」

「我覺得有點銅腥味。」

「我聞到富士蘋果的味道。」

「我好像嚐了一整個花盆。」

「香氣非常濃郁，所以我對後韻有點失望。」

做完杯測及評分後，通常是由穆赫塔負責清理，把多餘的咖啡倒進排水口並擦拭櫃檯。他喜歡在布特咖啡待到很晚，獨自一人和冷卻的咖啡、靜置的機器、歸零的儀表和旋鈕、分裝在容器內的咖啡豆在一起。那裡是一個集廚房、化學實驗室、烘爐室於一體的空間。大家都離開以後，穆赫塔便拿出一根乾淨的湯匙攪動杯子，閱讀每個杯子上黏貼的註記和評分。

他需要嚐一嚐其他人品嚐的東西。

第十九章 通過Q等級咖啡品鑑

穆赫塔不是Q等級咖啡品鑑師，他知道他必須取得那個資格才行。Q等級咖啡品鑑師基本上就是阿拉比卡咖啡的品質鑑定專家，具有對阿拉比卡咖啡評分的資格。R等級咖啡品鑑師則是羅巴斯塔咖啡的專家，但聲望遠不如Q等級咖啡品鑑師。Q等級咖啡品鑑師已完成密集的課程學習，並通過嚴格的考試，證明他能夠分辨咖啡的優劣，以及高級咖啡和頂級咖啡的差異。那個身分就相當於葡萄酒的侍酒師，或是西洋棋中的特級大師。Q等級咖啡品鑑制度就像第三波咖啡浪潮對品質和專業知識的重視，是二〇〇四年才建立的，依然很新。設立十年來，全球僅兩千位Q等級咖啡品鑑師。而且布特說得沒錯，那兩千人中還沒有阿拉伯人，這似乎是穆赫塔註定要克服的明顯挑戰。他的腦中浮現出一個願景：以全球第一位阿拉伯裔Q等級咖啡品鑑師的身分回到葉門、抵達沙那，在葉門各地昂首闊步，變成大人物。

課程的學費是兩千美元，他無法再向蓋扎利開口借更多錢了。他開始動腦思考還有哪些金主，他想到穆泰伯（Muteb）叔叔。穆泰伯是住在加州莫德斯托（Modesto）的商人，經營家族的雜貨事業，沿著九十九號和五號高速公路把祖父哈穆德的事業拓展成一系列的商店。穆泰伯叔叔應該會理解他的想法。

穆赫塔事先未讓叔叔知道他造訪的原因，只說他有消息要告訴他。他抵達後，當著叔叔、嬸嬸蕾拉和他們那七個孩子（都不滿十四歲）的面，安裝所有的裝備。叔叔一家人看著他安裝裝備時，臉上滿是困惑不解的表情。穆赫塔帶了三種衣索比亞的咖啡豆、他的Chemex咖啡濾壺、一個小型電子秤、一個手沖壺、一臺咖啡研磨器、一臺爆米花機前來。他打算用爆米花機以衣索比亞的方式來烘焙咖啡豆——放在平底鍋上烘烤。

他秤了咖啡豆的重量，接著開始烘焙，濃郁的香氣瀰漫了整個房間。等咖啡豆冷卻後，他拿出研磨器。

「你在做什麼？」一個孩子問道。

「我在磨豆子。」他說。「不磨的話，它就只是一顆豆子。我把豆子磨成粉後，就能溶解在水中。這個時候，使用中研磨（medium-coarse grind）是關鍵。」

「『中研磨』是什麼意思？」他們問道。

「那是相對於細研磨或粗研磨來說。使用Chemex咖啡濾壺時，比較適合中研磨。」這是史蒂芬教他的。

「什麼是Chemex咖啡濾壺？」

穆赫塔拿出一個透明的玻璃容器，約二十五公分高，中間內縮，狀似一個上面敞開的沙漏。「這是我倒入咖啡的地方，我從上面倒入咖啡，濾紙會攔住咖啡渣，讓咖啡滲透過去。」

「那是濾紙嗎？」

「一種特殊的濾紙。」他說。但是看起來很簡單，其實只是一張方形的濾紙，關鍵在於你怎麼用它。穆赫塔拿起那張方形的濾紙，把它折成四分之一的大小，然後把它做成漏斗狀——把一邊折成三層、另一邊折成一層是關鍵所在。穆赫塔把漏斗狀的濾紙拿去水龍頭底下沾濕，再塞進那個玻璃容器的頂部。

「你現在要倒水了嗎？」那群孩子問道。他們突然變得不耐煩了。

「水溫必須恰到好處。」他說：「我們來看現在水溫是幾度。」

手沖壺裡的水已經沸騰了，理想的溫度是介於攝氏九十．五度到九十六．一度之間。那個手沖壺是放在一個有數值顯示的小臺子上。

「水溫到九十四．五度時告訴我。」他說。

穆赫塔用湯匙把研磨好的咖啡粉舀進濾紙裡，均勻地鋪在上面。

「九十四．五度了！」一個孩子大喊。

「看仔細囉！」穆赫塔一邊說，一邊分三階段把熱水注入濾壺中。首先，他把水倒在濾壺上，把紙浸濕，以沖走濾紙的味道。接著，他倒入足以浸泡咖啡粉的熱水。

「你為什麼要等呢？」他們問。

「現在我必須等四十五秒。」他說：「這是所謂的悶蒸（bloom），是咖啡首度釋放氣體的時候。」

他們等了四十五秒，接著穆赫塔小心翼翼地把剩餘的熱水全部注入濾壺內，他手上的手沖壺持續在咖啡粉上繞圈，直到手沖壺裡的水都倒完為止。

「接下來呢？」

「現在看著咖啡滴下來。」他說。

水浸透了咖啡粉，使咖啡乳化，穿過濾紙，滴進Chemex咖啡濾壺的下半部。穆赫塔沖了三杯咖啡的量，滴濾完成時，他移除濾紙，把它扔進堆肥箱，接著為叔叔、嬸嬸和自己各倒了一杯咖啡。叔叔和嬸嬸客氣地啜飲了幾口，穆赫塔趁機開始談起葉門咖啡的歷史，並暗示他打算從家鄉進口咖啡豆。然而，他講完後，叔叔和嬸嬸還是不太理解，他們剛剛目睹的咖啡沖煮流程和穆赫塔打算如何過一輩子有什麼關聯，他們只知道這個姪子二十五歲了，沒有工作，也沒有大學文憑，以前做過最穩定的工作是當門衛。穆泰伯實在不明白沖煮咖啡對穆赫塔的人生目標有多大的助益。

❖

「你不是應該去讀法學院嗎？」他問道。

回到布特咖啡，布特幫穆赫塔想了一套計畫。布特和另一位專家卡米洛・桑切斯（Camilo Sanchez）為咖啡品質協會（CQI）合寫了一份葉門咖啡的報告。桑切斯和布特都認為，在CQI的資助下，他們可以一起去沙那考察。他們可以讓葉門的咖啡農和國際買家聚在一起，或許幫他們牽線，建立一些關係，協助葉門的咖啡業擺脫困境。

穆赫塔可以跟他們一起去，充當翻譯和文化橋梁。但最重要的是，在會議結束後，他可以跟布特和桑切斯搭乘「咖啡車隊」走訪葉門各地。他們會開著一兩輛休旅車進入葉門的咖啡產區，與咖啡農見面，然後烘焙咖啡豆及進行杯測。他們會找出哪幾區生產優質的咖啡果實，以及哪些地方可以透過教育及潛在的合作關係來幫助咖啡農。總之，整個過程會是很棒的體驗。

布特為穆赫塔提供的諮詢服務，也可以在實地走訪葉門時達到巔峰。之後就看穆赫塔是否願意繼續發展葉門的咖啡業了。

布特說：「但你需要先取得Q等級咖啡品鑑師的資格。」

❖

現在是二〇一四年四月，他們打算五月前往葉門。布特咖啡公司在沙那召開會議之前，有開授一班Q等級咖啡品鑑課程，穆赫塔別無選擇，只好又回頭去找蓋扎利幫忙。這將導致他積欠一個人很大的金額，但蓋扎利毫不猶豫就借錢給他繳學費了。於是，穆赫塔順利報名了課程。

課程的講師不是來自遙遠國度的神祕教授，而是已經跟他共事幾個月的喬蒂。

喬蒂對全班說：「我很緊張。」她已經教過幾十班Q等級咖啡品鑑課程，但從來沒當過首席講師。由於這個課程收費不低，再加上很多學生為了上這門課遠從千里而來，講師承受了很大的壓力。

這些學生都是遠道而來，而且能否取得品鑑師的資格對他們來說事關重大。有兩個學生來自墨西哥，他們在墨西哥城經營Buna Café Rico咖啡館，他們似乎是那群學生中最有經驗、也最自信的。另外兩位學生則是充分展現出許多學生所感受到的沉重壓力。其中一人是三十幾歲的女性，已經考過兩次Q等級咖啡品鑑測試，都沒過關。如果這次再不及格的話，她得重修整套課程，而且這次她還有孕在身，那也是喬蒂想幫她的一個原因——也許懷孕期間增加的嗅覺靈敏度對她有利。最後一個學生是一名科威特的男子，他提前一週來這裡上布特親自傳授的課程。他跟著喬蒂一起做作業時，似乎非常煩惱。他為了取得品鑑師的資格，遠從千里來到此地，下定決心成為科威特第一個Q等級咖啡品鑑師，就像穆赫塔想成為葉門第一個品鑑師一樣。

儘管有些學生有時會追求某種地位——這是在精品咖啡的領域裡脫穎而出的方法——但喬蒂在課程中主要還是強調Q等級咖啡品鑑系統對咖啡的生產者、農民，以及生產鏈中每個環節可能產生的真正影響，那才是開設Q等級咖啡品鑑課程的初衷。這個品鑑系統是由咖啡品質協會發起的，目的是為了賦予咖啡種植者更多的能力。在許多咖啡產區，尤其是第三波咖啡浪潮之前，農民對自己栽種的咖啡瞭解不多，他們也不常喝咖啡，尤其是葉門。就是因為他們對自己的產品品質不太瞭解，所以才會受制於掮客和大宗商品的定價。如果咖啡農可以成為Q等級咖啡品鑑師，他們就會知道自己栽種了什麼。只要能種出好咖啡，就可以對咖啡進行評級，並找到願意為頂級咖啡支付更高價格的買家。

接著，咖啡品質協會積極地鼓勵咖啡農加入Q等級咖啡品鑑課程。當咖啡農、咖啡處理廠的老闆、出口商、烘豆商、零售商能夠以共同的語言談論同一種咖啡時，農民就會擁有更多的議價權。如果一個盧安達的咖啡農知道如何提高咖啡的品質，也知道怎麼進行杯測及評分，他可以把咖啡的分數拉到九十分。在滿分一百的系統中，得分九十就算是非比尋常了。那個農民可以把他的事業從受到全球大宗商品市場支配的低價商品變成精品事業，逕自挑選他想直接合作的烘豆商。

這就是喬蒂第一天授課的重點。她提到她去巴拿馬的一個咖啡莊園，和園主一起做杯測。幾年前那個園主取得了Q等級咖啡品鑑師的資格，他們杯測了十二種當地的品種，每一杯咖啡的分數差距都不到一分。有一種評估品質的共同國際語言，是一種強大的生財工具。

❖

Q等級咖啡品鑑課程很難，測試更難。大約只有五〇%的人第一次考試就過關，測試的內容有二十二個部分，有些部分對通才或日常的咖啡愛好者來說，已經專業到有點走火入魔的境界。

最容易理解、也比較具體的部分是基礎知識測試：一百題有關咖啡種植、收成、處理、分級、烘豆、沖煮的選擇題。然而，測試的其他部分則需要極致的感官靈敏度。

例如，在嗅覺測試中，蒙住眼睛的學生必須分辨三十六種不同的氣味，包括豌豆、楓樹、熟牛肉、奶油、香水月季等等。

在杯測中，考生需要辨識多種咖啡並評分，裡面有非洲咖啡和亞洲咖啡，有淡有濃，有的經過加工處理，有的是天然咖啡，這些評分必須與之前的評分一致。如果一杯咖啡之前的評分是九十四分，盲測的評分和之前的評分差距必須在兩分之內。

在三角杯測（Triangulations）中，考生會拿到六組咖啡，每組各三杯咖啡。三個杯子中有兩杯是一樣的，另一杯是別的東西，考生必須找出不同的那杯。有機酸配對測試（Organic Acids Matching Pairs test）是提供考生八組咖啡，每組有四杯，每一組中有兩杯加入某種酸性物質，例如磷酸、蘋果酸、檸檬酸或醋酸。考生必須分辨出哪個杯子加了酸性物質，也必須指出那是加了哪種酸性物質。樣品烘焙度鑑別測試（Sample Roast Identification test）是提供考生四杯煮好的咖啡，讓考生辨識哪杯的咖啡豆烘焙過頭了，哪杯烘焙不足，哪杯烘焙得恰到好處。

阿拉比卡熟豆分級測試（Arabica Roasted Coffee Grading test）是要求考生取一百克的熟豆樣本，找出烘焙不當的豆子，並辨識那個樣本是屬於商業咖啡、高級咖啡、還是精品咖啡。

來到布特咖啡的幾個月裡，穆赫塔就像其他學員一樣，他做了杯測，也觀察了數十次杯測。但是真正上場考試時，他覺得自己好像是一切重新開始。喬蒂替他擔心，也替那位科威特學員及懷孕的學員擔心。喬蒂希望每個人都能考試過關。

考試結束後，公布成績。那兩位墨西哥學員輕鬆通過考試，孕婦也過關了。那個科威特學員沒過，輪到喬蒂對穆赫塔宣布成績時，她猶豫了一下，抓了抓脖子，盯著地板看，不敢正視穆赫塔的眼睛。

「你沒有及格，」她說：「你有七個部分沒過關。」

穆赫塔愣了一下，然後開始心算。

「妳的意思是說，我有十五個部分過關了嗎？」他欣喜若狂。初中以來，他從未考過那麼好的成績。

❖

但是前往葉門之前，他沒有時間再考一次。他是以一個「懷抱想法的年輕人」身分回到故鄉，還不是他想像的重要人物。直到這個時候，他才向父母透露他在做什麼。他讓他們看了一張咖啡設備的照片，就是他帶去穆泰伯叔叔家的那一套。

他們覺得咖啡只是玩票性質的活動。

他告訴弟弟瓦力他要回葉門時，瓦力問他：「真的嗎？誰死了？」

第三部

第二十章　哈穆德和胡貝席

「別告訴任何人你來這兒的原因。」祖父哈穆德如此建議，「說你是來這兒寫大學論文的。」

「但我又沒上大學。」穆赫塔說。

「他們不會知道。」哈穆德說。

祖父解釋，回葉門可能是自找麻煩，引來不必要的干涉。親戚會想要參與或出意見；又或者，親戚的朋友也想要參與或出意見。一些閒雜人等會想要湊熱鬧，從中作梗，改造你的想法；或者，最糟的是，比你搶先一步做同樣的事情，而且使用更便宜的方法。

穆赫塔訂了去沙那的機票，他告訴祖父以外的人，他是為了寫研究論文而去當地，報告的主題是葉門咖啡的歷史。對他認識的葉門人來說，沒有什麼比大學生去做研究更無聊的事了。只要搬出這個理由，就沒有人會想要過問。

而且，大家也覺得學生應該很窮，那正好可以省去另一個麻煩。當地人總以為葉門裔美國人會提著裝滿現金的行李返鄉，隨時準備好擺闊撒錢。穆赫塔必須保持低調，盡量裝出年輕失業的樣子，讓大家把他當成隱形人看待。他有一套非常具體的計畫等著執行：計畫的第一部分是改造葉門，那涉及他的祖父、伊卜省、還有布特。

他會先前往位於首都南方三小時車程的伊卜，哈穆德住在那裡。哈穆德會把他介紹給當地的農業經營者。接著，隔一週左右，穆赫塔需要回到沙那，跟著布特和桑切斯一起參加咖啡品質協會在沙那舉行的研討會。然後，是加入咖啡車隊。

加入車隊很重要，穆赫塔認為那是在葉門熟悉咖啡的理想方式。他會跟在布特和桑切斯的身邊，他們兩人是全球最頂尖的咖啡品質專家。穆赫塔會觀察他們，向他們學習，同時在他們和葉門農民之間擔任溝通的橋梁，說他們的語言、分享他們的歷史。咖啡車隊讓穆赫塔有機會認識所有的葉門咖啡農，而他跟隨的這兩人會讓咖啡農留下深刻的印象，讓他因此獲得一種地位，幫他開啟葉門咖啡的職涯。

在此同時，美國國務院建議所有的旅客遠離葉門。但布特是受到美國政府單位所託，才來葉門出差，情況應該不可能太糟吧？

穆赫塔知道葉門出現胡塞叛軍，那是葉門北部的反叛組織。他們在「阿拉伯之春」以前曾發動叛亂長達六年，以反叛葉門總統沙雷（Ali Abdullah Saleh）的政府。二〇一一年，他們參加反政府的抗議活動。但沙雷被趕下臺、哈迪（Abed Rabbo Mansour Hadi）繼任為總統後，胡塞叛軍依然對政府感到不滿，大家也普遍認為他們與伊朗結盟。沙雷在阿拉伯之春後被迫下臺，但他現在正計畫奪回大權。另外，阿拉伯半島的蓋達組織也是個問題。阿拉伯之春以後，葉門出現權力真空狀態，當地的蓋達組織趁機壯大起來，大家普遍認為他們是世界上最危險的蓋達組織分支。對穆赫塔來說，這一切似乎都是葉門政治動盪的一部分，而且延續已久，簡直沒完沒了。目前這些事情暫時和他的近期目標毫無關係，他需要先去伊卜一趟。

穆赫塔有個遠房表親最近在首都結婚，那個表親開哈穆德的車子來機場接他，他的新婚妻子坐在副駕駛座上。穆赫塔與這對新婚夫婦驅車三個小時來到祖父母的家。祖母薩法蘭當時住在美國加州，所以這次來到葉門，穆赫塔只與人稱葉門約翰．韋恩的祖父住在一起。

那對新婚夫婦送穆赫塔下車時，哈穆德從莊園的華麗大門走出來迎接他。穆赫塔看得出來祖父年事已高，背駝得厲害，更需要靠他的心愛手杖來支撐身體。他帶著穆赫塔穿過露天的院子，行經芭樂樹和無花果樹。

「你沒告訴任何人你來這裡的目的吧？」哈穆德問道。

「我沒告訴任何人。」

「很好。」

他們來到一排咖啡樹前，那整排咖啡樹緊挨著莊園的牆壁。哈穆德問道：「你還記得這些嗎？」

穆赫塔摸了摸光滑的葉子，他還記得。十幾歲時，他來葉門和祖父母住了一段時間，當時他天天看到這些植物，但從來沒想到那就是咖啡樹。他曾拿咖啡果實來打彈弓，偶爾也會咀嚼咖啡果實的外層果肉。但現在，經過十八個月的研究後，他第一次真正觸摸到咖啡樹，並且知道那就是咖啡樹。

咖啡葉出奇地堅韌，充滿了光澤，邊緣呈波浪狀，表面有波紋。這種葉子很強韌，呈亮綠色，咖啡果實就藏在每群葉子的底下。每棵樹上的咖啡果實呈現出多元的狀態，如果一串咖啡果實共有十五顆，那可能有十五種不同的成熟度。有些是亮綠色，有些是黃綠色，有些轉變成橘色，有些是紫紅色，有三四顆是鮮紅色。他從樹上摘下一顆鮮紅的咖啡果實，感覺到樹幹的阻力——咖啡樹不肯輕易讓出果實。

穆赫塔讀過，也聽布特、喬蒂、史蒂芬、桑切斯、梅斯柯拉講過，咖啡是勞力密集的產業，現在他頓時覺得那說法出奇的真實。走近一棵咖啡樹，找出一簇果實，然後檢查那簇果實中的十五顆，只摘下其中三四顆成熟的果實。你摘那三四顆果實時，每一顆都會稍微抗拒一下，那些都需要時間。就好像在市場上買水果一樣，你需要花時間挑揀每顆蘋果或甜瓜，仔細看水果有沒有瘀傷，檢查顏色。摘採員對每棵樹上的每顆果實都如此細心，那是很重要的工作，需要好眼力及好體力才做得好。

穆赫塔在哈穆德的旁邊坐了下來，哈穆德把手杖靠在低矮的石牆上。

哈穆德說：「如果你要做這一行，應該去見見胡貝席。」席夫蒂·阿拉·胡貝席（Hifdih Allah al-Hubayshi）是當地最大的咖啡貿易商，五十年來一直是當地的業界主力，坐擁數十億利雅（數百萬美元），但哈穆德說他很低調。大家普遍認為這是個殘酷無情的行業，但他道德高尚，為人處事公平公正。

「所以你認識他嗎？」穆赫塔問道。

「我從來沒見過他。」哈穆德說。

❖

胡貝席看起來不像有錢人。哈穆德要求穆赫塔獨自去見他，只給了他地址，沒給予太多的指引。穆赫塔抵達時，看到一個男人穿著破破爛爛的衣服，在伊卜市中心的一家小店裡工作。他可能和哈穆德的年紀相仿，但看上去老很多。穆赫塔先自我介紹，希望胡貝席聽到他是哈穆德的孫子時，可以對他另眼相看，馬上展開合作。但他講完後，並未得到任何尊重或關注。胡貝席的態度唐突無禮，充滿了戒心。

「你是學生嗎？」他問道。

「是的，先生。」穆赫塔說。

胡貝席似乎不相信他的話，他們的會面很快就結束了。穆赫塔走回祖父家時，只覺得心煩意亂。當地咖啡業最具影響力的人物不想和他有任何關係。而且，葉門咖啡業中最成功的人物竟然看起來像乞丐一樣，這意味著什麼？

❖

目前這些狀況還不太重要，穆赫塔眼前還有其他的事情需要擔憂。再過幾天，布特就會抵達葉門，穆赫塔必須先做好準備。咖啡品質協會是在美國國際開發署的贊助下舉辦這次會議，這次會議的目的是為了強化葉門的咖啡農、掮客、國際貿易商之間的關係。穆赫塔想和布特及桑切斯一起參加小組會談。透過布特，穆赫塔將會見到在國際上經銷葉門咖啡的業者。會議結束後，他會加入咖啡車隊。布特對於他想造訪的區域有自己的想法，但穆赫塔知道，他們若要進入某些部族地區，仍需要靠他發揮關鍵的作用。他生動地想像他們三人的旅程，過程中，他們需要翻山越嶺，拜會咖啡農及合作社，摘採咖啡果實、烘焙咖啡豆、做杯測，為穆赫塔在那一行的未來奠定基礎。但首先，穆赫塔需要先在首都立足，但祖父在首都沒有據點。穆赫塔的母親建議她去找叔叔穆罕默德。

穆罕默德在伊卜出生，曾在沙烏地阿拉伯擔任電氣技師多年，最近才退休回到沙那。他和妻子肯紗（Kenza）因為財富不多，住在肯紗的兄弟塔哈（Taha）和亞西爾（Yasir）的房子裡，靠著兒子阿克朗（Akram）寄回家的收入為生。阿克朗在舊金山的猶太藝術博物館擔任清潔員，他匯回家的錢供養了穆罕默德一家人（叔叔還有三個女兒和三個年紀更小的兒子）。他們家位於沙那的中心，在穆赫塔的母親幫忙協商下，他們答應讓穆赫塔去住一段時間。由於他們家已經沒什麼空間了，穆赫塔必須睡在地板上。

他確實去住了一陣子。五月初他抵達沙那時，很快就把生活搞定了：晚上他在地板上攤開一條毯子，睡在客廳的角落，早上醒來再把毯子捲起來。他把衣服藏在角落的椅子下面，盡量不讓大家感覺到他的存在。為了感謝他們讓他入住，他會想辦法幫忙做家事，以免讓叔叔及嬸嬸丟臉。穆赫塔沒有直接給他們錢，而是幫忙買菜及添購家用必需品，指導堂妹做家庭作業。吃飯時，穆赫塔和穆罕默德會閒聊政治。聊政治有如葉門的全民運動，他們從來不缺新的局勢發展，穆罕默德曾親眼目睹過政治暴力。

一九七〇年代和八〇年代，穆罕默德在伊卜成長時，目睹了葉門政府和那些希望葉門變成社會主義國家的人發生激烈的鬥爭。那些社會主義者從蘇聯取得大量的軍事和財務支援，試圖清除地區的部族文化，處心積慮想要消滅當地的族長。他們鎖定的目標之一，是伊卜省達克部族（al-Dakh）的族長穆罕默德．納西爾．肯夏利（Shaykh Mohamed Nashir al-Khanshali），他正好是哈穆德的哥哥。一九八六年，肯夏利開車時被火箭炮擊中，不幸身亡。穆罕默德目睹了那樁慘劇，當時他從車子裡拖出肯夏利的焦屍。

❖

二〇一四年五月穆赫塔抵達葉門時，馬克思主義者早已消失，但葉門的部族之間再次陷入水火不容的局面。在歷史上，葉門不受外來勢力（從鄂圖曼帝國到英國）侵略或殖民時，總是處於內戰狀態。直到一九九〇年，葉門才成為阿拉伯半島上第一個多黨議會制的民主國家。一九九三年葉門舉行選舉。一九九九年，陸軍元帥沙雷獲選為這個新統一國家的首任總統，但他很快就失去民心。阿拉伯之春挾帶著使中東變得更民主、更公平的夢想，迅速席捲了葉門。沙雷在葉門國內及國際社會的壓力下請辭下臺，由哈迪繼任為總統。然而，阿拉伯之春造成長達一年的權力真空，導致多種反叛運動伺機而起。其中一個是胡塞武裝組織，它是以領導人的名字海珊・胡塞（Husseyn al-Houthi）命名。胡塞武裝組織對沙那的領導高層極其不滿（因為他們覺得沙那的領導高層從以前就一直忽視他們所在的區域），所以持續發動攻擊及掠奪北方的土地。葉門南部（亞丁為其首府）曾出現分裂國土的獨立談判。

在此同時，蓋達組織在葉門的勢力和威脅愈來愈大，有「蓋達組織阿拉伯半島分支」（al-Qaeda in the Arabian Peninsula, AQAP）之稱。一九九二年，蓋達組織轟炸了海軍在亞丁常住的一家旅館，導致兩人死亡。從那時起，蓋達組織開始在葉門活動，如今已長達二十二年。二〇〇〇年，他們在亞丁的外海襲擊美國的科爾號驅逐艦（USS Cole），導致十七人喪生。二〇〇七年，八名西班牙遊客和兩名葉門司機在馬里卜省（Marib）被汽車炸彈炸死。一年後，美國大使館外再次發生汽車炸彈爆炸，導致十二名百姓喪生。二〇〇九年，一名葉門的自殺炸彈客試圖暗殺沙烏地阿拉伯的反恐高層時，結果在吉達（Jeddah）遭到擊斃（那個兇手引爆了藏在肛門的炸彈，自殺身亡，但只傷了沙烏地阿拉伯的部長）。二〇一一年，ＡＱＡＰ控制了葉門南部的城市津吉巴爾（Zinjibar）。二〇一二年，他們在沙那的總統府附近策劃了一起自殺式襲擊，造成一百多名葉門士兵喪生。

多年來，美國與葉門合作，以無人機攻擊ＡＱＡＰ。對葉門人來說，這已經變成家常便飯，大家早已習以為常了。二〇一四年四月，至少有四次無人機襲擊獲得證實，造成的死亡人數介於三十七到五十五人之間，其中包括四至十名的百姓（死亡人數因報導單位的不同而異）。四月十九日，就在穆赫塔抵達葉門的前幾週，美國中央情報局（ＣＩＡ）的無人機襲擊了一輛卡車，車內載有疑似武裝分子的人，導致車內十人死亡，三名碰巧在附近的勞工也無辜喪命。

❖

不過，二〇一四年春天，我們還是有理由抱持謹慎樂觀的態度。哈迪總統剛主持全國對話會議（National Dialogue Conference），經過十個月的討論，與會代表針對新憲法的基本條款達成了共識。不久之後，一個總統小組批准了一項計畫，使葉門變成一個由六個地區組成的聯邦。目前還不清楚這樣做是否能安撫北部的胡塞叛軍。穆赫塔需要擔心的是，幾天後從加州飛抵葉門的布特。現在要評估風險很難，而且非常主觀。對西方人來說，葉門首都不是一個特別安全的地方，但多數的國際大使館仍在沙那運作，葉門各地仍有成千上萬名遊客和外籍工作者。首都仍有民航班機進進出出，可見大家對於葉門的相對穩定性至少還有一定程度的信心。但是話又說回來，美國國務院已經嚴詞警告美國公民，現在前往葉門非常危險。美國國際開發署如何以及為何要照原訂計畫舉行咖啡會議，大家也不得而知。

此外，AQAP的領導人納賽爾·烏哈希（Nasser al-Wuhayshi）最近發布影片，揚言他們會獵殺來自美、英、法等國的「改革運動參與者」。在咖啡會議的前一週，沙那發生了企圖綁架德國和俄羅斯國民的事件。五月五日，布特抵達葉門的前一天，槍手在首都的外交使館區對著歐盟代表團搭乘的車子開槍。一名負責保護代表團的法國保安人員當場身亡，另一名保安人員受傷。同一天，一名保安人員在國防部語言研究所的外面，遭到兩名騎摩托車的槍手射殺。總計，三月和四月共有五十三人遭到暗殺。

❖

布特有身歷險境的經驗；桑切斯是哥倫比亞人，對危險的環境或不穩定的政府並不陌生。但他們不可能為沙那遇到的情況做好準備。在離開美國之前，布特收到了一封GardaWorld公司寄來的電子郵件，該公司負責這次會議的安全事務。那封信以全部大寫的字體，要求收件人務必打開電子郵件，列印附件，並簽名後寄回所有的表格。那封電子郵件的附件包含一份二十六頁的葉門安全手冊，內有非常詳細及驚人的安全說明，涵蓋了各種可能發生的事件，諸如恐怖攻擊、遇到充滿敵意的群眾、收到郵包炸彈、遭到綁架（該指南稱之為「勒索性攻擊」或「短期綁架」）等等。附件裡還有一份名為「辨識準備」（ISOPREP）的檔案，要求布特在兩頁文件上列出個人特徵、筆跡、近親名單，以便有關當局在發生綁架事件時確認他的身分。手冊上說：「不需要為安全問題反應過度。我們這樣做只是為了比敵對勢力搶先一步，以防萬一。對個人安全投入一點時間和精力，可以有效震懾恐怖分子，使他們轉向更容易接近的柔弱目標。」

布特抵達沙那時，一位愛爾蘭的保安人員在機場接他，說他負責布特在葉門期間的安全。他帶著布特到機場外的兩輛大型裝甲休旅車，但此後布特就再也沒見過他了。

在其中一輛休旅車內，有一名司機和另一名保安人員，他們都有配槍。第二輛休旅車緊隨在後，車上有三名全副武裝的保安人員。和布特一起坐車的那位保安人員遞給他一個信封，信封裡裝著一支手機，上面的指示要求他開機，並撥打上面列出的電話號碼，找一個叫哈立德（Khaled）的人。布特照著指示運作，卻無法開機。

休旅車迅速穿過城市，沒有被攔下來臨檢。到了旅館，武裝警衛站在門外和大廳前。布特認為他已經安全了，便自己提了行李進房，打開行李。由於沒別的事做，他開始煮咖啡。他帶了Chemex咖啡濾壺和兩支大型的法式濾壓壺來。

❖

那天晚上，穆赫塔走出叔叔家，坐上計程車，請司機載他到旅館。他在葉門穿梭很簡單

——沒有警衛，沒有裝在信封裡的手機，沒有來自愛爾蘭的保安人員。穆赫塔和布特在旅館的大廳相會時，布特描述他從機場到旅館的經過，這時，他們的關係發生了微妙的變化。布特是他的老師，但現在他人在葉門，他對穆赫塔的需要就像穆赫塔對他的需要一樣迫切。

他們決定先測試一番——一起吃門吃個飯，以評估幾個老外在城市裡遊走的安全風險。穆赫塔安排祖父的司機薩米爾（Samir）駕駛家族的米色凌志（Lexus）休旅車。傍晚薩米爾開車抵達旅館，布特、桑切斯和穆赫塔上車。車子開了幾個街區後，一個檢查站把他們攔下來臨檢。休旅車的有色車窗遮住了後座布特和桑切斯的身影，所以薩米爾和穆赫塔負責回應，檢查人員揮手讓他們通過。在第二個檢查站也是如此。

第三個檢查站就不同了，那裡的士兵似乎不是正規部隊。他們穿著不同的衣服，戴著不同的領巾，幾乎是車子一停下來就立刻拿手電筒照車窗，並且馬上就發現布特和桑切斯的身影。

「這些人是誰？」士兵問道：「他們來這兒幹什麼？」

士兵要求他們打開所有的車窗，所有的車門。

「我們只是出去吃個飯。」穆赫塔說。

但他已經失去對話的掌控權，講話突然急促了起來，布特聽得出穆赫塔的聲調變了，聲音聽起來有點猶豫。

士兵都嚼著咖特草，神情看似激動。他們檢查了布特和桑切斯的護照，搜查了汽車。布特想到他們可能遭到綁架、被抓去賣掉，穆赫塔當下也有同樣的想法，只不過綁架的對象不是他，而是那兩位朋友兼導師。如今他們兩人來到他的家鄉，他有責任保護他們，但眼看著他們可能變成肉票，或甚至更糟。幾週前，在米爾谷，穆赫塔和布特一家人一起出去吃飯（包括凱薩琳和他們的兒子文森）。凱薩琳談到她對這趟旅行的顧慮，穆赫塔從她的眼神中看出她非常擔心。他伸手過去握住她的手說：「布特現在是肯夏利部族的一分子，我們會用生命保護他。」她感謝穆赫塔，似乎放心了，並說：「只要確保他不會帶第二個妻子回來就好。」

穆赫塔懇求士兵：「拜託，我只是想帶他們去嘗嘗真正的葉門食物。」不過，每次有士兵上下打量布特或桑切斯時，穆赫塔總覺得他們是在評估這兩名外國人的轉售價值。

穆赫塔說：「我們真的只是出去吃頓飯而已。」他甚至提到餐廳的名稱，說那裡的菜比旅館內那些平淡無奇的食物好多了。「你們可以跟我們一起去，在那裡跟我們會合，我請你們吃飯。」

後來士兵終於讓步了，放他們一行人離開。他們在餐廳裡不安地用餐時，穆赫塔本來還預期至少會有一名士兵出現，結果沒有。

❖

無論局勢好壞，外國人遭綁架的事件在葉門都很常見。在多數情況下，綁架的動機是因為某個部族想要錢或交換俘虜，或是要葉門政府關注他們的需要和要求。例如，他們綁架來自歐洲和亞洲的遊客，藉此引起大家關注該區的電網缺陷。每個遭到綁架的肉票幾乎都是獲得善待，並毫髮無傷地獲釋。一年前，一對荷蘭夫婦在沙那最安全的社區家門外遭到綁架，被拘留了六個月，後來安全獲釋。那對夫婦對於他們受到的待遇表示讚揚，還刻意提到他們依然熱愛葉門。這是到這個國家旅行的奇怪代價，但大家已經習以為常——為了解決地區基礎設施的問題，遊客隨時都有可能遭到綁架，變成談判的籌碼。

但是自從蓋達組織活躍以來，事情有了明顯的變化。二〇〇九年，葉門發現兩名德國護士和一名南韓教師遭到肢解的屍體，這些事件和其他的事件凸顯出葉門的作法和蓋達組織的作法有顯著的差異。穆赫塔很清楚這些問題，他不能讓布特陷入險境，也不能放任布特不管。他們離開餐廳回到旅館時，依然驚魂未定，但他們仍決心完成咖啡車隊的計畫。

❖

翌日晚上，布特、穆赫塔和桑切斯受邀到一個非政府組織的美國負責人家中共進晚餐。該組織是由美國國際開發署資助的，負責管理葉門的農業專案。負責人的住家就在會議旅館附近，但她堅持他們一定要搭乘三輛車組成的車隊抵達，由武裝的安全人員護送。休旅車穿過旅館大門後，從另一個門進入她住的大樓，經過另一對武裝警衛，這時他們已經開了一個街區。

晚飯前，她為布特和桑切斯倒了威士忌，並為穆赫塔端上茶，他們談論咖啡在葉門的未來，以及葉門本身。她表示她的看法不樂觀，她去過阿富汗，葉門的現況比阿富汗還糟。她說，葉門不只有胡塞叛軍的問題。對美國人來說，胡塞叛軍還是比較廣為人知的問題，儘管他們的口號是「美國去死」，但目前為止，他們只是一支慢慢包圍城市的叛軍，他們的行為或多或少還算文明。對美國人或任何西方人來說，真正令人擔憂的是蓋達組織。

她告訴他們別再擅自離開旅館，也別想到城外的任何地方遊走。他們無論如何都不可能拿到自由通行的許可證，她也幫不上忙。

看來咖啡車隊的計畫胎死腹中了。布特和桑切斯是以美國國際開發署的客人身分來到葉門，但美國再也無法為他們的安全負責，他們只能離開。

第二天，他們兩人從沙那飛往衣索比亞。

❖

穆赫塔躺在叔叔家的地板上，盯著牆壁發呆。布特走了，不久他也要訂機票回美國，計畫還沒開始就已經結束了。他即將回到加州，反正他也必須重考咖啡品鑑師的資格，或許順便讀完大學，另外還有他一直心心念念的法學院。但這一切都需要錢，他想到無限大樓，他可以回金銀島，睡在父母家的地板上，然後回去當門衛，存錢三四年。這樣一來，大概三十歲就可以拿到大學學位了吧？夜幕籠罩著四周，清晨四點的召禱聲響起時，他尚未入睡。

第二十一章 不同衣服的夢想

早上起床，年幼的堂弟妹早已醒來、吃完早餐上學去了，但穆赫塔無處可去。他沒有會議可以參加，也沒有別的計畫，咖啡研討會就這樣無疾而終，剩他獨自一人留在葉門。他什麼也不懂，所以什麼事也做不了。他對咖啡的品種和栽培、土壤類型或灌溉所知甚少，而且身無分文，連心目中的英雄也走了。

那天他在沙那市區閒晃，覺得自己的命運任人宰割，但也再次擺脫了夢想的負擔。他曾經有一個夢想，但夢想是很沉重的東西，像植物一樣需要不斷地照料及修剪。現在夢想沒了，他像個一無所有的人，已經無懼得失，在街上遊蕩著。現在他什麼都能做，也什麼都做不了，他甚至可以留在葉門。他路過沙那大學，不知怎的就走進去了。他在昏暗老舊的走廊上漫步，看到一張公告，上面寫著翌日校內會舉辦農產節的活動，葉門種植的一切物產都會在會場上展示，包括香蕉、芒果、無花果、蜂蜜，還有咖啡。

他對那場活動沒什麼期待，但他打算去一趟，反正他也無處可去。回到叔叔家以後，他又度過一個不眠的夜晚。不過，在最陰鬱的時刻，他想起小時候就知道的一棵果樹。那顆果樹種在田德隆的中間，鄰里內幾乎沒什麼樹木——也許根本沒有——就只有那棵。那顆果樹是在艾理斯街上，離格萊德紀念教堂（Glide Memorial Church）只有一個街區，流浪漢及市內最弱勢的族群常去教堂排隊領取食物，或尋求棲身之地。那是檸檬樹，小時候他在田德隆區發現了一棵真正的檸檬樹。剛開始他以為那棵樹是假的，因為上面的檸檬看起來太質樸、太鮮黃，表皮太過光滑了。但他從樹上摘下一顆檸檬，聞了聞，發現那是真的。他把那顆檸檬帶回家切開，發現那是一顆汁多味美的真實檸檬。

那晚在叔叔家的地板上，他想著那顆檸檬和那棵檸檬樹時，不知不覺睡著了。他也不曉得自己為什麼會想起那件往事。

❖

翌日他抵達農產節的現場時，差點笑出來。相較之下，美國國際開發署的會議規模小得可憐。在沙那大學舉辦的那場農業節是設在戶外，規模龐大，最重要的是，那是專為當地的土產舉辦的，涵蓋了葉門從事任何農作的人士。舉例來說，現場有栽種杏仁、芭樂、小麥的農民，還有蜂農、農業設備供應商、殺蟲劑供應商，所有的咖啡農也在現場。穆赫塔想起葉門的物產有多麼富饒，自豪的感覺油然而生。

穆赫塔穿著時髦的服裝去參加農產節，參觀一個又一個的攤位，不知道該如何自我介紹。他來自美國國際開發署嗎？不是。他來自咖啡品質協會嗎？也不是。他是學生嗎（像祖父建議的那樣）？祖父曾告誡他：「別告訴他們你是買家。」布特也說過同樣的話：「不要做出任何承諾。」

一家咖啡合作社向他展示他們的咖啡豆，那些咖啡豆有裂紋，品質參差不齊，他忍不住向他們指出這點，接著又忍不住掏出相機讓他們看幾張照片，看看品質不錯的咖啡果實長什麼樣子：整顆都是紅寶石的顏色，沒有綠色的。他也給他們看了一張衣索比亞日曬咖啡果實的照片，整個日曬平臺上都是紅通通的咖啡果實。咖啡合作社的人從未見過那樣的照片。

穆赫塔帶著滿口袋的名片和電話號碼離開了農產節，他腦中特別記住了幾個人，例如經驗豐富的非政府組織人員兼植物學家盧夫．納薩布（Loof Nasab），還有黑瑪區（Haymah）阿瑪爾合作社（al-Amal）的總裁尤瑟夫．哈馬迪（Yusuf Hamady）。當晚，穆赫塔躺在叔叔家的地板上，聽著沙那夜裡的聲音，心想他可以自己執行咖啡車隊的計畫。少了布特，他必須包辦所有的說明任務。他無法跟在布特的身邊學習，靜靜地觀察。他必須裝出某種權威的姿態，像一個值得農民花時間傾聽的人。

❖

翌日，他把收集到的每個電話號碼都打了一遍，留下訊息，以便和對方約時間見面。他也主動找上哈馬迪，問他隔天能不能帶自己參觀咖啡園。哈馬迪答應了，於是穆赫塔打電話給納薩布，問他是否願意一起造訪黑瑪區。納薩布說他願意。穆赫塔認為，納薩布可能是葉門版的布特，就像老師一樣，是個專家。他瞭解葉門的區域，也懂咖啡。但除此之外，他對納薩布所知甚少，也儘量不去多想納薩布究竟是幫他的貴人，還是阻礙他的絆腳石。他腦中始終謹記著祖父那句最重要的教誨：**別相信任何人，別跟任何人合作，盡量保持低調。**

穆赫塔在黎明時分醒來。他和哈馬迪約好早上六點在沙那市松下大樓邊的圓環與納薩布會合。穆赫塔起床梳洗，把鋪蓋塞進叔叔家客廳的角落，開始精心打理造型。外觀很重要，配飾也很重要。他必須以一些有身分地位者的裝備來掩飾自己的青春。

首先是手錶。在葉門，每個有錢人都戴著醒目的手錶。穆赫塔的手錶是瑞士製造的銀錶，看起來扎實耐用。雖然不會貴到令人心生嫉妒或竊盜之心，但那是周遊列國的高階主管常戴的那種錶。

接下來是眼鏡。最近他才意識到自己有近視，幾年前的某天，他開玩笑戴上朋友的眼鏡，突然發現世界完全變成高解析畫面。當時他在金銀島上，晚上從公車下來，戴上眼鏡時，看到清晰的城市輪廓、滿天星辰、海灣中陣陣浪潮的波形。於是，他去配了眼鏡，挑了一副一九四一年製作的六角形鋼圈鏡框，鏡腳繞在耳後。戴上那副眼鏡時，看起來像個深諳冒險的學者。

接著是筆記本。在奧克蘭，他和賈斯汀去一家出售手工皮革製品的商店。穆赫塔想買一本看起來像古董但很耐用的筆記本，以便在關鍵時刻掏出來，記下他造訪咖啡園的重要細節。他們挑了一本精心製作的筆記本，頁面是以一條細長的皮繩綁著。即使他可能不會經常用到筆記本或鋼筆，他也不在意。其實在手機上直接輸入筆記更簡單，還可以在彙整後用電子郵件寄送。

不過，這整套行頭中最重要的部分是戒指。那只戒指跟葉門歷史、咖啡、導致沙雷總統下臺的阿拉伯之春有些淵源。穆赫塔幾年前取得那只戒指，塔瓦庫．卡曼（Tawakkol Karman）是幫他獲得那只戒指的人。卡曼是當時最年輕的諾貝爾獎得主，也是第一位獲得諾貝爾獎的阿拉伯女性兼葉門人。她因為在阿拉伯之春期間號召葉門人反抗政府而獲得諾貝爾獎，二〇一一年，她受邀到加州大學柏克萊分校的法學院演講，穆赫塔當她的口譯員。演講結束後，在招待會上，穆赫塔見到其中一位主辦人穆罕默德．艾樂梅利（Mohamed Alemeri）。當時艾樂梅利戴著一枚戒指，上面有精緻的銀雕，戒臺上鑲著一顆瑪瑙石。

穆赫塔說：「我知道那枚戒指是哪裡來的。」在沙那市的喬哈許區（Jawhash），一群銀匠（從古至今大多是猶太人）在那裡製作這種戒指數百年了。他向艾樂梅利提到那些歷史時，艾樂梅利大吃一驚。阿拉伯人有一種習俗，你注意到某個東西並給予讚美後，對方就會把那個東西送給你，所以艾樂梅利堅持要穆赫塔收下那只戒指。穆赫塔說：「我不能收。」他們就這樣來來回回推來推去，一個堅持要送，一個堅持不肯收。最後，卡曼介入了，她說：「收下戒指吧。」於是，穆赫塔收下了戒指，他知道那個戒指在葉門會派上用場。他可以指向那顆紅寶石般的瑪瑙石，說那是咖啡果實的理想顏色。

他也配戴了一把刀，不是葉門雙刃彎刀jambiyah（配在腰帶上的傳統匕首，貼著肚子），而是美國製的刀子，長三十公分，插在他向哈穆德借來的皮質槍套內。那身打扮看起來像印第安那瓊斯和農業系研究生的綜合體，穆赫塔準備好了。

❖

清晨六點，穆赫塔離開叔叔的公寓，來到他和哈馬迪約好的圓環。那個圓環就在沙那城外的松下大樓邊。穆赫塔抵達時，先是看到納薩布，接著他環顧四周，立刻看到阿瑪爾合作社的總裁哈馬迪。哈馬迪向他揮手，但這時穆赫塔看到另一家合作社的行銷兼業務長阿里．穆罕默德（Ali Mohamed）。穆赫塔心想：「不對啊！完了，完了，完了。」

難道他同時約了他們兩人嗎？他知道自己搞錯了，卻又不想承認。他先去找哈馬迪談，哈馬迪告訴他，他們確實是約那天、那個時間、那個地點，但為什麼阿里．穆罕默德會在那裡？前一天他忙著打電話時，肯定是把哈馬迪的助手穆罕默德．貝佐（Mohamed Bazel）和阿里．穆罕默德（Ali Mohamed）搞混了。穆赫塔走向阿里．穆罕默德，緊張得要命。穆罕默德堅稱，他和穆赫塔是約那天、那個時間點在圓環碰面。

穆赫塔又走回去找哈馬迪，問他有沒有可能一天參觀兩個咖啡園。也許他可以先去哈馬迪的合作社，接著再去穆罕默德的。

「兩地相隔數小時的車程。」哈馬迪說：「而且，想把事情做好的話，你真的需要在我們那裡待一整天。」

穆赫塔不禁咒罵自己，是哪個白癡第一次參觀葉門的咖啡園就同時約了兩個地方？他的糊塗行事已經讓這兩個他想合作的對象起疑了。但現在他必須做出選擇。

他選擇了哈馬迪。他是在沙那大學認識哈馬迪的，他似乎最勤懇盡責。

穆赫塔只好回去向穆罕默德道歉，說他們必須改約另一個時間。穆罕默德回應：「任何時間都可以。」穆赫塔說：「我會補償你的。抱歉，聯絡時搞錯了一些細節。」

穆罕默德開車離去。穆赫塔知道，穆罕默德為了清晨六點抵達那裡，天還沒亮就起床了。現在還要開兩小時的車回去，而且毫無斬獲。

穆罕默德的卡車疾馳而去時，他再次大喊：「對不起！」

❖

穆赫塔和納薩布回去找哈馬迪，並坐上卡車。他們在車內見到哈馬迪的得力助手穆罕默德．貝佐。哈馬迪身材高瘦，戴著金屬框的眼鏡，是阿瑪爾合作社的總裁。貝佐個子稍矮，愛挖苦人，滿嘴嚼著咖特草，負責業務和行銷。

他們閒聊著沙那、道路，以及他們在大學的相遇。哈馬迪是在他們正要前往的村落裡長大的，先後到沙那大學及葉門空軍學院接受教育。他曾為葉門空軍駕駛噴射機，但現在返鄉經營合作社。他非常真誠，看似敏感，不像以前開戰機的飛行員，比較像教古典詩歌的助理教授。

他們離開了首都，路邊景色變成建築低矮的城鎮，高速公路在他們的眼前展開，路邊偶爾才出現加油站或小超市。不久，那條路從四線道變成兩線道，卡車跟著陡峭的山路起起伏伏。坡度落差本來是三十米，後來變成三百米。路邊的建築殘存了幾百年，中央政府或中央管制的跡象逐漸消失。

沿途看到的人，無論老少，都帶著自動步槍。他們的車子開到了部族地區，穆赫塔在沙那或伊卜從來沒看過那麼多全副武裝的人，他開始習慣了這種特殊景象。他們繞著險峻的山坡行駛時，發現他們被包圍了。十二名武裝人員擋住了他們的去路。

司機哈米德停下了卡車。那群人看起來很激動，以AK－47突擊步槍指著每扇車窗，大喊：「你們是誰？來這裡做什麼？」山坡上站著另二十個人，手裡拿著火箭推進榴彈和德國製的G3自動步槍。

「發生了什麼事？」穆赫塔問道。

「別擔心，部族之間的宿怨。」納薩布說。

這些人要求卡車上的每個人都出示身分證明。穆赫塔把他的身分證從車窗遞出去。

穆赫塔所屬的部族約十年前曾捲入一場長期爭鬥。當時他在美國，但那件事傳遍了整個葉門以及葉門的僑民界。肯夏利部族裡有個年輕人在沙那開著新的名車Land Cruiser，某晚他把車子停好，但翌日早上發現車子不翼而飛。嫌疑犯的消息立刻傳遍了鄰里，據傳竊賊是屬於阿克瓦（al-Akwa）部族。該部族公開表示，絕不縱容那起竊案。不管竊賊是誰，他顯然不曉得他偷竊的對象及那個部族的勢力有多強大。當時各部族的族長見面講和。為了表示懺悔和尊重，阿克瓦部族組成一個隊伍，隊伍中不僅包括那臺遭竊的車輛，還有另一輛車及一卡車的牛作為賠禮。阿克瓦的族長朗誦了一首詩以示歉意和尊重，肯夏利部族的族長也朗誦了一首以接受賠禮。

納薩布解釋，他們現在遇到的狀況也一樣——這種部族紛爭看似暴力一觸即發，但是最後都會和平落幕。納薩布並不擔心，哈馬迪和哈米德也不擔心。不過，在通往黑瑪區的路上，有這種地方流氓組成的武裝檢查站還是頭一遭。可見鄉下地區權力真空，那對沙雷有利。穆赫塔家族的人覺得，沙雷是在試圖破壞葉門的穩定，以便證明葉門需要他。

部族成員檢查他們的身分證時，哈馬迪向穆赫塔解釋，他們是在找敵對部族的成員。之前發生了一起謀殺案，他們正在找機會報復。這臺車裡只要有人的姓氏屬於那個敵對部族，後果就不堪設想。

「別擔心，我們與他們的宿怨毫無瓜葛。」哈馬迪說。

幾分鐘後，檢查人員歸還他們的身分證，哈米德繼續開車，車上的每個人都裝出沒發生過什麼事的樣子。

❖

他們的車子來到了黑瑪區，在名叫阿布阿斯卡（Abu Askr）的加油站那裡突然右轉，穆赫塔甚至沒看到那裡有一條路。接著，車子開進了山谷。土石路崎嶇不平，坑坑窪窪，布滿了碎石。穆赫塔的頭撞到了卡車的車頂，他一笑置之，覺得這種事不可能再發生了。豈料，後來他的頭又撞了十幾次。他不得不以一隻手頂在車頂，另一隻手抓著車架，以免頭部撞到車窗。司機的開車方式似乎很隨性，時而加速前進，時而放慢速度。有時他彷彿想要儘快衝過崎嶇不平的道路，以便早點解脫；有時他又放慢速度，像駱駝一樣在顛簸不平的路面上漫步。

穆赫塔覺得頭暈想吐，車內的氣溫很高。儘管他們在卡車內才待兩個小時，他已經準備好放棄了，急切地想要停下來。但他不得不假裝沒事，因為他為自己塑造了一個模糊的形象：咖啡品質協會或美國國際開發署的代表（或兩種身分兼具），別人以為他在這種路上奔波數千公里了。每個拐彎處，景色都非常壯麗，鋸齒狀的青灰色山巒上點綴著奇形怪狀的階梯式種植園。這裡的建築很簡單，都是棕褐色和白色的土坯屋，建築堅固，保存良好，但往往坐落在看似遙不可及的山峰和山脊上。村莊下面的山坡是綠色的，穆赫塔認為那是咖啡樹。

哈馬迪說：「那些大多是咖特草。」

他解釋，十年前，這裡約有八五%的園區是栽種咖啡。二十年前，這裡是全部栽種咖啡。但每一年，咖特草的種植面積愈來愈大。

他們經過一些小村莊，每次經過小村莊時，卡車的速度都必須放慢到步行的速度。當地人會從屋子裡冒出來，他們想知道發生了什麼事、這些人是誰。

由於穆赫塔和納薩布穿得很正式，看起來像城市來的，靠近卡車的村民以為他們來自聯合國、美國國際開發署或其他的國際機構。

他們的車子經過了六個村莊，才抵達目的地拜特艾朗（Bait Alam）。哈米德停下卡車，當時大約上午十點，氣溫已達攝氏三十二度左右。

穆赫塔下車，瞇著眼睛望向太陽，發現幾十位村民圍住了他們的卡車，而且突然唱起歌來。

「貴客，願您平安。」他們唱道，「歡迎蒞臨拜特艾朗，這裡河流滾滾，果實為您熟成！」這是zamil，亦即葉門村莊特有的傳統迎賓歌，每個村莊的歌曲都不一樣，往往會針對特定的客人和場合編寫。穆赫塔露出微笑，謝謝他們。他們唱完時，村裡的人已經排成一列，一位長者逐一數著人數。

「發生了什麼事？」穆赫塔問哈米德。

哈米德說：「他們正在抽籤，看誰負責接待你。」

「來吧。」哈馬迪說，他拉起穆赫塔的手。穆赫塔跟著哈馬迪爬上陡峭的山坡，進入山內。他們爬了幾百階的石梯後，來到種植咖啡樹的階地，這是穆赫塔首度踏進真正的咖啡園。他撫摸著樹葉、聞著樹葉的味道，努力裝出專業的樣子，甚至還為他發現的一些缺陷裝出擔心的模樣。他心想：「一切就是從這裡開始的啊！」他的喜悅只持續了一分鐘左右。

「那不是咖啡。」哈馬迪說。

原來穆赫塔剛剛仔細觀察的那棵樹是橄欖樹。

「我知道。」穆赫塔說，試圖恢復冷靜，「但咖啡樹周圍的植物也會影響咖啡的健康。」這是他當場瞎掰的，後來才發現是真的。哈馬迪恭敬地點點頭，他們繼續往前走。

「這些是咖啡樹。」哈馬迪說。

穆赫塔摸了摸葉子，看見一簇咖啡果實，裡頭有紅有綠。山坡上遍布著亮綠色的阿拉比卡咖啡樹，在這個看似乾旱的山坡上成長茁壯。這裡還飄著茉莉花香，微風穿過濃密的樹葉時，發出隱約的沙沙聲。

「你覺得怎樣？」哈馬迪問道。

「你是問好不好嗎？」穆赫塔說。

他不知道哈馬迪想問什麼。他們繼續往前走，不久，愈來愈多的咖啡農和摘採工人也加入他們的行列，提出一系列的問題：

「害蟲啃食了葉子，該怎麼辦？」

「可以用殺蟲劑嗎？」

「你覺得這裡的土壤怎樣？」

「纏繞這支樹幹的白色東西是什麼？」

穆赫塔不知道，他不是農學家。況且，這是他首度踏進咖啡園，他不能讓任何人知道這件事。但納薩布是農學家，他出面回答了問題。

「那是鈉。」他指著樹幹上的白環說，「這種植物的含鹽量太高了。」他開始回答問題，撫摸樹葉，蹲下來檢查土壤，回答了所有的問題。穆赫塔啟動了他的田德隆大腦，記住納薩布剛剛說的話，以便現學現賣。納薩布談到修剪枝葉的好處，他解釋，每棵樹就像一個家庭，每根樹枝就像一個孩子，一棵樹能供養的健康樹枝有限，所以看來無法成長的樹枝需要修剪。他也指出不同的品種，多數的農民和摘採工人都不知道品種的名稱。

他說：「這是Tufahi，這是Dawiri，這是Udaini。」

那些農民只會栽種第二波咖啡浪潮的普通咖啡。哈馬迪知道外面更廣大的世界裡還有其他的東西，有些東西正在改變，有人開始關注產區和品種，但他的合作社沒有足夠的資訊或管道。他們不懂品種，不知道哪個品種適合在哪裡生長，不知道怎樣摘採及處理不同品種的咖啡果實才是最好的。最重要的是，他們不知道誰肯為這些咖啡買單。

穆赫塔很小心。他可以感覺到，將來的某個時間點，他可以在供應鏈中發揮作用，擔任農民和海外高端買家之間的橋梁，但他現在還不能說這些。祖父一再告誡他：除非你確信你能做到，否則不要做出任何承諾。而且，在你獲得資金去實現之前，也不要做任何承諾。

目前，穆赫塔只能和哈馬迪及納薩布同行，繼續傾聽。他聽納薩布談到怎樣摘採咖啡果實最好，以及何時摘採。他觀察納薩布的說話方式和舉止，偷偷學習，以備將來使用。他努力跟上哈馬迪及一些年長咖啡農和摘採工人的腳步，他們上下階地時，像兔子一樣靈活，連老年人都是如此。穆赫塔需要旁人把他從懸崖拉回來，不慎踩空階地時，還要有人抓著他。那裡空氣稀薄，使他邊走邊喘，當地人覺得他的樣子很有趣。

「那是誰？」穆赫塔問道。

穆赫塔注意到一名男子獨自坐在一棵特別健康的高大咖啡樹下。

「那是馬利克（Malik）。」哈馬迪說，「我們這裡最好的農民。」

他盤腿坐在樹蔭下，看起來心滿意足。

「他常那樣做。」哈馬迪說。「他總是來這裡。不摘咖啡果實時，就坐在樹下。」

馬利克戴著名為kufi的灰色圓筒帽，帽子上有複雜的刺繡圖案。穆赫塔對這名男子散發的氣場及穿著的服裝很感興趣，所以拍了幾張照片留念。他注意到那個人把他那天摘採的咖啡果實放在腳邊的毛巾上，約有五百顆，都是紅寶石的顏色。

「所以說他是我們最好的農民。」哈馬迪說。馬利克在妻子及幾位家庭成員的幫助下，一家人負責大部分的摘採工作。對他們來說，那不是工作或嗜好，也不該託付給粗心大意的零工。那是一種使命，是他們喜歡做的事情，他們也為此感到自豪。

在這個合作社裡，馬利克擁有約四百棵的咖啡樹。他的咖啡樹種在另一個農民的咖啡樹旁邊。所有的農民都自己摘採咖啡果實，然後全部混在一起，有紅有綠、有熟有爛。接著，整批咖啡果實再賣給掮客，掮客通常會利用農民的財務劣勢來剝削他們。他們的咖啡收成不分批，也不分品種，全部混成一堆，並以掮客開的價格出售。

穆赫塔走向坐在樹下的馬利克。他沒有站起來，也沒有表現出恭敬的樣子。事實上，他見到這個來自沙那和美國的年輕人時，似乎一點也不感到驚訝或興奮。不過，當穆赫塔問他，是否可以把他的咖啡果實樣本帶回沙那時，馬利克畢恭畢敬地答應了。

「等一下我們可以給你一大袋。」哈馬迪說。

「但我想要這些。」穆赫塔說。「我想要這個人摘採的咖啡果實，我想把他的果實和其他人的果實分開。」

❖

哈馬迪帶他們一行人回家共進午餐。全村抽籤決定負責招待貴賓的人時，他抽中了。他的房子是葉門傳統的農村住宅：一樓是開敞式，光線昏暗，用來飼養牲畜。二樓和樓上的每一層是分給家族中的不同支系。哈馬迪的住家有七層樓，每一層自成一家，分屬不同的家庭，或同一層有幾個血緣相關的家庭。哈馬迪的家中是四代同堂。

儘管這個村莊看起來窮困，哈馬迪仍以盛宴款待穆赫塔和納薩布。雞肉吃起來有點柴，有羶味。米飯很多，還有麵包，也有sahawqah（以當地著名的辣椒做成類似莎莎醬的東西）。

享用完隆重上菜的餐點後，接著是喝咖啡。哈馬迪說，那咖啡是用他們剛剛經過的那些咖啡樹所生產的果實製作出來的。但那其實不是咖啡，不是世界上其他地方喝的那種咖啡，而是由咖啡果實的乾殼所製成的飲料，亦即穆赫塔和多數非葉門人所謂的qishr——那是一種甜茶，呈焦糖色，但有一定的甜味，也帶點櫻桃味，很好喝，但不是咖啡。穆赫塔不知道該如何對哈馬迪說明這點，他知道這不是一個好兆頭：如果合作社的總裁不知道咖啡和茶的區別，這其中的問題可能比他預期的還多。

午飯後，他們坐下來一起嚼咖特草，數十位男子也加入他們的行列，他們大多是農民，其中有許多人是從其他的村莊過來的，他們對這位來訪的葉門裔美國人和他的沙那朋友很感興趣。每個人都對穆赫塔很好奇，只有一個人例外。穆赫塔這一整天下來常看到他的身影，他是個粗壯的男人，穿著退役軍人的外套，戴著狀似俄羅斯帽的東西，帽子有毛茸茸的護耳往上折，肩上背著AK-47步槍，胸前別著兩顆手榴彈。穆赫塔注意到他的眼中流露出懷疑的神情，所以向哈馬迪打聽他是誰。

「那是將軍。」哈馬迪說：「別在意他，他很難取悅。」他曾在葉門的軍隊中官拜將軍，退休後在黑瑪谷買了土地，種植咖特草和咖啡；他是該區最大的地主之一。他們剛剛吃飯時，將軍一直瞪著穆赫塔看。

納薩布不嚼咖特草，他從來沒嚼過。穆赫塔認為稍微嚼一點無妨，以免冒犯了主人，但納薩布就是不肯。此外，他們享用咖特草的方式也不一樣。在城市裡，他們會把咖特草修剪整齊，精心地準備並端出來。在這裡，他們直接把咖特草扔在地板的中間，像引火柴一樣。穆赫塔直接抓起葉子，塞進嘴裡，他們一邊閒聊一邊咀嚼，直到咖特草發揮效果。那時整個房間洋溢著一種溫和的喜悅感，穆赫塔趁機向他們說明咖啡的過去和未來。

他告訴他們咖啡是怎麼誕生的，咖啡最初是在葉門栽種，是葉門歷史的一大核心，是他們與生俱來的權利。現場的人一聽，大多很訝異。他們知道這些事情嗎？他也不確定。他接著繼續說，荷蘭人偷走了咖啡幼苗，把它們種在爪哇。接著，荷蘭人把幼苗送給法國，法國人把它們種在馬丁尼克島。葡萄牙人從法國走私咖啡幼苗，把它們種在巴西，現在咖啡是一個年收七百億美元的市場，似乎每個人都從咖啡豆賺錢——除了最初開創這門生意的葉門人以外。

也許是因為咖特草發揮了效果，他這麼一說，引起了大家的注意，連那個將軍也側目傾聽。穆赫塔解釋，葉門的咖啡大多是銷往沙烏地阿拉伯，農民的售價低得可憐，這點需要改變。但首先他們必須改進實務作法，他們只能等咖啡果實變紅時才摘採，這時他讓他們看他那支鑲著瑪瑙石的戒指。接著，需要把咖啡果實放在離開地面的平臺上曬乾，這樣空氣才會流通，果實才會乾得均勻。之後，需要妥善地存放在陰涼乾燥的房間，以免生豆發酵或發霉。他說，現在它們摘得太早，又把綠色、黃色、紅色的咖啡果實混在一起，日曬方式不妥，運輸也不小心，幾乎沒有分級。即使有分級，也做得很隨便。他說，在沙烏地阿拉伯，他們烘焙的咖啡豆簡直是災難，所以在整條產業鏈上，咖啡樹並未受到尊重，咖啡豆也遭到胡亂對待。

接著，他談到摩卡僧侶咖啡，談到他們該如何重拾傳統，以及他們若是改進流程，摘採得更好、曬得更好、儲存及運送得更好，就能提高售價，工資也可能更高。

一個人問道：「你願意幫我們嗎？」穆赫塔從將軍的眼中看到一絲的期待。

穆赫塔心想：「我嗎？至少現在還不行。」他含糊其詞，雖然他很想幫助他們，但他不能告訴他們，他不是光從顧問的角度觀察這一切，也不是光從CQI或USAID代表的角度來觀看，而是以潛在買家、潛在出口商的身分來看待這一切。

嚼完咖特草後，當地人請他和納薩布在村裡的登記簿上簽名。幾個世紀以來，每位訪客都在上面簽名，那是一本發黃的巨冊。穆赫塔簽下名字，並在下面寫道：「只要投入汗水、鮮血、勤奮努力，你們的咖啡將會是世界上最好的咖啡。」這樣講似乎很中肯。

在回程的路上，哈馬迪顯然很興奮。

「所以你能幫我們拿到更好的價格嗎？」

「我不知道。」穆赫塔說。

「但是，如果我們改進流程，就能提高賣價，對吧？」

「我不確定。」穆赫塔說：「你們**能夠**改進嗎？」

❖

他們很晚才回到沙那，整個城市一片寂靜，穆赫塔走進叔叔家，把咖啡樣本放在屋內角落的一張椅子底下。接著，攤開鋪蓋，躺了下來。

「我不能做這件事。」他心想：「沒機會成功。」

在漫長的回程途中，他們蜿蜒地穿梭了數百公里的雙線道，經過無數全副武裝的陌生人，隨時都擔心卡車可能再次遭到臨檢，他因此對這門生意充滿了疑慮。他第一次造訪咖啡園，就遇到山坡上滿是復仇心切的部族成員。他裝模作樣地完成第一次參訪，但這種事情已經超出他的能力範圍，太瘋狂了。

此外，還有放高利貸的人，他必須和他們正面交鋒，卻對他們一無所知。他的祖父來自強大的部族，但他已經準備好從這個事業流程中排除一群嗜血的放債者了嗎？他們的作法顯然值得懷疑——他們不僅壓榨農民，也對他們銷售的咖啡品質毫不在意。如果來自舊金山的穆赫塔介入這門生意，把他們踢出整個流程，會發生什麼事？

再者，這些咖啡園簡直是災難，有些咖啡豆竟然已經儲放了五年！農民把豆子當成寶貝一樣，以為那是永不腐爛的貨幣，彷彿咖啡豆永遠不會老化似的。還有把咖啡茶誤為咖啡那件事——他們知道來自咖啡外殼的茶和來自咖啡豆的咖啡有什麼差異嗎？他真的有辦法改進他們的收成方式，讓他們的咖啡價值大幅提升嗎？況且，誰知道他們的咖啡是不是本來品質就很好？也就是說，即使他們以正確的方式摘採、正確地曬乾、正確地處理、正確地完成其他的一切事情，誰能預測他們的咖啡真的很好呢？用這些咖啡豆煮出來的咖啡可能很難喝也說不定。再怎麼調整供應鏈也無法補救咖啡難喝的事實。

而且，他根本什麼也不懂。他研究咖啡幾個月了，師從最頂尖的專家（包括藍瓶咖啡和布特），這讓他對杯測和烘焙有一定的瞭解，但他對於栽種咖啡、收成或分級一無所知。他對現實世界中生長的植物也一無所知。在這方面，納薩布比他厲害多了。

他心想：「不行。」他簡直是在胡搞。雖然他已經想好公司的名稱和商標，但他根本不知道自己在做什麼。他向蓋扎利借了錢，現在這些錢都浪費掉了。他應該回家，回去讀大學，學點東西。靠著機巧的本事，他可以活得很久。至於咖啡這一行，他實在沒辦法玩「裝久成真」的把戲。

第二十二章 出發點

不過，話又說回來，這招也曾奏效過。

這個轉折點變成了穆赫塔的出發點。在接下來的三個月裡，他幾乎天天去松下大樓邊的圓環，坐上不同的卡車，冒險前往不同的地區。他下定決心走遍葉門國內三十二個咖啡產區，有些產區就像黑瑪區——農民勤奮，園區也夠先進，他知道他可以跟那些農民合作。有些產區則令人失望。有一次他搭車七個小時後才發現，那個地區的咖啡樹寥寥無幾，不到二十棵。有些農民根本無法信賴。

這種不信任感也是互相的。多數地區的農民客氣地接待他，但也對他抱有一些疑慮。數十年來，非政府組織斷斷續續地造訪他們；九一一恐怖事件後，美國國際開發署更常來造訪他們。有時那些訪問會帶來一些進步，有時則是毫無進展。他們可能在園區興建集水器，或是啟動興建專案，但半途而廢。這些外來的協助立意良善，有時無可批評，但後續的行動往往無法貫徹始終。

這是穆赫塔開始實地接觸葉門咖啡園時所看到的狀況。他造訪咖啡園時，總是穿著得體，說古典阿拉伯語，拿著美國護照。儘管當地人想相信他有協助他們的答案與洞見，最重要的是，他有辦法讓他們的咖啡豆以更高的價格販售，但他們的內心其實依然有一個很大的問號。

不過，葉門人向來好客，穆赫塔所到之處皆獲得殷勤的款待。他們帶他去看梯狀的咖啡園，請他吃午餐，午後一起嚼咖特草，偶爾還會請他留宿一晚。他們曾想過再見到他嗎？沒有。他們寄望他幫忙改變生活嗎？也沒有。

穆赫塔知道他可以幫他們改進栽種咖啡的方法。他知道，只要確保摘採工人只摘成熟的咖啡果實（顏色像瑪瑙石那樣），他們的咖啡品質就會顯著提高。此外，修剪咖啡樹也可以增加產量；在架高的平臺上曬乾咖啡果實，也可以讓品質進一步提升。把咖啡豆裝在塑膠袋裡，而不是麻袋裡，可以保留水分，進一步提升口感。這些都是他們在農場上可以做好的基本工。他知道，只要他能找到更精心挑選、處理得更好的咖啡果實，他就能以更細膩的方式來做後續的處理。把那些咖啡果實變成咖啡豆後，他就可以用比一百年來的傳統更仔細的方式加以揀選分級，他確定他可以發揮實質的影響力。

❖

如今他面臨的挑戰是，活到下一個採收季。目前這種四處奔波的方法，連活下來都很困難。第一週，他感染了瘧疾。當時他在葉門西部的布拉（Bura'a），醒來時眼睛發黃。他可能是在布拉或黑瑪區感染了病毒，到這裡才發病，整個人動彈不得，渾身發抖，四肢虛脫無力。留宿他的人給他藥丸，但他覺得自己死定了。他們把他送到當地的醫院，他在醫院裡發燒了兩晚。

回沙那休養後，他又開始走訪咖啡園。他在巴尼伊斯梅爾（Bani Ismail）又染上嚴重的腹瀉，整整兩天一直拉肚子、跑糞坑（村裡沒有廁所），拉到他覺得五臟六腑都快拉出來了。幾週後，他又罹患某種怪病，大家覺得他應該是感染了某種條蟲。他可以整天沒日沒夜地狂吃也不會胖。有人說，那是因為他之前感染瘧疾和腹瀉，現在身體正在調整以前失去的體重。他吃得更多，但不知怎的，反而愈來愈瘦。

一位朋友說：「你可以跟那個怪病和諧共生。」

另一位朋友說：「試試煤油吧。」

那似乎是他們傳承已久的祕方——喝煤油殺寄生蟲。穆赫塔決定再忍一下，看後續狀況再說。一週後，他的新陳代謝恢復正常了。他不知道是條蟲自己排出體外，還是體內本來就沒有寄生蟲。他的消化系統正常運作幾週後，他又體會到膽結石的痛苦，為此住院一天，出院時形容憔悴。

他在葉門待了三個月，每四五天就生病一次。早就有人告訴他，喝水及吃水果要小心，要特別注意可能帶菌的食物——因為他是美國人，不習慣葉門人體內已經存在或已經有抗體的微生物。他知道他應該婉拒某些村子提供的某些食物——或所有村莊的多數食物、所有的生食、所有的水、所有的果汁、所有的水果——但他做不到，畢竟他是客人，他需要展現尊重，需要強調自己的葉門血統，而不是凸顯出他是外人或身分比較尊貴。所以無論村民端給他什麼，他都照單全收，只能暗暗祈禱東西下肚後沒事。他因此拉肚子無數次，到最後已經習以為常了。這是他欣然接納葉門的好客傳統時所付出的小代價。

他持續走訪咖啡園，開車穿梭在車轍縱橫的道路上，行經狹窄的隘口，進入陌生的村落。每次村民都會高唱傳統的迎賓歌來迎接他，接著他們會抽籤決定誰負責接待他。享用午餐及午後的咖特草時，他們總是在房間的前面堆滿了枕頭和毯子，讓穆赫塔像蒙古軍閥那樣坐在上頭。他們都會準備清涼的汽水——穆赫塔一到當地，他們就派村裡的孩子步行好幾公里去買汽水。參觀完咖啡園，享用了午餐和咖特草後，他們還會送禮給他，每個村落都會送禮。如果當地盛產芒果，穆赫塔就會帶著吃不完的芒果離開。如果當地盛產蜂蜜，他就會帶著一大桶蜂蜜離去。當然，每次他都會帶著村子裡最好的咖啡樣本離開。回到沙那後，他把樣本放在叔叔家的客廳角落，接著就睡覺了。

他去了貝阿利亞（Bait Aaliyah），那裡離沙約兩小時的車程，海拔兩千多米，有許多含水層，所以咖啡樹多達三萬棵。他也去了巴尼馬塔（Bani Matar），那裡離沙那也是大約兩小時的車程，海拔一千八百米。他在巴尼伊斯梅爾（Bani Ismail）看到最珍貴的葉門咖啡，豆子很小，近乎圓形，非常依賴降雨。當地的合作社態度親切，做事有條有理，但無法確定產量。

他們說，每次收成期約八週，每週可以裝滿兩輛卡車，但他們沒做過更詳細的測量。在烏丹（Al–Udain），他看到葉門最美的咖啡豆。不過，這些旅程不見得都有助益。事實上，多數行程毫無斬獲。他的研究中顯示哈傑（Hajjah）是咖啡產區，但某天他開了七個小時的車子到當地，才發現那裡根本沒有種咖啡。一位農民走在塵土飛揚的路上，對於穆赫塔無緣無故來到那麼遙遠的地方感到驚訝。

「我祖父的祖父種過咖啡。」他說：「你晚來了大約一百年。」

❖

每次穆赫塔回到沙那，叔叔和嬸嬸都會注意到他又帶回一袋東西，也注意到他們家的客廳空間愈來愈小。但他們沒有多說什麼，心想穆赫塔說他正在寫葉門咖啡的報告是千真萬確的事實。

然而，又過了一陣子，穆赫塔已經瞞不了他們了。

「我正在創業。」他告訴他們。

「你怎麼不早說呢？」他們問。

穆赫塔說，原因很複雜。祖父要求他一定要保密，而且葉門人也不是很重視國內的咖啡業，讓別人知道你做咖啡生意，就好像在說你賣棒棒糖一樣，那裡沒有人靠賣咖啡謀生。

「但這門生意確實有搞頭。」他告訴他們。

他告訴他們他去了哪裡，也讓他們看他拍的照片。他們都很驚訝，那是他們未曾見過的葉門地區。他們去過伊卜，但沒去過黑瑪、布拉、哈傑、巴尼哈馬德（Bani Hammad）。

「你怎麼不帶我們一起去呢？」他們說。

❖

有時他會帶著他們的兒子努里丁（Nurideen）同行。努里丁十八歲，目前叔叔家還住著六個孩子，他是年紀最大的。他剛從學校畢業，對未來的前途感到茫然。他想去美國讀大學，向美國大使館申請簽證，卻遭到拒絕，理由很可笑。

大使館的人問他：「你的擔保人是誰？」

他說：「我哥哥阿克朗，他在舊金山的猶太藝術博物館擔任清潔員。」

對方說：「舊金山？那是世界上最貴的城市！」並拒絕了他的簽證申請。

後來，努里丁申請到去南韓生活及工作的簽證，並順利拿到簽證。他飛往首爾，但飛抵當地時，他們不讓他入關。他把所有的檔案都準備好了，但他們還是把他送上飛機，請他離開。於是，他飛到向來熱情接納葉門人的馬來西亞，在當地的餐館工作了一段時間。但他不僅工資很低，還遭到虐待。

現在，穆赫塔需要協助。他需要有人跟著他到處跑，幫忙記錄樣本並追蹤農民及咖啡收成。努里丁成為穆赫塔的第一個員工，當然，合理的薪資是延後給付。

❖

穆赫塔繼續深入部族，那些地區距離沙那數個小時或數天的車程，每次他都會帶著匕首和西格紹爾（SIG Sauer）手槍，他的司機也帶了半自動步槍。他前往比較麻煩或未知的地區時，會帶另一個人隨行，那個人會配備AK-47步槍和手榴彈。這一切都是很稀鬆平常的裝備，葉門有兩千五百萬人，至少有一千三百萬支槍——在全球人均持槍數方面，僅次於美國。男人不僅配戴著步槍在街上行走，也會配槍去參加婚禮。

穆赫塔年少的時候，祖父給他一把點四五的柯爾特自動手槍，他還留著。後來，他自己買了一把舊的AK-47步槍，偶爾也會借用祖父的一九八三年製卡賓槍。他喜歡把槍放在卡車裡，以防不幸捲入部族的爭端，或是遇到有人想要搶他綁在腰帶下的現金。或者萬一突然需要汽油，也可以派上用場。

據傳，支持沙雷的人炸毀了油管。被趕下臺的沙雷想破壞葉門的基礎設施，好讓人民相信他掌權時情況比較好。所以，有時汽油會出現短缺，價格飆升，加油的車隊大排長龍。排隊的隊伍一長，人心就開始暴躁，有人會想要插隊，於是就有人掏槍出來，對空鳴槍。

❖

穆赫塔已經習慣造訪外省了。他常滿身灰塵、蓬頭垢面地回到沙那，不刮鬍子，穿得像部族的人一樣，一時忘了自己屬於哪個世界。每週，他會在首都待一天，去咖啡角餐館（Coffee Corner Cafe）。那是一家高級餐廳，是有錢又世俗化的葉門人及一些西方人常去的地方。他去那裡使用無線網路及撰寫報告。

某天上午，他走進那家餐館，沒有洗澡、也沒睡好。隔壁桌坐著兩名年輕女子，穿著昂貴的鞋子，戴著鮮豔的頭巾，妝容精緻。其中一人拿出筆記型電腦，開始看美國影集《噬血Y世代》（*Vampire Diaries*），而且不用耳機，整家餐廳都可以聽到那部影集的哀號和尖叫聲，但那兩名女子一點也不在乎。不久，她們把注意力移到穆赫塔身上。

「看看他，」其中一個女人說：「那樣子真是野蠻落後。」穆赫塔楞了一下，才意識到她正在講他。那女人講英語，他以為穆赫塔是誤打誤撞來到這家高檔餐廳的鄉巴佬。而且，穆赫塔配戴著匕首和手槍，再加上整個人看起來蓬頭垢面，他知道她誤以為他是來自葉門北部窮鄉僻壤的部族。葉門的城市居民往往覺得部族的人粗野又暴力，常取笑他們。

胡塞叛軍是屬於什葉派的分支「宰德派」（Zaidism），約占葉門穆斯林的三五％。一九六二年以前，宰德派已經控制葉門北部一千年了，胡塞叛軍常為了領土問題跟鄰里發生衝突（他們在北部跟沙烏地阿拉伯起衝突，在南部則跟葉門政府起衝突）。沙那人覺得他們很討厭，認為他們是只會搞破壞的野蠻鄉巴佬。

「那種人就是問題。」那女人接著說：「導致整個國家無法進步。」

穆赫塔還有事情需要處理，身體也很疲累，但那番話讓他聽得很不爽，他已經準備好反駁了。「小姐，抱歉。」他用英語說：「**妳才是**問題。」

那女人瞠目結舌，驚訝地看著穆赫塔，彷彿他是突然學會說話的動物似的。

穆赫塔繼續說：「妳一邊貶損我，一邊看幼稚的影集，還不帶耳機。」

那兩個女人看著他的嘴巴，彷彿在分辨穆赫塔說出來的英文是不是配音的。她們想不通為什麼這個野蠻人會講出道地的美式英語。

「妳們應該尊重我，」穆赫塔說，「也尊重這個空間及這裡的人，而不是以貌取人。事實上，我覺得妳們應該離開。」

她們確實起身走了。

❖

穆赫塔這身看似部族的打扮還是有好處。他再次前往黑瑪區，與哈馬迪和馬利克談日曬平臺及下次收成時，聽到了山谷中響起一陣槍聲。

他配好步槍，循著槍聲來到山谷。在山谷裡，他看到一群人正在進行射擊比賽，將軍也在其中。將軍注意到穆赫塔背著步槍前來。

「你知道怎麼用嗎？」他懷疑地問道。

「我知道。」穆赫塔說。

參賽者的射擊目標是山脊上的一塊小白岩，距離約七十碼，當時沒有人打中。

「輪到你了。」將軍說。

舅舅拉菲克和拉坎曾在貝克斯菲爾德的五狗靶場教他怎麼操作點二二口徑的槍彈和ＡＫ步槍，那個靶場就在豐園區往南直走的路上。拉菲克曾教他不同槍械的彈藥，以及每種槍械的相對精準度。那天早上參加射擊比賽的人都是使用現代的ＡＫ步槍，那種槍枝火力強大，效率也好，但精確度不如穆赫塔配戴的那款ＡＫ步槍，那是一九七四年以前製造的型號，射擊目標時，性能比較優異。

穆赫塔站上比賽的臺子，瞄準目標，深呼吸，然後開槍。

那顆岩石從山脊上滾了下來。

他退後一步，接受大家的祝賀。他看到將軍臉上似乎浮現了敬意。

穆赫塔知道他可能無法再次射中目標，也知道見好就收的重要，隨即背起槍，離開了現場。

第二十三章　離開沙那

穆赫塔查了離開沙那的飛機，發現有個航班經過卡達。穆赫塔必須回到美國，他需要把收集的咖啡樣本送去測試——他打算帶二十一包樣本回家，造訪親朋好友，看能不能募到幾十萬美元，以便回葉門採購那些在測試中得到高分的好咖啡。

他花了五天的時間，瘋狂地在葉門中部和北部來來回回地收集樣本。當時正值齋戒月，胡塞叛軍占領阿姆蘭（'Amran），那裡是他們攻占沙那之前的最後一道北方防線。

穆赫塔每天都熬到凌晨四點才睡。他忙著研磨那些樣本，磨到滿頭沾滿咖啡粉才入睡。終於，到了搭機返美的前一天，他開始收拾衣物及公寓裡的咖啡樣本。他還有一半的豆子放在伊卜——存放在胡貝席那邊——那些豆子只能等以後再處理了。他心想，這個國家真糟糕。這裡假如是阿姆斯特丹的話，今晚他就可以把咖啡豆裝箱，叫聯邦快遞（FedEx）把箱子送回美國了。他可以直接離開葉門，打電話請祖父的司機薩米爾幫他寄那箱咖啡，或是請叔叔或任何人幫忙寄。但是想從葉門及時帶任何東西出國，你都必須親手帶走。

他買了五個行李箱，開始把來自二十一個咖啡園的二十二包樣本塞進行李內——每一種樣本都是每個咖啡產區的代表。除此之外，還要帶什麼呢？他必須帶一些蜂蜜回去，他的父母想要葉門蜂蜜。他們也想要葉門的杏仁和葡萄乾，所以他特地跑了一趟沙那的老城區。他打電話給堂弟努里丁，請他來幫忙。努里丁還醒著，其實每個人都醒著，因為那是齋戒月。他們一起叫了一臺計程車，三更半夜在城裡奔走，以收集穆赫塔需要的東西。他為他能想到的每位加州親友買了禮物，總共買了十幾件，包括明信片、乳香、沉香、念珠、鑲著瑪瑙石的銀戒、手工的喀什米爾披肩。

❖

穆赫塔的遠親得知他要飛回美國時，請他幫忙照顧搭同一航班到加州的六歲女兒黛娜（Dena）。穆赫塔很難解釋這種安排為何如此隨性——帶一個遠親的女兒飄洋過海到美國，而且兩人素未謀面。但是進出葉門實在太難了，像穆赫塔那樣離開葉門又要護送小女孩的情況很少見。小女孩是要去加州的莫德斯托（Modesto）與家人會合。

黛娜收拾行李時，穆赫塔和努里持續在不夜城裡奔走。他們感覺活力無限，只覺得如此匆忙很好笑，不知不覺天就亮了。這時，他們的車子轉了個彎，進入沙那最繁忙的街道，沒想到正好遇到一場激烈的槍戰。

機關槍的射擊聲劃破了早晨的寧靜，穆赫塔抬起頭來，看到對街建築物的屋頂上伸出ＡＫ步槍的槍管。這時，他們的司機本來應該迅速掉頭離開，但他動也不動。

「回轉！回轉啊！」穆赫塔大喊。

「不能回轉！」司機喊道：「出去推車！」

穆赫塔和努里丁下車，把計程車往後推，他們都忍不住笑了。

「很高興認識你。」穆赫塔說。他估計他們的存活率大概是六成。

他們推動計程車時，穆赫塔注意到汽車的後車箱上放了一個瓦斯桶——由於葉門常缺汽油，汽車後面裝一桶瓦斯很常見——司機改裝引擎，讓引擎也可以用瓦斯發動。

穆赫塔和努里丁看到那個瓦斯桶時，笑得更厲害了。他們正推著一輛載著瓦斯桶的計程車，機關槍正在他們的頭上瘋狂地掃射，他們又不能逃離，因為咖啡樣本都在計程車裡。

❖

一個小時後，穆赫塔來到機場，坐在候機室裡，想著剛剛發生的一切。一個小時前，他差點掛了。他突然轉頭，想起身邊還跟著一個六歲的女孩，那個小女孩到現在還沒跟他說過話。她的母親在臨別前吻了她的額頭，告訴她要乖乖聽話，去美國的路上別惹麻煩。

那是個漂亮的小女孩，有一雙深褐色的大眼睛和蓬鬆的黑髮，穿著凱蒂貓的上衣，背著海綿寶寶的背包，似乎對這個帶她踏上旅程的男人（穆赫塔）毫無興趣。這段旅程非常漫長，他們可能長達二十六小時都會在一起，途中經過卡達，飛越大西洋，抵達費城，再轉往舊金山。黛娜對這趟飛越沙漠及大洋的行程似乎一點也不擔心（而且還是跟著她幾乎不認識的男人一起離開葉門）。

「妳不打算跟我說話嗎？」穆赫塔問道。

黛娜望著他，什麼也沒說，又把目光移開了。在前往卡達的航程上，她一句話也沒說。飛機上有電影，但穆赫塔急需補眠。飛機抵達卡達的哈馬德國際機場時，他醒來了。他們有十小時的轉機空檔，所以穆赫塔為黛娜買了午餐，她開心地享用後，終於靠在他肩上睡著了。在飛往費城的航班上，大多時間黛娜都在睡覺，不睡的時候，就吃航空公司的餐點，看七個小時的卡通。

❖

他們飛抵費城時，穆赫塔牽著黛娜的手向海關走去（黛娜睏得要命，才讓他牽手）。海關前排了兩列隊伍，其中一列是由年輕的海關人員負責，另一列是由年長的海關人員負責。雖然兩列都很長，但其中一列移動得比較快，所以穆赫塔選了比較快的那列，他很快就發現自己是由年輕的海關人員檢查。後來他不禁懷疑過程中是不是出了什麼差錯，這是他和許多阿拉伯裔美國人多年來一直面對的棘手狀況：究竟是在多元世界中成長的年輕當權者比較開明呢？還是在美國機場中見過較多世界旅客的年長當權者比較明理呢？

「嗨！」穆赫塔以最美國的方式打招呼，以示他沒有口音，是在美國長大的。但他那樣做根本毫無效果，不到兩分鐘，那位年輕的海關人員就把穆赫塔的護照裝進紅色信封裡。

「到這邊來。」海關人員說：「別擔心，你沒有麻煩。」

❖

穆赫塔和黛娜被帶到一個房間。門打開時，他看到裡面清一色都是阿拉伯臉。怪的是，他在美國國內搭過多次飛機，也搭機進出葉門多次，但從來沒有人要求他進行二度篩檢，或對他做額外的盤問。多年來，他常聽到別人提起這種場合，如今親眼目睹這個場景，他還是覺得很荒謬。

「Salaam alaikum!*」他大聲打招呼，並對著大家揮手。多數人回應了他的問候：「Wa alaikum assalam.†」其他人似乎太擔心、太累或麻木了。有些人已經在裡頭等了五六個小時。

---

* 編註：此為常用的阿拉伯問候語，在全世界的穆斯林和中東地區的基督徒、猶太教徒之間廣為使用，意為「祝你平安」。

† 編註：回應的問候語，意為「也祝你平安」。

在這個房間裡，時間失去了意義，有些男女似乎早就失去耐性了。

穆赫塔和黛娜在裡面坐了一會兒。後來一位相貌和善的海關人員走向他，名牌上寫著喬爾。

「你好，穆赫塔，」他說：「我可以叫你阿穆嗎？」

「不行。」穆赫塔說，接著他又忍不住說：「我可以叫你喬嗎？」喬爾不禁笑了起來，穆赫塔也笑了。他想讓對方知道這個篩選過程有缺陷，帶有種族歧視的意味，但目前他想先維持一點幽默感。

喬爾似乎覺得很不好意思，他說這一切只是一種形式。他們一起離開房間，穿過走廊，來到行李區，讓穆赫塔領取行李。喬爾看到穆赫塔托運那麼多行李時，突然好奇了起來，但依然面帶微笑，說那不是問題，並強調一切只是形式，是正常的流程。

在另一名海關人員的協助下，那些行李被搬到一張鋼桌上，並打開來檢查。開箱後，可以看到裡面裝了好幾袋咖啡豆。穆赫塔知道這些東西對喬爾和整個海關來說太有趣了，他肯定會錯過轉機的航班。他開始心想，他在美國東岸可以打電話給哪個律師。

「你是做什麼的？」喬爾問道。

穆赫塔努力壓抑失望的情緒，說他在咖啡業工作，是個進口商，他正在協助改善葉門咖啡農的生活。他也順便提到，這份工作主要是和美國國際開發署合作，他是在協助美國政府，「我的政府。」他刻意拉高分貝：「我在葉門幫我們做外交！」

他這樣一講，喬爾又更感興趣了，但談話的語氣似乎也變了。他問穆赫塔有關咖啡的問題，哪種咖啡最好，他認為深焙或淺焙哪種比較好，專家比較喜歡哪一種？穆赫塔稍微冷靜了一些，以盡可能輕鬆隨性的口吻談到品種、不同的烘焙度、海拔對咖啡果實的影響、葉門咖啡的相對優勢、以及下次喬爾去咖啡店該如何點咖啡，還有喬爾很快就可以在咖啡店裡點到他進口的咖啡了。由於這番咖啡談話似乎進行得很順利，穆赫塔以為他和黛娜應該可以很快收起行李，去趕飛機了。

但喬爾說，這需要先進行農產品篩檢，所以全部的行李箱又關了起來，推往另一個走廊，送進另一個房間，再次放上鋼桌打開。

一名身穿制服的女子告訴穆赫塔，在缺乏文件及許可下，他不能把那些生豆帶進國內。穆赫塔聽到一半，已經忘了她在說什麼，因為當初他在打包那些咖啡豆時，根本沒想過這些事情。他剛剛才通過可能帶有種族歧視的盤問，現在又要面臨這位明理的女士所提出的合理質問：進口六箱生豆的合法性——裡面可能帶有外來入侵物種或未知細菌。

不過，那位女士似乎不確定咖啡屬於哪個類別，畢竟那不是活生生的植物，只是生豆。他們對話的時候，她像喬爾一樣，按照平常的對話順序進行。她問道：你是從葉門來嗎？葉門有咖啡嗎？那裡有肥沃的地區嗎？那裡真的可以栽種東西嗎？她也說道：我喜歡咖啡，這咖啡好嗎？我可以在超市買到嗎？星巴克賣葉門咖啡嗎？

沒想到，與農產品檢查員交談十分鐘後，穆赫塔終於可以關上行李箱，獲准通關了。那可能是因為咖啡的魅力，也可能是他個人的魅力，但總之他終於可以上路。他緊緊抓住黛娜的手，對這一切感覺良好，幾乎肯定他可以趕上轉接的航班。

沒想到，喬爾又把他帶到篩檢隊伍的後面。

「你必須再次通過安檢。」

他把隨身攜帶的行李和黛娜的海綿寶寶背包放上輸送帶，心想這應該是最後一步，不要再找碴了。但是，經過X光和掃描器的檢查後，他和黛娜又被拉到一邊。美國運輸安全管理局（TSA）開始檢查他的隨身行李上有沒有爆炸性粉塵，他轉身看到他們也對黛娜搜身。

他和黛娜都通過檢查了，一起走出走廊，尋找轉機的航班。由於他們經過農產品的篩檢，現在來到機場的奇怪角落，離他們轉機的登機口很遠。TSA的工作人員曾告訴他怎麼走：先左轉，再右轉，之後再左轉，但現在他走丟了，而且還離開了安全檢查站。這下子，若要去登機口，唯一的方法是再篩檢一次。

於是，他們又重新篩檢一次。篩檢結束後，穆赫塔衝向登機口，距離班機起飛只剩下幾分鐘。沒想到，穆赫塔又被一位TSA的人員攔下來。

「我可以問你幾個問題嗎？」

他問到穆赫塔的葉門之行、他的工作，以及他在美國的住所。一問就問了十分鐘，穆赫塔和黛娜只好眼睜睜地看著航班離去。

❖

他們在費城機場已經待了四個小時，下一個航班還要再等六個小時。穆赫塔走到航空公司的櫃檯，一位黑人女性地勤人員為他遇到的麻煩致歉，並為他和黛娜開了新的機票，但兩人是坐在分隔的座位。

穆赫塔請她把位置安排在一起，她說那可以安排，只是要加錢。

穆赫塔付了錢，她把新的機票遞給他。票上的代碼顯示，他們又被挑出來做額外的審查。

「妳知道嗎？」他說：「妳在一家有種族歧視的公司上班，妳明明知道這些事情。我已經熬過四個小時的檢查，因此錯過了航班，所以才需要開新的機票，結果妳又要我再被審查一次，只因為我的膚色是棕色的。」

穆赫塔越講越氣，嗓門也越來越大。周遭的人都拉長了耳朵，他繼續說：「妳有加入工會嗎？妳是在一家有種族歧視的公司上班，這是一個種族歧視的系統。」後來那個黑人女性和她旁邊的白人男性開始向他道歉，那個白人男性還彎下腰問黛娜：「妳要貼紙嗎？」

「我們才不要你們的貼紙！」穆赫塔說：「我們想要的是尊嚴。」

登機口附近的每個人都在聆聽，一些人為他鼓掌，他氣呼呼地等著登機。當他把機票交給登機口的地勤人員，機票刷過機器時，機器又亮起了警示燈，提醒地勤人員把他拉到一旁檢查。那位地勤人員環顧四周後，對他說：「趕快去吧。」他拉起黛娜的手，登機離開了。

第二十四章 這個很有意思

「你瘦了。」布特咖啡裡的每個人第一眼看到穆赫塔時，都脫口這麼說。穆赫塔這一趟從葉門回來，整整瘦了十一公斤，他們說：「你瘦到連屁股都沒了。」

穆赫塔和史蒂芬花了十個小時清理葉門的咖啡樣本。那些豆子又髒又亂，裡面摻了一大多碎豆和瑕疵豆。整理好之後，史蒂芬小心翼翼地烘焙了全部二十一個品種，接著穆赫塔再和史蒂芬與布特進行正式的杯測，以確定穆赫塔乃至於葉門是否有希望進入精品咖啡的殿堂。

第一批的結果很慘。

「死當。」布特一個接一個說。

他們是在米爾谷的布特咖啡做杯測。當下，穆赫塔只能對那些豆子抱持樂觀態度，想像他在葉門見到的那些咖啡農、將軍、馬利克、哈馬迪的希望隨著咖啡是否能賣到更高的價錢而起伏。

「死當。」布特又對另一個品種的咖啡下了同樣的評語。

那天他們杯測了十個品種，布特對那十個品種的評論都一樣：不及格。那些樣本又髒又土又老且發酵過度。不乾不淨，毫無優點。

穆赫塔對那些豆子本來就沒有過度的期待。他本來心想，如果有一些樣本的杯測可達八十分，他可以利用幾季或幾年的時間，幫他們把豆子的品質提升到九十分，但目前為止杯測的咖啡都未達七十分。那麼糟的咖啡就不值得他再回葉門一趟了，回去沒什麼意義。

隔天，史蒂芬小心翼翼地烘焙剩下的十一個樣品，竭盡所能提高那些豆子的品質。「死當。」布特又說了一次。

最後十個品種中，有五種毫無價值，不值得大費周章從葉門進口。穆赫塔也不知道繼續杯測下去還有沒有意義，他已經不想再聽到「死當」這個字眼了。

這時布特突然發出一個驚訝的聲音。

「這個很有意思。」他說。

❖

幾天後，穆赫塔站在皇家廣場咖啡公司的外面哭了。皇家廣場是北加州的大型區域烘豆及進口公司。布特、喬蒂、其他咖啡品鑑師對穆赫塔帶回來的三個樣本進行杯測後，給了九十幾分。其中兩個樣本是來自黑瑪，一個來自伊卜。馬利克的咖啡是其一。

穆赫塔把樣品帶到皇家廣場。根據杯測的分數，他們表示願意購買十八噸的咖啡豆。穆赫塔沒有十八噸的任何東西，但理論上來說，只要他付得起，就買得到。

他又去找蓋扎利，告訴他杯測的分數，以及大型烘豆商和零售商願意下大量訂單的承諾。蓋扎利找來一小群投資者，他們都是在科技業成就斐然的阿拉伯裔美國人。他們一起湊足了穆赫塔需要的資金並貸放給他，總金額約三十萬美元，讓他去收購一個貨櫃的咖啡。當然，這是有風險的。進口的咖啡必須有最高品質，而且還要想辦法從一個高度不穩定的國家出口。在穆赫塔證明咖啡的價值並證明他能把咖啡運出葉門之前，他們還不會提供資金給他。

穆赫塔答應了，畢竟他對募資一竅不通，也沒有別的選擇。他相信自己可以辦到，雖然上次當他手上有鉅款時，把那些錢放在背包裡，在停車場搞丟了。

穆赫塔的父母為他在葉門的努力感到驕傲，但不希望他回去。他回來時瘦了十一公斤，臉色蒼白、雙眼深陷。瘧疾和條蟲（或任何怪病）破壞了他的身體，他們擔心他的健康，但更擔心的是，胡塞叛軍幾週前（九月二十一日）占領了沙那，葉門可能陷入內戰。

然而，穆赫塔還是買了機票。收成季即將來臨，現在他可以採購咖啡了。他非得去買咖啡不可——他的投資者寄望他這麼做，皇家廣場也在等他。現在的問題只剩他需要通過咖啡品鑑師的測試，這樣一來，他就能以史上第一位阿拉伯裔咖啡品鑑師的身分回到葉門。這很簡單！

其實一點也不簡單。他又考了一次，這次依然是喬蒂當主考官，測試內容跟上次一樣困難。但因為上次他差點就通過測試了，再加上這次他已經接觸過咖啡園，又肩負著命運和真主阿拉賦予他的使命，他過關了。

二〇一四年九月，穆赫塔成為世上第一個阿拉伯裔的阿拉比卡咖啡品鑑師。十月，他回到葉門，回到黑瑪區。他想去造訪馬利克，那個坐在咖啡樹下的人。得分最高的咖啡就是他種的，他的咖啡讓穆赫塔的夢想得以起飛。

穆赫塔想像自己先飛到紐約，再飛到倫敦，最後飛抵沙那，然後開車到黑瑪區，穿過未曾經過歲月洗禮的山谷，再次見到馬利克坐在咖啡樹下，並告訴他好消息：你的咖啡是世界上最頂級的咖啡。

第二十五章　無政府的國家

孩子拿著ＡＫ－47步槍——這是前所未有的新狀況。二〇一四年十月二十七日，穆赫塔飛抵沙那，看到機場及通往首都的路上到處都是軍事單位、安全部隊、胡塞叛軍或偽胡塞叛軍的烏合之眾。

一小群鄉巴佬是如何占領這個國家的？穆赫塔這輩子幾乎都住在加州，所以他很自然地推想：那彷彿俄勒岡州邊境附近某個幾乎不為人知的民兵組織南下，橫掃加州的沙加緬度、舊金山、洛杉磯，而且沒遇到任何明顯的反抗。本來葉門由哈迪總統領導，突然間變成他已經逃亡，這個來自北方的胡塞叛軍之前對葉門的政治幾乎沒有實質的影響，現在卻突然控制了局面。

九月，胡塞叛軍占領了首都大部分的地區。他們在途中誘使多數的葉門軍隊投降或與他們合謀。由於葉門軍隊缺乏由上而下的指揮，是由軍官掌控的，他們之中又很少人效忠哈迪總統，所以胡塞叛軍攻占首都的過程幾乎不受阻礙。胡塞叛軍賄賂了一些指揮官，那些效忠沙雷的指揮官放水讓他們挺進首都。於是，首都就淪陷了。

穆赫塔步行穿過機場時，隨處可見胡塞叛軍。他們全副武裝，但穿著傳統服裝，戴著頭巾、配著匕首。他們與機場原有的安檢人員詭異地共存一地。穆赫塔搭上計程車，幾分鐘後就來到一個胡塞叛軍掌控的檢查站，又或者，他們只是打扮成胡塞分子。他們只是孩子，看起來還不滿十三歲，其中一人看起來才十歲。

他們示意計程車司機停車，司機照做了。緊接著，穆赫塔目睹了一場奇怪的默劇上演。那些孩子假裝成男人和士兵，司機則假裝他沒注意到或不在乎那些士兵其實是孩子。孩子要求司機出示證件及告知目的地，經過粗略的檢查後，他們就讓他通行。

胡塞叛軍的特別之處，在於他們很有禮貌。穆赫塔在回葉門之前，就曾經聽過葉門的朋友這麼說。現在他在機場親眼目睹了這個現象；在剛到葉門的這幾天，他也一再看到同樣的情景。胡塞叛軍講起話來彬彬有禮，整體來說，他們比一般的有關當局更專業、更體貼，更有效率，也更殷勤。

計程車進城的途中，被更多的檢查站攔下來。有些檢查站是由葉門的警察把守，有些檢查站是由胡塞叛軍把守。自始至終，穆赫塔都希望他們不要搜查這輛車，也不要搜查他。他身上帶著一萬美元，萬一被搜到的話，一定會化為烏有。投資人先借給他這筆現金，等他達到之前協議的條件時，才會挹注額外的資金。目前，穆赫塔很慶幸自己身上沒帶太多的紙鈔。萬一他身帶鉅款的消息傳開了，胡塞叛軍或小偷可能會對他太感興趣。對他和個人安全來說——以及在部族地區做生意的能力來說——最重要的是，要持續讓大家對他不感興趣。

他想做的生意不是那麼複雜。他只需要造訪那些得分最高的咖啡園，幫他們確保兩個月後的收成期受到良好的監控，確保他們只摘採最熟的咖啡果實。接著，他必須採購約一萬八千公斤曬乾的咖啡果實，裝滿一整個貨櫃。他沒有本錢預付訂金，只能請他們先捨棄平常往來的買家，寄望這個來自舊金山的二十六歲青年日後從不具名的投資者取得數十萬美元的資金。

接著，他必須把那些咖啡果實運到沙那，在那裡去皮及分類。但首先，他必須找到或承租一個處理廠。如果一切按計畫順利進行的話——亦即買到咖啡果實，承租或買下一個處理廠，並把咖啡果實送去處理及分類——他必須想辦法把十八噸的咖啡運出葉門，而且是在內戰期間又碰到胡塞叛軍掌控大部分港口的情況下。

這應該沒那麼複雜吧。

❖

這次來到叔叔家，穆赫塔已經脫胎換骨，簡直像換了一個人似的。他們知道他獲得了金援（至少理論上是如此），也通過咖啡品鑑師的檢定，他們知道那個資格在咖啡界意義重大，所以這次他們迎接他的到訪時，多了幾分敬意。他不再是學生，也不再是宣稱要創業的年輕人。

他是真的來葉門採購咖啡、處理咖啡、儲存咖啡，然後拿到國際市場上銷售。這次他回來葉門，身分已然不同凡響。

不過，他還是睡在地板上，沒別的地方可去。

他和努里丁聊到胡塞叛軍，聊到九月某天沙那本來還是由哈迪總統掌控，但隔天突然變成胡塞叛軍掌控，不過葉門的生活並未受到太多的干擾，大家還是照常過日子。叛軍入侵首都那天，銀行和企業照常營業，翌日也照常營業。他們聊到胡塞叛軍萬一對穆赫塔的工作造成影響，那會是什麼影響。最後他們得到的結論是，叛軍的影響微乎其微。

但現在他將以「美國出口商」的身分在葉門穿梭，攜帶大量的現金，前往部族掌控的農村地區。為此，他必須好好思量。他和努里丁仔細思考後，覺得他像往常一樣需要一位司機，但這位司機必須有充分的武裝。在葉門的某些地區，他還需要再多找一位保鏢，那個保鏢必須配有AK-47步槍。穆赫塔打算自己也配戴西格紹爾手槍，他在葉門各地穿梭時，本來就會隨身配戴那把槍，但現在他會加帶幾顆手榴彈。（在葉門，配戴手榴彈主要是為了達到警示效果。男人把手榴彈配戴在胸前的背心上，以表示他們願意為了達到合理的結論而一爭高下。）所以，每次上路，車上至少要有三把槍。如果他們需要運送咖啡，那需要好幾輛卡車，每輛卡車都要搭配一位武裝護衛。

❖

穆赫塔抵達葉門的第二天，就和努里丁去了黑瑪區。車子開到阿布阿斯卡加油站時，他們像往常一樣右轉，接著開下山谷。

在阿瑪爾合作社，穆赫塔走下卡車，跟認識的每位農民打招呼。他們唱起歌來，跟穆赫塔握手及擁抱，但穆赫塔想找馬利克，那個坐在樹下的人。他在公社裡看到馬利克和三個人坐在一起。穆赫塔彎下腰，雙手捧著馬利克的頭，在他的額頭上親了一下。

「你的咖啡是全世界最好的。」穆赫塔說。

馬利克點點頭，不發一語。

「謝謝。」穆赫塔說。看到馬利克沉默不語，他覺得有必要詳細說明。他告訴馬利克，他把咖啡帶回舊金山，接著加以清洗、分類、烘焙、進行杯測，結果創下葉門咖啡的最高分紀錄。

馬利克微笑地點點頭。

「謝謝。」穆赫塔再次致謝，並告訴馬利克，從現在起，他將以之前五倍的價格收購馬利克的所有咖啡。馬利克栽種咖啡及摘採咖啡的方式，將成為合作社每位會員的榜樣。他們將一起轉變黑瑪谷，最終也轉變葉門的所有咖啡。

馬利克點點頭，持續微笑。

穆赫塔意味深長地把手放在馬利克的肩上，接著就走開了。他差點笑出來，馬利克要嘛是一個異常堅忍又冷靜的人，不然就是他早料到這個消息了。也許對他來說，這只是確認一個顯而意見的事實罷了。

穆赫塔在阿瑪爾合作社待了一天，穿梭在咖啡園間，跟農民討論枝葉修剪及下次收成。他告訴那些咖啡農，他取得了咖啡品鑑師的資格。他們跟著他穿梭在咖啡樹之間，在梯地間爬上爬下。馬利克的咖啡獲得肯定的消息，迅速傳遍了整個合作社。在那個消息的鼓舞下，他們覺得穆赫塔真的可能帶來改變。

一整天下來，他們以各種不同的方式暗示，之前他們並無意冒犯他。上次他首度來訪時，穿著美國的服裝，連咖啡樹和橄欖樹都分不清楚，他們一直抱持懷疑的態度。

❖

穆赫塔從未去過衣索比亞。他和每一位前往葉門旅行的人一樣，曾經去過阿迪斯阿貝巴（Addis Ababa）*機場，但從未踏出那座城市。這次考察是由小型微觀經濟促進服務協會（Small Microeconomic Promotion Service, SMEPS）主辦的，SMEPS是一個世界銀行資助的非政府組織，目的是為了幫葉門各地的小事業改善經濟機會。這次考察中，他們帶了十六位葉門的小型咖啡農去參觀衣索比亞經營有成的咖啡園，讓他們觀摩最佳實務作法，獲得一些啟

---

* 譯註：位於衣索比亞的首都。

發。穆赫塔認識SMEPS的董事阿卜杜·阿加紮利（Abdo Alghazali），當初是阿加紮利邀請他加入這趟旅程。二〇一五年十月三十一日，他們一起飛去阿迪斯阿貝巴機場，那是很短暫的航程，只要飛過紅海就到了。

對多數的葉門咖啡農來說，那是他們第一次出國，當然也是他們第一次來到衣索比亞。他們挑了哈勒爾（Harar）附近的一個地區，以觀摩當地如何大規模地栽種、收成、處理精品咖啡。從阿迪斯阿貝巴開車到哈勒爾約八個小時，途中穿過無數個小鎮，景色美不勝收——衣索比亞是綠色的，沿途的一切都是綠色的。衣索比亞就像葉門一樣，是個遭到世界各國誤解很深的國家。西方國家想到衣索比亞時，馬上聯想到貧窮和饑荒，沙漠中餓到骨瘦如柴的嬰兒。但穆赫塔眼中的衣索比亞是個熙熙攘攘的東非國家，有城市、農場和湖泊，有受過良好教育的中產階級而且為數眾多，有活躍的媒體，還有媲美奈洛比和約翰尼斯堡的首都阿迪斯阿貝巴。

但他們不是待在阿迪斯阿貝巴，只是經過那裡，直接前往咖啡的誕生地哈勒爾。傳說中牧羊人卡爾迪就是在哈勒爾的山坡上第一次注意到他的羊群不睡覺，精力旺盛地蹦跳，所以他跟著那些羊品嘗了咖啡果實。衣索比亞的這一區名叫耶加雪菲（Yirgacheffe），廣闊的山坡農場受惠於充足的季節性降雨，仍栽種著咖啡。

不過，哈勒爾是獨一無二的。這個古城內有幾座該國最古老的清真寺，城內幾乎沒有現代建築。在衣索比亞中，這裡是最像葉門的城市，阿拉伯商人來這裡已有上千年的歷史，而且他們對這裡的文化仍有很大的影響力。哈勒爾也是法國詩人亞瑟·韓波（Arthur Rimbaud）的第二個故鄉，他對超現實主義有重要的影響，自我放逐於這座城市的高處，住在一間搖搖欲墜的房子裡。他有毒癮，有時也走私軍火，亦曾短暫出口咖啡。一八九一年他人在法國，正打算返回非洲，但不幸病逝，得年三十七歲。

❖

衣索比亞經營精品咖啡的方式讓人大開眼界。一直以來，穆赫塔持續向葉門的咖啡農宣傳衣索比亞的作法和標準，如今來到衣索比亞，葉門的農民終於可以親眼目睹實務作法。以前穆赫塔曾讓葉門的農民看一大片鮮紅的咖啡果實鋪在平臺上曬乾的照片，如果他們以前不相信的話，現在他們親眼目睹之後，就知道那是可以辦到的。

而且，不需要大量資金和先進技術就能辦到。衣索比亞人摘採果實的方法和葉門人一樣，他們也是手工摘採，但更加細心，而且他們在整個生產流程中使用比較精確的方法。衣索比亞的生產流程中，對葉門的咖啡農唯一沒有影響的步驟是水洗處理。衣索比亞人用大量的水來清洗咖啡豆。當地的咖啡園大多是位於河流附近，衣索比亞人會把河水改道，用河水來清洗咖啡，接著再讓洗過的水重返水系統。

但那些洗過的水無法飲用，又摻了咖啡果實的甜分，那會改變廢水流入的河流、小溪或地下水的化學成分。在關注水資源運用，而且淡水供應日益減少的世界裡，淡水的成本持續提升。長期來看，咖啡處理流程使用那麼多水，在政治或財務上都是難以永續的。

一些衣索比亞的咖啡農已經開始實驗日曬處理法。至於葉門，穆赫塔知道他們別無選擇。葉門的咖啡農不知道其他的方法，也難以獲得水洗處理所需要的水量。所以，打從一開始，日曬處理就是葉門咖啡的唯一作法。那是葉門咖啡豆的優勢，也是劣勢。傳統的日曬處理法可以保留特殊的風味，把咖啡豆最狂野、最大膽的特色帶出來。但是，日曬處理不當會導致品質極其不穩，頂多只能產出一般商品級的咖啡。

❖

在衣索比亞，穆赫塔看到一大片架高的平臺上鋪滿了鮮紅的咖啡果實。他看到小型咖啡園有自己的品種標示，而且咖啡園直接把咖啡寄給歐洲和日本的烘豆商。他看到直接交易的效應：烘豆商告訴咖啡農他們需要什麼，咖啡農也知道如何滿足那些需求。這是一種美好的共生關係，剔除了中間層層剝削的掮客和高利貸者，那些中介者只會榨取生產者的利潤。

穆赫塔飛回葉門後，希望與哈馬迪及阿瑪爾合作社分享實地考察的見聞。他打了好幾天的電話，卻沒人接，最後哈馬迪終於接了電話。

「抱歉。」他說：「村裡有人過世了。」

「誰呢？」穆赫塔問道。

「馬利克。」哈馬迪說：「你離開那晚，他過世了。」

穆赫塔無法理解這是怎麼回事。

「他很老了。」哈馬迪說。

❖

穆赫塔去黑瑪區追悼馬利克，看到馬利克的遺孀瓦爾達（Warda）坐在她家的樓上。一陣涼風從敞開的窗戶吹進屋內，屋頂上鋪曬著紅色的咖啡果實。穆赫塔對瓦爾達傳達哀戚之情。瓦爾達像她的丈夫一樣，靜默不語，難以解讀。她跟馬利克一樣嬌小，身高不到一五二公分。

「我會照顧妳的。」穆赫塔說。他告訴她，他們的咖啡對他有多重要，他會永遠支持她。她似乎聽不懂他在說什麼。穆赫塔從她的眼神看出了疑惑：她結褵五十年的丈夫幾天前過世了，現在來了一個素未謀面的美國人，竟然承諾要照顧她。

穆赫塔見了她的兒子阿赫麥（Ahmed），他們談到了未來，但穆赫塔的心裡充滿了矛盾。他的事業能否延續，某種程度上要靠馬利克和瓦爾達的咖啡園持續產出優質咖啡的能力。如今少了馬利克，他們的咖啡品質能否維持一個月前的高分，似乎值得懷疑。

❖

「將軍想見你。」有人對穆赫塔傳遞了這個訊息，所以他來到將軍的咖啡園。打從一開始，將軍看到穆赫塔一身華服及城市裝扮，就對他抱持很大的疑慮。但是經過上次的射擊比賽後，將軍對他的態度已經軟化了。

現在他們兩人單獨坐下來，嚼著咖特草。穆赫塔向他展示他在衣索比亞拍的照片、鮮紅色的咖啡果實及日曬平臺，將軍仔細端詳那些照片。咀嚼咖特草使將軍的心情大好，他開始談起自己在軍中的經歷，他也想知道穆赫塔是如何學會射擊的。穆赫塔告訴他實情，他說他在貝克斯菲爾德跟兩個舅舅學的；在伊卜時，也跟祖父學過。他提到舅舅拉菲克曾是奧克蘭的警察，在警官學校曾是神槍手。然而，不知怎的，接下來那幾週，這個故事不斷地演變，從將軍的口中流傳出去，到最後全村子的人都以為穆赫塔是加州最好的神槍手，是特種部隊的士兵訓練出來的。

將軍承諾致力參與穆赫塔的事業，也承諾在黑瑪區打造第一個日曬平臺。幾週後，他做到了。衣索比亞的日曬平臺是用鋁合金焊接而成，但除此之外，將軍自製的日曬平臺看起來一模一樣。那個平臺看起來很大，也很扎實，可以鋪曬一萬顆咖啡果實（他收成量的大部分）。他光看穆赫塔手機裡的照片，就用當地的木材自己打造出平臺。

❖

胡貝席不常打電話給穆赫塔，通常是穆赫塔打給他。

「我可以給你二十噸的咖啡果實。」胡貝席說，「我們照你的要求摘採的，全部都是紅的。」

穆赫塔對此感到懷疑，畢竟胡貝席快八十歲了，又經銷了劣質咖啡五十年。穆赫塔曾經針對精品咖啡的標準給予他一些指導，但沒有指望他老人家達到標準，甚至不指望他嘗試。現在他卻說他有二十噸的精品咖啡。

翌日，穆赫塔去找他，發現他所言不虛。胡貝席的勞工確實只摘採鮮紅色的咖啡果實，而且把不同的品種分開了。他們照著穆赫塔之前的指導，把咖啡裝袋，並貼上標籤。那些咖啡主要來自三處：伊卜省的胡瓦谷（Huwaar Valley）、烏丹地區的羅瓦村（Rawaat）、天堂谷（Wadi al-Jannat）。總計有二十噸，遠遠超出阿瑪爾合作社的產量。

如果胡貝席的咖啡杯測結果很好，而且穆赫塔又有足夠的錢收購的話，他就有足夠的精品咖啡（一萬八千公斤）可以裝滿一個貨櫃。

❖

穆赫塔穿越伊卜谷時，隨行的人員愈來愈多。除了努里丁一直跟在身邊以外，現在阿瑪爾合作社的哈馬迪也經常跟著，還有幾位農民也會輪流出現。穆赫塔已經說服那些農民加入他的改革運動，其中又以將軍最為投入。他喜歡去觀摩其他的咖啡園，他的出現特別有助於說服其他的村莊和合作社採用穆赫塔的方法。

某天，在離黑瑪區一百六十公里的一個小村莊，他們一行人參觀了咖啡園，也吃了午飯。之後，約二十個當地的男子一起休息，咀嚼咖特草。穆赫塔可能是嚼了咖特草，壯了膽，不僅暢談農民可以、也應該改進他們的栽種方式，他也提到他們目前是如何遭到高利貸業者的剝削，甚至奴役。

「那些人占了你們的便宜。」他大聲說，「你們的賣價太低了，改賣給我吧。這樣一來，你們就可以擺脫那些惡人了，以後就自由了，就這麼簡單。你們不再永遠虧欠那些高利貸的傢伙。」

穆赫塔每次對一群農民談話時，一定會先瞭解屋內的重要參與者、合作社的負責人，以及掌握控制權的長者。但這次他一時疏忽，沒注意到坐他旁邊的那個人（戴著格子頭巾，背心裡塞了破舊紙鈔和現金）就是放高利貸的掮客，掌控了當地所有農民的生計。

那個人站起來，轉向穆赫塔說：「你怎麼會來這裡跟這些人胡扯這些鬼話呢？」他瞇起眼睛看著穆赫塔。

「幾年前，一個像你一樣的人來到這裡。他來自沙烏地阿拉伯，也做了同樣的承諾，結果下場不太好。」

穆赫塔聽懂了他的意思：這個人威脅要殺他。他慢慢伸手去拿藏在紗籠裡的西格紹爾手槍。他沒有開槍的意圖，但他覺得他可能需要那把槍，才能活著離開那個村莊。他無法判斷當時房間裡的氣氛：他們究竟是站在高利貸業者那邊，還是站在穆赫塔那邊？

房間的對面，另一個男人站了起來。穆赫塔戴上眼鏡，仔細看那個人是誰。原來是將軍，他的眼裡充滿了憤怒。他從外套上摘下一顆手榴彈，高高地舉到頭頂上，一邊邁出大步，穿過房間，走向穆赫塔，接著又走向那個高利貸業者。他站在穆赫塔和高利貸業者之間，手榴彈幾乎碰到那名男子顫抖的臉。

「你要是礙到穆赫塔，」將軍低聲說，「我就唯你是問。」

高利貸業者勉強地撐起微笑，坐了下來。

第二十六章　把錢放在手裡，而不是心裡

穆赫塔收購了咖啡果實，但沒有地方進行加工處理。他唯一知道的處理廠是由阿拉分．薩菲爾（Arafin Zafir）經營的。穆赫塔幾個月前見過他，知道他的名聲。薩菲爾是印尼人，阿拉伯語不流利，但他告訴亞洲和歐洲的買家，他是葉門人。葉門有成千上萬名移民，他們多多少少都已經同化了，但穆赫塔對薩菲爾的經營方式感到懷疑。而且，他是在造紙廠內處理咖啡，所以他的咖啡根本不合格。在那裡處理的咖啡總是帶有隱約的紙漿味。

但目前穆赫塔別無選擇。SMEPS的董事阿加紮利叫穆赫塔不要和安德魯．尼寇森合作，尼寇森是另一個在沙那開處理廠的人。至於迴避尼寇森的理由（尼寇森的大名曾出現在穆赫塔最初做的SWOT分析圖上），阿加紮利對此含糊其詞，但態度十分堅定。將來也許穆赫塔會有自己的處理廠，但目前他只能兩害相權取其輕，那就是選薩菲爾。他帶著胡貝席給他的

三個品種去了沙那。

在薩菲爾的工廠中，穆赫塔必須和負責日常運作的蘇哈（Suha）爭辯。穆赫塔把胡貝席的咖啡樣本交給她，然後下單要求她把咖啡果實去皮及分類。蘇哈向來傲慢無禮，穆赫塔和她對話時，他看到分揀員在崗位上——約二十名婦女坐在木桌邊，咖啡在她們的面前分成兩堆。那些分揀員沉默不語，也不准聽音樂，穆赫塔為她們感到難過。隔週，他又去了處理廠三次。每次去，他都覺得那些婦女很可憐，每次去，都發現他的樣本尚未處理完畢。

蘇哈扯了一堆藉口，但穆赫塔快沒時間了。他必須趕快處理那些樣本，以便烘焙豆子，進行杯測，然後把樣本寄給當時在衣索比亞的布特。但蘇哈一拖再拖，某天穆赫塔當著那二十個沉默的分揀員面前發了脾氣。

他吼道：「既然妳無法經營這個處理廠，妳應該把它賣給我！」

穆赫塔也不知道自己為什麼會那麼說，他根本沒有錢買處理廠。但有時他會像有錢的葉門裔美國人那樣，穿上華服，因為他知道那些勞工不會知道他是不是打腫臉充胖子。分揀員聽到他大吼時，暫時抬起頭來，不久又低頭繼續工作。但蘇哈一離開房間，一位約莫三十歲、未帶面罩的分揀員走向他。

她用英語說：「如果你要買下這個處理廠，請帶我一起走。」

她的眼神堅定，穆赫塔嚇了一跳。處理廠出現一個會說英語的咖啡分揀員，這本身已經出乎意料了。況且，她還敢在其他分揀員的面前跟他說話，實在是勇氣過人。

「我會的。」他用英語說，「妳叫什麼名字？」

「艾瑪爾（Amal）。」她說。

「我們可以在哪裡談？」

他們約好翌日在咖啡館見面。

他們見面時，她告訴穆赫塔，薩菲爾的處理廠狀況很糟，不僅工時長、薪水低，而且很少準時交貨。工廠不准她們說話、唱歌、播放音樂。其中一名婦女在懷孕初期工作，後來不幸流產生病，慘遭解雇。穆赫塔想起豐園區的祖母，她講過許多發生在中央谷地農場工人身上的故事，他們常遭到不公不義的對待。祖母的憤恨不平令他感同身受。

「如果你建立自己的處理廠，我會跟著你，我也會把其餘的女工都找來。」艾瑪爾說。

❖

後續兩天，薩菲爾的女工分揀完成穆赫塔的樣本，他連忙把樣本寄給當時待在阿迪斯的布特。他去了沙那的DHL快遞中心，他知道葉門的快遞業有刻意添加重量的陋習，沒想到被他遇到了。他反覆秤量那三批樣本，知道那三批樣本的總重量是三公斤。但DHL的工作人員說總重量是四．二公斤，要求加收一百美元。

「拜託，」穆赫塔說，「別這樣，我知道總重是三公斤。」

店員又秤了包裹一遍，數位顯示器依然顯示四．二公斤。穆赫塔檢查店員的手是否放在磅秤上，但他看到那個人的手貼在身邊。穆赫塔在葉門目睹過幾十次類似的小詐騙，但這次的詐騙伎倆令他刮目相看。他心想，那個職員應該是偷改了磅秤吧。

穆赫塔把包裹從秤上拿下來，再放回去，磅秤依然顯示四．二公斤。這下子，他可好奇了。他打開包裹，再打開裡面的三袋豆子。第一個看起來沒有異狀，第二袋也沒有，但是他打開第三袋時，看到裡面有個閃亮黑色的東西，看起來像西格紹爾手槍，是**他自己的**西格紹爾手槍。他急著寄送樣本時，把手槍扔進其中一袋，差點就把上了膛的武器寄到衣索比亞。

❖

布特為那些樣本做了杯測，發現其中兩袋的品質很好。胡瓦谷的樣本得分是八十八．七五，烏丹的樣本得分是八十九．五。天堂谷的樣本因發酵過度，變成次級品。

但沒關係，由於胡貝席按照穆赫塔的指導來挑揀咖啡果實，現在他有十噸來自胡瓦谷及七噸來自烏丹的優質咖啡豆。穆赫塔知道他可以把一萬八千公斤的乾燥咖啡全買下來，總價約二十萬美元。在布特的協助下，把一整個貨櫃的咖啡賣給歐美日精品咖啡的零售商並不難。胡貝席已經有卡車和司機，知道如何在葉門各地運送咖啡。現在穆赫塔需要做的，是付錢買下咖啡，然後進行處理和分類。

他打電話給投資者，心想他們聽到咖啡得高分時，應該會很高興，而且他也馬上補充提到，供應量無虞。沒想到，投資人竟然不為所動。他們說，他們擔心葉門的安全局勢，葉門似乎即將爆發內戰。

「所以呢？」胡貝席問穆赫塔。他每天都會打電話來問

「現在就等資金到位了。」穆赫塔撒了謊。「任何一天都可能收到資金。」

每天早上，穆赫塔都會打電話給投資者，懇求他們投資他打算在葉門創立的新事業。每天胡貝席也會打電話給他，問他要不要買下他承諾採購的咖啡。胡貝席的態度很溫和，但隨著時間慢慢流逝，穆赫塔知道他會逐漸失去那些咖啡，一次可能流失一噸。胡貝席需要付錢給咖啡農和合作社，所以他先賣掉五噸的烏丹咖啡，之後又賣掉五噸的胡瓦谷咖啡。眼看著咖啡豆消失，穆赫塔不禁陷入絕望。

為了表達善意，胡貝席給了他五噸的烏丹咖啡，收下一萬美元，其餘的費用（約十萬美元）先欠著。這不是問題，穆赫塔確信他最終可以說服那些投資者買下那些咖啡，但目前需要解決的問題是：那五噸咖啡要放在哪裡。

穆赫塔沒有倉庫，也沒有處理廠。有鑑於薩菲爾處理廠的工作環境堪慮，他不想把咖啡送去那裡處理。但他在沙那唯一知道的另一家處理廠是尼寇森經營的「瑞洋」。尼寇森是穆赫塔研究葉門咖啡時，第一個找到的美國人。在別無選擇下，他顧不了阿加紮利的警告了，因為胡貝席需要出清咖啡，穆赫塔也需要一個地方來處理那些咖啡。

第二十七章 美國人

穆赫塔抵達尼寇森的處理廠時，尼寇森的得力助手阿里·哈吉里（Ali al-Hajry）對空鳴槍，現場氣氛熱絡。穆赫塔向哈吉里和尼寇森打招呼，進入屋內，沒想到那裡的氣氛竟然和穆赫塔原先預料的完全相反。那裡的工人看起來都很滿意，也很友善。分揀員一邊工作，一邊哼歌。穆赫塔立刻明白，阿加紮利之所以要隔離他和尼寇森，不是因為尼寇森是個不擇手段的經營者，而是因為他知道要是穆赫塔和尼寇森相處融洽的話，兩人合作起來將勢不可擋。

尼寇森講阿拉伯語時，帶有沙那特有的腔調。一時間，穆赫塔和尼寇森無法決定他們該用哪種語言溝通，究竟是說葉門阿拉伯語呢，還是美式英語。後來他們決定說美語，穆赫塔聽出尼寇森的美語帶有美國東南部的拖腔。聽一個留著葉門鬍子、腰間插著葉門匕首的人講那種美語，感覺不太協調，甚至有點滑稽。尼寇森的穿著打扮和穆赫塔一樣道地。

但尼寇森其實是在路易斯安那州的農村成長，以前打棒球，與高中的女友珍妮佛結婚，大學讀工程系，後來做業務員。他的事業很成功，但內心浮躁不安，所以他決定重返校園，學習護理。幾年後，他在休士頓的一家醫院擔任護理師，與來自穆斯林和阿拉伯語世界的醫生及其他的專業人士共事，因此開始對這個世界產生興趣。那是九一一恐怖攻擊以後的事了，或許是因為他想反抗小時候在路易斯安州看到及聽到的一些偏見，他開始對來自埃及和約旦的同事產生興趣。即使不為別的原因，他也想讓他們知道他們是受歡迎的。

不久，尼寇森和妻子就決定搬到葉門學阿拉伯語。當時他們二十幾歲，沒什麼家累或包袱。他們沒有房子，剛剛生下第一個孩子。他們搬到沙那時，女兒才九個月大。對他們來說，只有在那個人生的解放階段才有可能做那樣的冒險。他們在沙那待了十八個月後，結交了朋友，學會流利的葉門阿拉伯語，便搬回休士頓。尼寇森在休士頓開始擔任顧問，為那些在阿拉伯世界營運的公司提供諮詢服務。

尼寇森的朋友西恩・馬歇爾（Sean Marshall）在休士頓開了一家咖啡館，他介紹尼寇森認識第三波的精品咖啡。某天他們談論咖啡、咖啡的起源和市場狀況，馬歇爾說：「你回葉門拿點樣本回來吧，或許你可以出口葉門咖啡，你覺得如何？」

尼寇森對這個提議一笑置之，但隔天他覺得這個提議似乎很有道理。他和妻子討論了一番，六個月後，他們搬回沙那。起初，他們是住在朋友家，每週尼寇森都會開車上山去參觀咖啡園，收集資訊。他帶著樣本回首都，卻發現葉門沒有人以正確的方式處理咖啡果實。他也沒有意願自己建立處理廠，但是沒有處理廠的話，就沒有生意做。所以，他與馬歇爾及另一位夥伴合作，擴大營運範圍。他們找咖啡農合作，把豆子運到沙那，處理之後再出口。公司的名稱是瑞洋。

由於投資的規模很大，瑞洋第一年和第二年沒有盈利。尼寇森找不到可靠的員工，但他找到了得力助手哈吉里。後來哈吉里變成處理廠的副廠長。尼寇森雇用的其他人都會偷他的東西，他只好向哈吉里求助，哈吉里去找他的母親，他的母親回到自己的村莊（離沙那約二十分鐘的車程）把徵才消息散播出去：他們想找不會偷竊的員工。幾週後，哈吉里的母親就幫瑞洋公司填滿了職缺。她認識每一位跟她的兒子共事的人，她的兒子又是和美國人共事，所以員工都知道他們的生計有保障。

二〇一一年阿拉伯之春期間，瑞洋開始營運，但街頭亂象並未削減這家公司早期的成功。大家想喝葉門咖啡，所以尼寇森出口的地方遍及日本、中國、歐洲和北美。葉門的動亂偶爾會給他們的營運帶來不便，但是從哈迪總統上臺到下臺以及後來胡塞叛軍的崛起，這段期間瑞洋仍持續運作。這些動盪都是在沙那經營出口業務時會意料到的事。

❖

穆赫塔和尼寇森協議，雙方以夥伴關係合作，不做彼此的競爭對手。穆赫塔會去內地尋找高級咖啡，尼寇森則留在沙那附近，專門出口價格比較實惠的咖啡。瑞洋會幫穆赫塔處理咖啡豆，但不會幫他分類，因為他已經沒有額外的空間和工作人員做那些事情了。

穆赫塔的叔叔家樓下原本開了一家雜貨店，最近那家店收起來了，騰出了空間。穆赫塔認為那是個方便的地點，但努里丁對此感到懷疑。那個地點確實很方便，但是上次那裡開店時，有人看到裡面有小惡魔。

事情是發生在幾個月前。中午，有人看到一個十三歲的小孩站在店門口，手裡握著一把刀，翻白眼，口中唸唸有詞。沒有人能跟他講道理，最後大家一致認為他被邪靈附身了。有人把那個男孩帶去看沙那的驅魔師，驅魔師推斷男孩的體內確實有個惡魔，那個惡魔愛上了那個孩子。由於店面沾染了惡魔的邪氣，那家雜貨店才會關門搬走。努里丁把實情一五一十地告訴穆赫塔。

「我們講的是一樓的店面，對吧？」穆赫塔再次確認。他進去那家店上百次了，曾在那裡買過電話卡。穆赫塔才不相信那個孩子是被惡魔附身，更不相信那個店面沾染了邪氣。不過，邪氣的傳言導致店面清空、店租下降，他索性租下了那個地方。

「但是別讓分揀員知道那件事情。」努里丁警告。

葉門人很迷信，只要一個分揀員被小惡魔的故事嚇到，剩下的分揀員就有足夠的動機，繼續待在薩菲爾那個沒有邪氣的工廠，所以穆赫塔什麼也沒說。

❖

他不僅租下那個地方，也租下兩個相鄰的店面，並打通那幾個店面的隔牆。他用沙發、咖啡桌、地毯打造出一個休息區，並支付艾瑪爾和其他分揀員加倍的薪水。二〇一五年二月的某天，十六名分揀員離開薩菲爾的工廠，投奔穆赫塔。

穆赫塔很慎重其事，他從來沒雇用過任何人，但是他的朋友在先進的加州企業上班，他從他們那裡學到一些概念。對於迎新活動，他有一套想法。他準備了咖啡、果汁和蛋糕，把那十六個女人找來，圍坐成一圈。她們都穿著尼卡布（niqab）*，他只能看見她們的眼睛。

穆赫塔說：「我想認識妳們每個人。」他從那些女人的眼神可以看出，那是極不尋常的要求。「我們順著圓圈，逐一自我介紹吧。請告訴我妳的名字，來自哪裡。另外，為了活絡氣氛，妳可以告訴我一種代表妳的食物，以及為什麼。」

她們聽不懂他的意思。為什麼她們會是一種食物？為什麼雇主會想知道這種事情？他花了二十分鐘解釋這個概念。最後，他終於讓其中一名女士開口。她說，如果她是一種食物的話，她會是青蘋果。她名叫歐姆．利雅德（Um Riyadh），意思是「利雅德的母親」。她是那群婦女中年紀最大的，穆赫塔看得出來，她比其他人大膽、坦率。

「為什麼是青蘋果？」穆赫塔問道。

---

* 譯註：穆斯林婦女在公共場所穿的服飾。

「青蘋果又甜又酸。」她說，「我也是。有時我比較甜美討喜，有時我比較尖酸苛刻，視心情而定。」

其他女人都笑了。

「很好，很好！」穆赫塔說。

但是輪到下一位女士時，她也說青蘋果代表她。之後，第三個女人也說了同樣的話，說她是青蘋果。看來，這些女性依然不理解這個概念，所以才會決定互相模仿，而不是冒險踏入未知領域。

但他確實記住了她們的名字和家鄉，而且他還可以說出每個地區的一些特質，這點令她們驚訝。她們原本以為穆赫塔不知道葉門一些比較不為人所知的地區，但是他造訪了全國三十二個咖啡產區後，對這片土地的瞭解已經不亞於任何本地人。

阿賀蘭（Ahlam）說她來自烏特瑪（Utmah）。

「我去過。」穆赫塔說，「那裡的芭樂好吃極了。」

利雅德說她來自巴尼伊斯梅爾。

「我去過。」穆赫塔說，「那裡有小猴子成群結隊地遊蕩。」

芭格達（Baghdad）說她來自黑瑪。

穆赫塔問她是來自內黑瑪，還是外黑瑪。她似乎不太相信穆赫塔瞭解黑瑪，說她是來自外黑瑪。

「瑪茨（Al-Mahjar）嗎？」他問道。

「再低一點。」她說。

「貝阿勒（Bait Alel）嗎？還是貝扎巴達尼（Bait al-Zabadani）？」他問道。

「快到了。」她說。

「阿桑（Al-Asaan）嗎？」他臆測。

「沒錯！」她說。

房間裡響起一陣歡呼聲。

穆赫塔打開筆記型電腦，向她們展示他走訪葉門各地的照片。她們擠在一起欣賞那些照片，嘖嘖稱奇，難以置信。她們不知道葉門竟然如此多元美麗。

幾個小時後，他大致上已經認識她們了，雖然他只看到她們的眼睛。在薩菲爾的處理廠中，分揀區是直接面向造紙廠，所以女工不得不整天穿著尼卡布，處於一種不舒服又不切實際的狀態，因為分揀工作很辛苦，現場又沒有空調。

穆赫塔決心解決這個問題。在繁忙的沙那社區裡經營公司，公司裡有十六名婦女，他不能讓路人看到她們沒穿尼卡布——他和其他人一樣，對葉門的風俗民情感到不耐，但他不能為了葉門婦女的傳統服裝而拿整個事業來冒險。目前妥協是必要的，他重新改變隔間，在屋內闢一個大房間，四邊圍起高牆，房間可以關上門並從裡面上鎖。分揀員可以掌控誰進入房間及何時進入，她們自己關在裡面時，可以脫下尼卡布，隨性地穿著及行動。

穆赫塔想起以前他在無限大樓擔任門衛時想要改變的政策。他想提供免費的早餐和午餐，免費的無線網路，上下班的通勤方式。他想讓她們五一勞動節放假，並提供一套音響系統，讓她們連接智慧型手機。

「工作的時候，妳們想做什麼就做什麼。」他告訴她們，「妳們是我的完美團隊。」他覺得自己很仁慈，心想在這個小空間裡，他們也許可以達到近似加州企業的經營方式——自由平等。

但最初幾天他訓練她們時，她們覺得很不自在。儘管他提供了音響設備，每次他經過她們的工作室時，只覺得現場一片寂靜。於是，他又另闢了一間客廳，裡面擺了沙發和一個祈禱區，但她們還是靜默無聲。

不過，經過一週以後，他開始聽到一些聲音。某天他要去瑞洋時，突然聽到重低音從分揀室傳出來。那些分揀員關上門並從裡面上鎖。穆赫塔站在門邊，聽出她們播放的歌曲。那是亞瑟小子（Usher）唱的〈Yeah!〉。

從那時起，每天分揀室都會傳出音樂。有時是傳統的葉門音樂，有時是凱蒂・佩芮（Katy Perry）的歌曲，她們特別喜歡她的〈Roar〉，常跟著唱起來。

「你們常駐我心。」他對她們說。

第一天他就對她們這麼說了。每次開會，每次他想提醒她們記得她們對他的重要性時，他都會這麼說。她們追隨他，冒了很大的風險，他不會忘記她們的付出。

「你們常駐我心。」他每天都這麼說。

「你常駐我心」是一句古老的葉門話，很難譯成其他的語言。那是你對關愛的人和朋友說的話，說的時候同時指著自己的臉。那是指你永遠不會忽視眼前的人，你永遠把他們擺在第一位。

第四部

第二十八章 混亂

二〇一四年十二月三十一日，就在先知穆罕默德誕辰紀念日的三天前，葉門全國各地都有慶祝活動。穆赫塔在伊卜的祖父家中醒來，打算去街角的健身房運動。他下樓吃早餐時，看到姑媽緊盯著電視。自殺炸彈客襲擊了伊卜，造成四十九人死亡，七十人受傷。

伊卜向來離這種暴力很遠，這是伊卜首度發生這種攻擊。穆赫塔心想：「開始了。」那天他必須去沙那，所以他馬上離開伊卜，開車北上。

他抵達叔叔家時，大家正急切地討論伊卜那些無辜百姓遭到轟炸的影響。即便是蓋達組織，也不會在葉門發動那種攻擊，他們通常是鎖定與西方國家有關的軍事目標，而不是葉門的百姓。

❖

一週後，穆赫塔又住進了叔叔家。某天用完早餐後，他決定去運動，最近的健身房是以阿諾・史瓦辛格命名的阿諾健身房。

他搭上計程車，在距離健身房幾個街區的地方，注意到一群人走進那個社區，他們大多是胡塞分子。他突然想到，健身房離警察局很近，今天又是警校招生日。胡塞叛軍的計畫之一，就是在警力中安插自己的成員。

穆赫塔付了車資，決定以步行的方式穿過幾個街區，走去阿諾健身房。他想瞭解一下現場發生什麼狀況，看看沙那市中心為什麼突然出現那麼多北方人。

不久，整個地面震動了起來。他跪倒在地，以為是地震。他摸了摸柏油路，預期摸到震動或餘震。他聽到尖叫聲，接著汽車的警報聲四起。他衝向警察局，看到正在燃燒的軀體。一個男人的身軀躺在地上，一個女人在尖叫，路上血跡斑斑。他環顧四周，看到數十具焦屍，心想那裡頭可能有他認識的人。

他猛然想起，叔叔的次子哈瑟姆（Hathem）是警校的學生。穆赫塔知道他那天在家，不可能在這群死者之中，但他從焦屍的身上似乎看到了哈瑟姆的臉。不久，記者趕到現場，他們開始攝影拍照。穆赫塔收起手機，他再也不想看到大屠殺了。接著，他萌生一個念頭：快跑！

他拚命地跑。他知道，一旦救援人員趕到現場搶救第一批傷者，恐怖分子往往會引爆第二枚炸彈。所以，穆赫塔跑了起來，周圍的人以為他看到了什麼，也跟著跑了起來。

回到叔叔家後，他什麼也沒說。努里丁知道情況不對勁，但穆赫塔不想讓家人擔心他看到的狀況，他們之後可以從電視上看到錄影。那起爆炸案造成三十八人死亡，六十人受傷，穆赫塔不想讓家人擔心。但私底下他想知道葉門究竟是怎麼回事，擔心這個國家將步上伊拉克的後塵——變成一個無法無天的國家，充滿宗派衝突、自殺式炸彈、綁架，永無寧日。

❖

穆赫塔竭盡所能地投入工作。每天他為分揀員打開處理廠並提供早餐，討論前一天的工作及當天需要做的事情。他持續訓練她們，觀察每個人並給予指導。

午餐過後，他會去尼寇森的處理廠嚼咖特草，談論事業和政治。他們不知道葉門發生的事情會不會對這個國家或他們的事業造成重大的影響。起初看來只是一般的政權轉移，而且前手和後手一樣無能。

一月七日，謝里夫（Chérif）和賽義德·寇瓦奇兄弟（Said Kouachi）進入嘲諷雜誌《查理週刊》（*Charlie Hebdo*）的巴黎辦公室，開槍射殺了十一人。他們離開現場的途中也開槍打死了一名警察。另一名男子阿米蒂·庫利巴利（Amedy Coulibaly）在巴黎南部的蒙魯日（Montrouge）槍殺了一名警察，並在一個猶太潔食市場中槍殺了四人。《查理週刊》因刊登描繪先知穆罕默德的諷刺漫畫而引發那些攻擊事件。攻擊事件發生後，全球各地掀起支持該雜誌及遇害作家、編輯和漫畫家的浪潮。一月十一日（週日），法國各地逾四百萬人上街遊行，以聲援受害者及言論自由的權利。

一月十四日，蓋達組織的葉門分支（正式名稱是「蓋達組織阿拉伯半島分支」）宣稱那些攻擊是他們幹的。

❖

葉門各大政治派系組成一個委員會，草擬了新憲法。但一月十八日，胡塞叛軍拒絕接受那套草案。翌日，他們占領國家電視臺，占領沙那所有的政府大樓。哈迪總統辭職以示抗議，幾週後他撤銷辭呈，但已經無效了，胡塞叛軍業已掌控了這個國家。

穆赫塔在美國的親友都為他擔心，但他覺得日常生活幾乎沒什麼變化。某晚睡前，葉門仍是由哈迪執政；隔天醒來，葉門已經沒有總統了。然而，機場依然開放，民航班機照常進出，銀行照常營運，超市、健身房、清真寺照常運作。計程車司機照常開車，沙那仍是沙那，只不過現在是由胡塞叛軍掌控罷了。平常工作的葉門人生活也沒有改變。穆赫塔每天下午還是待在尼寇森的處理廠，跟著哈吉里嚼咖特草，他們一起笑看那些逃離葉門的葉門裔美國人。

「現在沒有政府了。」穆赫塔說

「等等，你是說葉門以前有政府嗎？」尼寇森問道。

❖

二〇一五年二月十日，美國國務院宣布暫時關閉大使館。報導指出，大使館的人員已經離開沙那。翌日，葉門的美國大使館遂永久關閉。後來英國大使館也關了，美國和英國政府都敦促自己國家的人民立即離開葉門，但是當時美國政府還沒有從當地撤離美國公民的計畫。國務院指出，民航班機仍照常飛行，「只有在缺乏安全的民航替代方案下，政府才會協助疏散。」

幾天後，法國大使館也關了，他們在聲明中指出：「有鑑於最近的政治發展，為了安全考量，大使館請大家盡可能搭乘民航班機暫時離開葉門。大使館將於二〇一五年二月十三日週五起暫時關閉，擇期再開。」

西方國家關閉大使館一天或一週都不是罕見的事。美國大使館曾在二〇〇一年、二〇〇八年、二〇〇九年關閉。穆赫塔認為那是葉門生活的一部分。局勢升溫時，大使館關閉。幾週後，隨著一切恢復平靜，大使館又會重新開啟。

❖

尼寇森也留下來了。他們承諾讓彼此知道自己的最新計畫。在局勢變得難以維持，或者更明確地說，當他們無法繼續處理咖啡時，他們才會離開。

每天，穆赫塔總要花好幾個小時說服投資者出錢，以便買下他向胡貝席承諾收購的咖啡。距離當初的承諾已經過了兩個月，但投資者遲遲不肯匯款。隨著葉門的局勢持續惡化，他們把資金抓得愈來愈緊，不肯放行。

穆赫塔打電話徵詢蓋桑的看法，他也打電話給布特。胡貝席則是天天打電話問他：「我的錢在哪裡？」

到了三月，穆赫塔認識的葉門裔美國人都已經離開葉門了。他開始擔心尼寇森的安危，穆赫塔是龐大部族的成員，可以依靠部族的保護，但尼寇森沒有靠山。那段期間，標準和秩序不再可靠，任何外國人都可能變成綁架的目標。尼寇森的妻子珍妮佛待在室內很安全，但尼寇森在當地有點名氣，可能成為歹徒鎖定的目標。

三月二十日，自殺式炸彈客在沙那的兩座清真寺裡自我引爆。由於當時正值週五的祈禱時間，胡塞什葉派使用的清真寺擠滿了人潮。當時共有一百三十七名男女老幼罹難，三百多人受傷。這是葉門境內有史以來最嚴重的恐怖襲擊，伊斯蘭國則聲稱那起事件是他們幹的。

三月二十一日，伊斯蘭國公布了身在葉門的一百名美國軍事人員的姓名和地址，並鼓勵黨羽殺死他們。這些仍留在葉門的美國人於三月二十五日撤離，當天他們離開亞丁北方的阿納德（al-Anad）時，胡塞叛軍立刻占領了那個戰略軍事基地。此外，胡塞叛軍也掌控了亞丁國際機場和亞丁的中央銀行。

二〇〇九年和二〇一〇年，沙烏地阿拉伯曾與胡塞組織發生衝突。現在沙國在葉門和沙國的邊界附近集結了大量的火炮和坦克。三月底，胡塞叛軍已經掌控了葉門二十一省中的九省，包括葉門的第三大城塔伊茲（Taiz）。

「局勢看起來很糟。」穆赫塔說。

某天下午他和尼寇森在處理廠內嚼著咖特草。

「葉門就是這樣。」尼寇森說。

他們還沒決定永遠離開葉門，但他們打算暫時離開，去西雅圖參加美國精品咖啡協會（Specialty Coffee Association of America, SCAA）所舉辦的大會。瑞洋在會場上租了一個展示區，世界各地的數百家進口商和買家都會齊聚現場，穆赫塔和尼寇森都認為那次大會是他們展現成果的重要關鍵。穆赫塔會跟尼寇森合租一個展示區，並展示黑瑪咖啡和烏丹咖啡。那場大會將會是目前為止他參加的最重要的一場活動，也是他第一次展現他在葉門咖啡品種上所得到的進展。

❖

即使是和平時期，美國公民要離開葉門也不是一件容易的事。二〇一一年起，開始有傳聞指出，葉門裔美國人進入美國大使館辦理一些例行手續時，離開時連護照都被沒收了。這些傳聞中提到一些奇怪的審訊，說大使館的人指控葉門裔美國人更改名字，用假身分在美國生活。

穆赫塔聽過這些傳聞，它們的內容都很奇怪，也很虛幻，尤其是莫薩德・謝伊・歐馬（Mosed Shaye Omar）的故事。

莫薩德是穆赫塔在舊金山認識的朋友，個性溫和，約六十歲，在美國住了四十幾年，一九七八年取得美國籍，有社會安全碼及加州駕照，也老實地繳稅。

他和成千上萬名移民一樣，把家人留在祖國。他有一個女兒留在葉門，和他的父母同住。女兒十二歲時，莫薩德準備把她接到舊金山一起生活。二〇一二年，他回到葉門，為女兒準備護照所需的文件。當年八月，他前往沙那的美國大使館，為女兒申辦美國護照。

二〇一二年十二月，美國大使館打電話告訴他有關女兒護照申請的「好消息」，請他到大使館一趟。

二〇一三年一月二十三日，他去了大使館，以為可以拿到女兒的護照。他抵達後，一位領事官要求他拿出護照。莫薩德把護照遞給那位領事官，領事官請他在等待室裡等候。

約莫一小時後，莫薩德跟著一位官員離開等候室，穿過主樓，進入隔壁大樓。途中，他們穿過好幾個安全門，門邊都有身穿制服的美軍把守著。這時他已經知道這可能偏離了一般流程，他也知道，他不是被帶去拿女兒的護照。

他被帶進一個小房間，裡面有三個人。一位是外交安全處的官員，一位是口譯員，第三位似乎是美國人，但整個過程中他都沒有說話，莫薩德逐漸明白這其實是一場審訊。

外交安全處的官員透過口譯員詢問莫薩德許多問題，包括他的出身背景、家庭和名字。莫薩德說，他的名字是莫薩德·謝伊·歐馬。畢竟，他的護照上就是印那個名字——那也是美國國務院二〇〇七年才發放及更新的護照。

一個小時後，莫薩德被帶出審訊室，回到一開始待過的那間等候室。他們叫他留在那裡。

一個小時後，他又穿過安全門和走廊，回到剛剛那間審訊室。外交安全處的官員再次詢問莫薩德的名字。莫薩德再次堅稱他的名字是莫薩德·謝伊·歐馬，那也是他唯一的名字。口譯員似乎對莫薩德的回應很失望，開始在對話中插入他自己的意見。除了翻譯外交安全處官員所說的話以外，他開始勸莫薩德合作，說出那個官員想聽的話。

第二次審訊又持續了一個小時，結束後，莫薩德又被帶回等候室，他們叫他在那裡等候。如此過了幾個小時，莫薩德從當天早上六點半開始就沒有進食或喝水。在正常情況下，這已經很辛苦了，對莫薩德來說更是痛苦，因為他有糖尿病和高血壓。他在等候時，感到頭暈目眩，視線模糊。但他無法打電話給家人或朋友，因為大使館內不准使用手機，裡面也沒有付費電話。

下午四點。莫薩德急著離開，所以他走向一名警衛，對他說他需要離開那裡。他也說，只要能回家吃飯，他願意做任何事情。警衛幫他傳話給大使館的官員，不久一位領事官來了，又把他帶回審訊室。

在那裡，他們給他一張文件，讓他簽名。他的英文不太好，無法解讀那張文件的意思。口譯員也在審訊室裡，但沒有主動提供翻譯。他們告訴莫薩德，想離開大使館的話，需要在上面簽名。他在上面簽了自己的名字莫薩德・S・歐馬，口譯員留下他的指印。

他簽了那份文件後，被帶回等候室。他們叫他在那裡等候領事官，領事官會把護照還給他。但他沒有收到護照，他被叫去窗口。窗口的人告訴他，他的護照不能退還，因為他的名字不是莫薩德・謝伊・歐馬。語畢，窗口的人便關上窗口，離開房間。一名全副武裝的警衛把莫薩德送到門口。

莫薩德回到家時，已經十二個小時沒有進食或喝水了。他馬上陷入嚴重的昏迷狀態，家人將他緊急送醫。他接受治療時，始終難以理解他在大使館的遭遇。大使館完全沒有解釋他們為什麼認為他不是莫薩德・謝伊・歐馬，也沒有提供證據，更不給他補救的機會。他們沒有給他聽證會的日期，他也不知道沒有護照該怎麼辦，如今他的家人大多在美國，而且他已經在美國生活四十幾年了。

第二天，他開始打電話給大使館，但一直沒有人接。他得知大使館比較喜歡透過電子郵件溝通，所以他開始寫電子郵件。在後續的十一個月裡，他一直寫信給大使館，但始終沒有回音。

最後，在二〇一三年十二月，就在他的護照於一月二十三日遭到沒收近一年後，他收到一封電子郵件，通知他去大使館。十二月十五日，他去了大使館。他在大使館收到一份書面通知，那份通知解釋他的護照被註銷是因為「一項調查顯示，你不是一九五一年二月一日出生的莫薩德・謝伊・歐馬。事實上，你是一九五一年二月一日出生的亞辛・穆罕默德・阿里・阿加紮利（Yasin Mohammed Ali Alghazali）。二〇一三年一月二十三日，你簽了一份宣誓，承認你的真實身分是亞辛．穆罕默德．阿里．阿加紮利。由於你在護照申請中對重要的事實做了虛假的陳述，你的護照將根據《美國聯邦規則彙編》第二十二編第51.62 (a) (2)條，予以註銷。」

❖

多年來，穆赫塔一直聽到類似的故事，所以他不能去美國大使館尋求任何協助。

三月二十五日，就在最後一批美軍棄守葉門，胡塞叛軍挺進亞丁並迫使哈迪總統從海路逃離後的隔天，穆赫塔搭計程車前往沙那一家依然營業的旅行社買機票，以便前往西雅圖參加精品咖啡大會。

但司機接近旅行社時，穆赫塔看到一大群哀悼者，那是一場為三月二十日的襲擊遇難者所舉辦的葬禮。不久，人群湧上街頭，計程車被包圍了。穆赫塔知道他不該在那裡。葬禮會變成攻擊目標——恐怖分子已經養成轟炸葬禮的習慣，這樣可以讓死亡人數迅速倍增。穆赫塔下了計程車，努力穿過人群離開現場，他可以晚一點再去買票。

翌日，哈迪總統直接向沙烏地阿拉伯求援，請沙國協助扭轉胡塞運動的趨勢。他以胡塞與伊朗的關係為由，請求沙國軍方直接介入。穆赫塔從新聞中得知哈迪的請求，但沒去多想。大家都不太重視那則新聞，穆赫塔甚至不記得沙國是否有軍隊。

第二十九章 山區著火

三月二十六日凌晨三點，穆赫塔突然驚醒。整棟建築正在搖晃，當時他正在瑞洋處理廠。前一天他加班到很晚，所以乾脆睡在尼寇森的辦公室裡。驚醒後，他來到屋頂，看到法吉阿坦山（Faj Attan Mountain）著火了。胡塞叛軍的防空炮火劃破了天空，大火在城市的周遭蔓延，簡直像世界末日一樣。

穆赫塔上網查詢，證實那是沙國軍隊的空襲行動。F－15戰機轟炸了沙那周圍的胡塞陣地，每隔幾分鐘就攻擊一次。天花板搖晃著，灰塵如雨水般從天而降。

穆赫塔打電話給母親報平安：「我沒事。」母親懇求他離開首都，去伊卜的祖父家。穆赫塔仔細思考後，也覺得伊卜比較安全，因為沙國不太可能轟炸伊卜。但是在轟炸行動尚未結束時，前往任何地方似乎都不太明智。穆赫塔當時是住在沙那人口密集的住宅區，從所有的新聞看來，沙國似乎只鎖定胡塞的軍事據點和軍火庫，不會轟炸平民社區。

他請母親不要擔心，接著掛了電話。他試著繼續睡覺，細數空襲的次數。五十、六十，他數到八十時，就睡著了。

❖

早上五點，他聽到召禱聲。接著又聽到一次，整個城市可以聽到此起彼落的召禱聲。他走到街上，決定去清真寺裡待到天亮。途中，在建築物的黑色剪影之間，他看到高射炮明亮的白色條紋劃過夜空。

外頭的轟炸仍持續進行，清真寺內聚集了幾十名男子。地毯上鋪了一層天花板掉下來的灰泥。伊瑪目（清真寺內的領拜者）做了長禱，信徒跟著祈禱，彷彿那是生命的最後一刻。穆赫塔心想，沙那不可能有那麼多軍事目標，他們肯定是在攻擊平民，這肯定是一場戰爭。伊瑪目請求真主寬恕現場人士的罪行時，他周遭的人哭了起來。穆赫塔知道他可能會死在那裡，隨時都可能出現炸彈炸穿屋頂。

穆赫塔心想：「這輩子過得還好嗎？」他也不確定，感覺這輩子尚未完滿。他應該更早啟動這個咖啡事業才是。如果早一年開始的話，在空襲來臨之前，至少他已經有一點成就，完成了一些東西。現在看來，他即將死在清真寺裡，也許家人會因此獲得一些慰藉。這時又一顆炸彈落下了，感覺轟炸的目標愈來愈近。

此時周圍的人不再哭泣，他們已經向命運屈服了，穆赫塔也是。任何事情都不在他的控制中，所以他不再感到恐懼擔憂，覺得肩頭的壓力減輕了。他可能會死，也可能不會死，反正生死都與他無關。他從清真寺離開，可能會死。他待在清真寺裡，也可能會死。他去叔叔家，可能和家人死在一起。他回去瑞洋，可能死在他的咖啡堆裡。

又或者，他不會死。他和信眾在清真寺裡待了一個小時，直到投擲炸彈的空檔拉長，到最後不再有炸彈落下為止。天亮時，一切都結束了。穆赫塔和其他人離開清真寺時，太陽開始升起，整個城市沐浴在詭異的粉紅晨光中，空氣中瀰漫著灰塵。

穆赫塔感覺到一股新的平和感籠罩著他，他從清真寺走回處理廠，深信再也沒有什麼能夠嚇倒他，他感覺自己好像已經死去。

❖

那天早上稍後，他去了旅行社。他說他要買兩張飛離沙那的機票，他和尼寇森必須去參加精品咖啡協會的大會。「你在說什麼？」旅行社的人員問道：「現在已經沒有**機場**了。」沙國的空襲摧毀了機場跑道，沙國也揚言要擊落任何飛離沙那的飛機。

穆赫塔回到處理廠，跟尼寇森嚼著咖特草。「阿拉伯之春期間，機場也關閉了。」尼寇森說：「機場會重新開啟的。」

穆赫塔上網查了美國國務院的網站，希望能看到美國政府撤離美國公民的資訊，卻完全找不到。每天國務院只含糊地表示，葉門裔美國人應該想辦法找管道離開葉門。最近國務院幫美國公民撤離戰亂國家已有先例。二〇〇六年，以色列和真主黨交戰時，美國的國防部和國務院協助一萬五千名美國人離開黎巴嫩。

但這次不同。有鑑於蓋達組織和ＩＳＩＳ的存在，美國決定不冒險進行大規模的撤離。當時美國在葉門已經沒有大使館或官方人員，所以無法逐一篩檢每位登上飛機或輪船的乘客。他們認為，不篩檢的話，無意間把恐怖分子帶進美國的可能性太大了，所以決定讓那些困在葉門的美國公民自生自滅。

美國國務院發布的一份通知指出：「目前美國政府沒有撤離美國公民的計畫。我們鼓勵所有的美國公民在安全離開之前，先到安全的場所避難。有意離開葉門的美國公民應該在商用交通工具出現時，儘速搭乘那些交通工具離開。」

那份聲明促成了StuckInYemen.com網站的出現，該網站記錄了那些滯留葉門者的困境。這個網站是由美國的穆斯林團體支持架設的，包括美國伊斯蘭關係理事會（Council on American–Islamic Relations）和亞洲法律聯會（Asian Law Caucus）。網站的註冊用戶逐漸成長，最後累積了七百位希望美國政府協助他們離開葉門的美國人。

在阿拉伯裔美國民權組織的壓力下，美國國務院的另一位發言人傑夫．拉斯基（Jeff Rathke）解釋，是那些滯留葉門的美國人自己不肯提早離開的，現在只能自己承擔後果。他暗示，由於那些人長期忽視美國政府發布的警告，他們應該為自己的決定負責。他說：「十五年來，國務院一直建議美國公民延遲前往葉門，也一直建議葉門的美國公民離開。」

在國務院的另一場記者會上，另一位發言人瑪麗・哈夫（Marie Harf）含糊地帶過美國人逃離葉門的「機會」。

一位記者要求她釐清說法，追問道：「有哪些機會？游泳嗎？」

❖

穆赫塔必須立即離開，他必須去參加西雅圖舉行的SCAA會議，也必須逃離不斷升級的暴力（按上述順序）。每天，他都會向旅行社查詢是否有飛離葉門的航班，但機場仍是一片混亂，短期內無望再啟用。

轟炸仍持續進行，大多是集中在夜裡。沙國把這次行動命名為「果斷風暴行動」（Operation Decisive Storm），並宣稱還有其他九國也參與其中，那些國家大多是遜尼派*人口占多數。約旦、摩洛哥、蘇丹、科威特、巴林各提供了十五架戰機，阿拉伯聯合大公國提供了三十架。塞內加爾、卡達、埃及也是聯盟的一分子。但多數的行動是由沙國領導，沙國派出一

---

* 編註：伊斯蘭教中的最大派別，一般來說，約占全世界八五％至九一％，與什葉派對立。

百架戰機，動員了十五萬大軍。

轟炸的範圍也擴大了。一開始是轟炸沙那城外的空軍基地和軍火庫，接著是轟炸連接首都到塔伊茲和亞丁的主要道路。三月二十八日星期六，至少有三十四名百姓在空襲中喪生。

❖

到了第五天，空襲已經變成出奇地正常，至少在沙那市中心是如此。穆赫塔去了尼寇森的住家，他心想，尼寇森也許有選擇，也許有答案，而且他肯定還有咖特草。

穆赫塔搭上計程車，請司機開車到艾爾博尼亞（El–Bonia）。計程車快到尼寇森的住家時，引擎突然冒出濃煙。

司機說：「太熱了。」他們停了下來。

穆赫塔下車，看見一家賣花環（類似夏威夷花環）的商店。他暗自發笑，心想他可以買一串送給尼寇森，一串送給哈吉里，作為轟炸倖存禮。他買了兩串花環後又鑽進車內，司機正好關上引擎蓋。

穆赫塔拿出花環時，尼寇森和哈吉里都笑了。尼寇森套上花環，他們三人一起坐在尼寇森的公寓裡嚼咖特草。穆赫塔打開筆記型電腦看新聞，看不出有什麼希望。他連上美國國務院的網站，看是否有任何選擇，結果一個也沒有。他們就這樣過了一個下午。

到了晚餐時間，哈吉里說他可以開車送穆赫塔回家。那時整個城市都很安靜，沙那的居民都知道天黑後隨時都有可能開始轟炸，因此他們已經習慣在夜幕降臨以前，選好當天藏身的目的地。天黑後就沒有人想要上街了。

穆赫塔和哈吉里穿越城市時，天色已經暗了下來。這時哈吉里建議去處理廠，他需要去那裡，處理廠也正好在穆赫塔回家的途中。他問穆赫塔介意嗎？

穆赫塔別無選擇，晚上已經招不到計程車了。於是，他們前往處理廠，途中轟炸開始了。這是穆赫塔第一次在轟炸進行時在街上遊蕩，那是一種全新的體驗。車子下方的地面隆隆作響，車內隱約可以聽見遠處目標化為塵土的沙沙聲。

他們抵達處理廠時，透過窗戶觀看外頭的戰爭。高射炮的炮火照亮了天空，穆赫塔打開手機的鏡頭，拍下曳光彈飛越法吉阿坦山的畫面。沙國的炸彈擊中了一個軍火庫，化為九十米高的橘色火雲。爆炸中還有爆炸，而且發生在距離穆赫塔不到四百公尺的地方。

穆赫塔心想：「離開沙那的時候到了。」

但是，這不是離開處理廠的時候——至少當晚不是。這次空襲離處理廠很近，穆赫塔不知道接下來會發生什麼事。沙國軍隊已經襲擊了民宅、市場和醫院，但他們的轟炸有一些明顯的計畫。現在看來，他們可能開始轟炸工業建築，可能因此造成混亂和搶劫。穆赫塔想起他存放在處理廠的五噸咖啡。萬一那些咖啡被偷了，過去十八個月的心血都將付諸東流。

他告訴哈吉里：「今晚我待在這裡好了。」

哈吉里不想丟下他一個人，他說：「我送你回家吧。」他認為處理廠距離上次轟炸實在太近了，繼續待下去不太明智。

穆赫塔請哈吉里先回家，說他想留下來看顧處理廠。

哈吉里離開後，穆赫塔在辦公室裡安頓下來。他把沙發墊堆在一起，鋪了一張床。炸彈每十分鐘就撼動整座城市一次，但他逐漸習慣了。就在午夜前，他逐漸入睡。

後來，他的電話發出收到簡訊的聲音，他告訴自己：「別看！趕緊睡吧。」

但他還是看了。

那是桑默・奈瑟（Summer Nasser）發來的簡訊。穆赫塔是在社群媒體上認識她的，她是住在紐約的葉門裔美國人，這次來亞丁探親，不幸也困在葉門了。她聽說早上九點半有一艘希臘的船從亞丁離開，她打算搭那艘船離開葉門。

「我會幫你留個位子。」她說。

第三十章　奈瑟的船

穆赫塔突然醒了過來。亞丁就在正南方，車程約八、九個小時。他得找一輛車及一個司機，也許還要帶一個保鏢，因為沿途會穿過戰區，可能還會經過幾十個檢查站。他必須帶一些咖啡樣本及足夠的現金，以便搭船離開葉門並轉搭航班去西雅圖。在沙國徹夜轟炸下，他們必須以加倍的速度開車，穿越葉門的心臟地帶，這個提議實在可笑。

但是話又說回來，穆赫塔幻想自己在西雅圖和咖啡的買家交談，告訴他們葉門咖啡的故事，收集訂單，預售數噸咖啡，讓他的事業開花結果。這個幻想跟那個提議一樣荒謬，但他還是很渴望實現。他不想讓沙國的炸彈決定他能做什麼及不能做什麼。他做了伊斯特哈拉拜（Istikhara Prayer），祈求真主阿拉指引他做出最好的選擇。

他問阿拉：「這樣走對嗎？」

他感覺到一個回應：這是對的。

這樣就夠了。他想去，而且奈瑟的簡訊正好出現在附近一座山爆炸之後：種種跡象接連出現，這似乎意味著什麼。上次他有同樣的感覺——感覺命運消除了一切疑慮——是在無限大樓對面看到希爾斯兄弟的雕像，因此決定致力投入咖啡業的時候。

他打電話給奈瑟說：「我來了。」

他也打電話給尼寇森，告知奈瑟和希臘船的事，尼寇森正在半夢半醒間。

「別走。」他對穆赫塔說：「亞丁已經是**戰區**，那裡已經展開**地面戰爭**模式了。」

穆赫塔沒有因此卻步，於是尼寇森打電話給哈吉里。

「你可以勸勸穆赫塔嗎？」

哈吉里打電話給穆赫塔，但穆赫塔不為所動。最後，尼寇森和哈吉里都不想再攔他了，但他們也不想讓他一個人去冒險。

穆赫塔打電話給家族的專屬司機薩米爾，請他來開車，並答應給他優厚的酬勞，但薩米爾嚇壞了。

「不行。」薩米爾說：「你也不該去。」

穆赫塔掛了電話，他沒有選擇了。

在此同時，哈吉里打電話給兩個朋友薩德克（Sadeq）和阿赫麥（Ahmed），他們就住在尼寇森的處理廠附近，前一晚才來處理廠幫尼寇森把咖啡豆搬回他家。他們答應開車去亞丁，而且只收普通的費用。薩德克說，他可以去借他平時白天開的卡車。那其實不是他的車子，但他的公司不會知道他借用那臺車。穆赫塔為租用卡車及聘請阿赫麥開車協商了一個價格，薩德克同意了那個價格。

❖

穆赫塔開始打包，他需要帶什麼？他衝回叔叔的公寓，把兩件乾淨的襯衫和一條褲子裝進已經放了筆電和手機的背包裡。他換上乾淨的襪子和內衣，在腰間綁上四千美元的美鈔，把點四五的柯爾特自動手槍配在腰帶上。

接著是咖啡豆。他借來一個硬殼的新秀麗（Samsonite）行李箱，下樓到分揀室，抓起一袋黑瑪區的咖啡豆，包括寡婦瓦爾達的豆子、將軍的豆子、胡貝席的豆子。還有呢？他腦中浮現農民的臉龐，他怎麼可以把他們的收成拋在腦後呢？他從北到南的六個咖啡園挑了多種咖啡豆。無論他帶什麼去西雅圖，那些咖啡豆都將代表葉門咖啡，所以他挑了手上最好的咖啡豆作為樣本——葉門八十年來種得最好的咖啡豆。雖然是隨性挑選，但依然有足夠的代表性，可以代表這個最早種植咖啡的國家，同時體現五百年來的傳統。

穆赫塔闔上行李箱，試著把它提起來。但行李箱太重了，拉鍊也拉不上，他必須減輕重量。該拿掉哪部分的葉門歷史呢？如果他有時間好好挑選，按照原計畫裝六個行李箱，仔細挑選樣本，然後像商務人士那樣搭機離開沙那，他就不必半夜盯著一個行李箱，被迫決定葉門哪區的咖啡不足以列為葉門咖啡的代表了。他勉為其難地移除十幾包樣本，關上手提箱，並把手提箱搬到樓下，等著搭車。

薩德克開了一臺十六輪的平板拖車來，那個平板大到可以拖運一臺汽車。車身是白色的，想在黑夜中偷偷溜走的希望就此幻滅。在葉門遭到最嚴重空襲的夜晚，開著亮白色的平板拖車在路上奔馳，等於是向路上的任何人及空中的轟炸者宣告他們來了。

「好。」穆赫塔說：「咱們走吧。」

這時剛過午夜，他們必須在九小時內抵達亞丁。

第三十一章 前往亞丁之路

整座城市在新一波的空襲下撼動時，他們啟程出發。

「我們會沒事的。」薩德克說。

穆赫塔看著這個人。剛剛他忙著準備離開，完全沒想到他不認識薩德克和阿赫麥，只知道他們是哈吉里的朋友，其他的一無所知。他們的年紀跟他相仿，薩德克留著一頭蓬亂的黑髮，穿著傳統服裝——比較像北方部族的人，不像首都居民。阿赫麥留著短髮，鬍鬚修剪整齊，穿著長褲和馬球衫。接下來的九小時，穆赫塔將和他們一起開車去趕搭一艘他一無所知的船。他甚至不知道那艘希臘船要開去哪裡。

他們安全地離開了城市，但他們知道，不久就會遇到胡塞檢查站，被攔下來。胡塞組織監視著人民的行動以及可能的反叛、武器和一切。

他們順著兩線道蜿蜒地離開城市，車速約每小時一百三十公里，遠遠超過轉彎該有的速度。接近第一個檢查站時，阿赫麥遠遠看到三名士兵的身影，便放慢了車速。穆赫塔預期他們會被攔下來審問及檢查。但士兵看了一下拖車，看著車子的前格柵或牌照——穆赫塔看不出來他們在看什麼——就揮手讓他們通過了。

第二個檢查站就不同了。那些士兵混穿著國軍裝備及胡塞組織的服裝，揮手示意阿赫麥停車。

「你們上哪兒去？」他們問道。

阿赫麥告訴他們真相——說穆赫塔想從亞丁港搭船離開葉門，他們運送了一小批葉門咖啡的樣本。士兵想看咖啡，於是穆赫塔下車，打開行李箱。他知道這看起來很不尋常，所以向士兵坦承：開那麼大臺的平板拖車只載一個黑色行李箱，看起來好像有鬼。他說著說著就笑了，但胡塞士兵沒跟著笑。

穆赫塔打開行李箱，讓士兵看那些咖啡豆，接著就開始解釋葉門咖啡的歷史，以及他打算如何恢復葉門咖啡的全球地位。他就像平常卯起來解說那樣地不斷解釋，但士兵根本不在乎葉門咖啡的歷史。

「走吧。」他們說。

阿赫麥啟動車子離開。

車子每開二十分鐘，就會碰到一個檢查站。有時他們會停下來解釋他們載運的東西和目的地；有時他們必須打開手提箱，並展現咖啡豆；有時士兵直接揮手放行。穆赫塔看不懂整個檢查系統是怎麼運作的。他們沒被攔下來時，反而覺得很奇怪。他注意到車子沒被攔下來時，會出現一系列的現象：每次士兵看到車牌或卡車前面的某個東西，就點點頭，讓他們通過了。穆赫塔不知道這是怎麼回事，但至少這樣沒耽誤到時間，他也沒必要質問。照這個速度前進，他們應該可以在早上八點以前趕到亞丁。他原本預期會遇到突發狀況或無法預料的障礙，但目前為止，他們的進度比原計畫還快。

❖

大約凌晨一點半的時候，他們在一個檢查站停下來，並解釋他們要去哪裡。

「你們會穿過雅林嗎？」士兵問道。

阿赫麥和穆赫塔回答他們會穿過雅林，那是沙那和伊卜之間的小鎮，在地圖上幾乎看不見，但穆赫塔很熟悉那個地方──他在葉門南北奔波時，常在那裡停留。

「那裡會有麻煩。」士兵說。

「什麼意思？」薩德克問道。

「反正別穿過雅林就對了。」士兵說，接著揮手放行。

但他們別無選擇，公路是直接穿過雅林的，他們也只能繼續走。或許是因為他們太過自信，再加上之前輕易通過好幾個胡塞檢查站，他們覺得自己已經所向無敵了，而且離開沙那後，他們就再也沒看到沙國轟炸的跡象。

於是，他們朝著雅林駛去。

❖

雅林離那個士兵發出神祕警告的檢查站有三十二公里，但他們開到距離雅林還有八公里的地方，就開始看到黑暗的路邊有百姓往北逃竄，有的人用走的，有的人用跑的。當時是凌晨兩點。

阿赫麥說：「怎麼回事？」車流速度開始變慢，不久就在小鎮的外頭停了下來。他們接近雅林時，逃難者從原本的三三兩兩變成大批湧現，數千人沿著路邊竄逃。往北行駛的汽車移動緩慢，往南朝亞丁方向行駛的汽車則是動彈不得。

一個男人從鎮上一邊尖叫，一邊狂奔出來。他指著薩德克的卡車大喊：「你會被燒死！你會被燒死！」

穆赫塔下車，戶外的空氣異常溫暖，小鎮傳出一股刺鼻味——有東西著火了。他問另一個離開小鎮的人，發生了什麼事。

「沙國剛剛轟炸了小鎮。」他說。「他們鎖定一臺油罐車，但擊中一臺優格卡車，殺死了十個或更多的孩子和嬰兒。」

但這是幾分鐘前才發生的事，那個胡塞士兵怎麼會事先知道？

前方，鎮中央的多棟建築籠罩在橘色的大火中。

薩德克說：「我們必須繞道。」

他們駛離大馬路，找到一條繞過小鎮的砂石路。車頭燈照亮了逃難者的身影，雅林陷入了火海。

「我們要留下來幫忙嗎？」穆赫塔問薩德克和阿赫麥。

留下來沒有意義，也幫不上忙。他們不是消防員或醫護員，萬一他們的卡車變成攻擊目標怎麼辦？炸彈鎖定的目標是油罐車，卻擊中優格卡車。他們必須繼續前進，遠離這個小鎮和百姓。

但現在他們的車子卡住了。

穆赫塔和薩德克下車，他們看不見路，甚至看不見車輪。穆赫塔用手機的手電筒功能來找出問題，發現車輪卡在十五公分深的泥坑裡打轉。要推動六噸重的卡車根本不可能，他們試著在輪胎下面塞入石塊，也無法成功。他們四處尋求幫助，但現場一片混亂，沒有人肯幫忙路過的卡車。幾分鐘後，他們三人都站在泥坑裡，泥土深及小腿，卡車依然動彈不得。他們需要動用拖吊車。

薩德克揮手攔下一輛路過的摩托車，幾秒鐘後就坐上摩托車的後座離去。他沒有告訴穆赫塔或阿赫麥他要做什麼。穆赫塔站在黑暗中，凝視著漆黑的天空，星星又小又亮。他們從一座著火的城市開了兩個小時的車，來到另一座著火的城鎮。

四十分鐘後，一對車頭燈出現了，是一輛卡車。薩德克跳了下來，他竟然在雅林鎮的中心，想辦法從沙國轟炸的亂象中找到了一輛拖吊車。司機把他們的大卡車拖出泥坑，十分鐘後，他們便已經付好了錢，又上路了。他們繞過雅林疾馳，接著又開上公路。穆赫塔瞄了一下手機，快要凌晨三點了。

他的手機即將沒電，他知道他無法及時趕到亞丁。如果連雅林都遭到轟炸了，沿途的其他城市也可能遭到轟炸。下次他們穿過其他城鎮時，可能就不像抵達雅林那麼幸運，也許正好碰上轟炸，而不是轟炸完才抵達。現在看來，這個夜奔計畫似乎考慮欠周。在車內，穆赫塔讓薩德克和阿赫麥選擇要不要放棄這趟旅程。

「現在可以回頭。」穆赫塔說：「我們不該上路的，沙國鎖定的目標是卡車，我們可能就是他們的轟炸目標。」

「其實不是。」薩德克說：「你想想，阿拉一直看顧著我們。」當下，這話似乎很有道理。

於是，他們又繼續往南開向亞丁。

第三十二章　亞丁歡迎你

太陽升起時，他們進入了亞丁。卡車接近市中心時，十個人揮手攔下他們並把車子圍住。穆赫塔覺得他們是人民委員會的成員。二〇一一年，葉門各地紛紛出現人民委員會以捍衛領土，對抗胡塞叛軍和蓋達組織。一般而言，人民委員會是由當地的男性所組成，類似民兵。在危機時期，他們以兼職軍人的身分聯合起來。

這些人雖然握有武器，但身穿便服。一名男子用槍指著駕駛區喊道：「出來。」

穆赫塔轉向阿赫麥和薩德克說：「讓我跟他們談談吧。」他們從卡車下來，那些人向他們靠攏，對他們搜身。他們也搜查了汽車，發現了穆赫塔的槍。那群人發現穆赫塔有點四五的柯爾特自動手槍時，不禁興奮了起來，那把槍很快就不見了。

穆赫塔告訴他們，他是來亞丁趕搭一艘船，與他同車的兩名男子是他的司機。他給他們看了護照，心想他們若是人民委員會的成員，應該會對美國人比較友善，美國表面上是他們的盟友。

但是當時的狀況已經超出他的控制。他說話時，那些人聽出薩德克的口音，也看到他的穿著。

「這傢伙是胡塞人。」一位民兵說。

穆赫塔轉過身，發現薩德克已經被蒙上眼睛，還有一支步槍頂著他的後背。穆赫塔必須說服這些曾經跟胡塞叛軍作戰、親友已經死在胡塞叛軍手中的人相信，薩德克不是胡塞人。但薩德克的言行裝扮看起來就像胡塞人。

穆赫塔對那些人說：「Itq'h allah, Itq'h allah」，意指：「真主保佑，真主保佑。」那句話背後的意思是：「且慢，想想你在做什麼，阿拉正在看，祂會根據你的行為來判定你。」

穆赫塔說：「他是跟我來的，他只是司機，不是胡塞人。」雖然他真的不知道薩德克是誰或什麼人。為什麼薩德克一開始就答應開車？他是胡塞人不是很合理嗎？他是利用穆赫塔進入亞丁嗎？

「你沒事。」其中一名男子對穆赫塔說：「你可以走了，但這兩個人必須跟我們走。」

穆赫塔知道他不能丟下阿赫麥和薩德克不管，那些人會殺了薩德克，可能連阿赫麥也一起殺了。穆赫塔告訴民兵，無論他們打算把那兩人帶去哪裡，他們也必須帶他一起去。

「好吧。」他們說。

他們取下阿赫麥的眼罩，讓他負責開車。一位人民委員會的成員跟著穆赫塔和薩德克一起坐在駕駛區，指揮阿赫麥開到哪裡。

他們驅車穿過亞丁的狹窄街道，來到一處看似學校的地方，但那裡已經被改裝成人民委員會的基地。那個基地外面的街道上，有二十幾個人走來走去。透過窗戶可以看到屋內有更多人，他們大多拿著AK－47步槍。

他們要求穆赫塔、薩德克、阿赫麥下車，站在街頭。穆赫塔叫薩德克保持安靜，低聲說：「讓我來負責說話吧。」

他們被帶到一樓的某個房間，房間裡幾乎沒什麼東西，只有一張靠牆的床鋪和一排面對那張床的椅子。那些人要求他們坐在床上，並遞給他們冷水。在葉門，即使是面對囚犯，他們也會以禮相待。

那群人的領導者是一個四十幾歲的男人，穿著馬球衫、卡其褲和涼鞋。他要求穆赫塔拿出護照，穆赫塔當時坐在床上，乖乖地照著他的話做。那個領導站在那排椅子的前面，椅子上坐著三位人民委員會的成員。他興致勃勃地翻閱那本護照，問道：「你什麼時候去杜拜的？」

穆赫塔不確定這是不是一種測試——畢竟，護照上的鋼印會顯示入境日期——或者那個人根本不知道這種鋼印是如何運作的。穆赫塔努力地回想，然後說：「我是去那裡參加一場精品咖啡的活動。」

「你什麼時候去衣索比亞的？」那人問道。

穆赫塔努力回想，那是一年前的事了，他只能猜日期。那個人聽了以後，就沒再追問細節了。

「你什麼時候去巴黎的？」他問道。

「我不太記得了，我想是三月吧。」穆赫塔猜測。

「你出國去一個國家，卻不記得是什麼時候？」那人問道。

這時穆赫塔突然明白了，這個人覺得他的護照顯示他常跑國外。他認為穆赫塔是葉門人，也是美國人，曾自由地前往衣索比亞、巴黎和杜拜，卻不記得細節。

穆赫塔說：「我不可能記住所有的日期。我壓力很大。」他對那個穿粉紅色馬球衫的人說，他是來亞丁趕搭一艘停在紅海港口的船，沒有想到有人會拷問他護照上的戳印日期，所以沒有準備。他說：「我只是在咖啡業工作，你可以看我的行李箱，裡面只裝了咖啡樣本。我是在幫助老百姓，幫助農民。」他講得很快，從他們的注意力和耐心聆聽中感到某種安全感。他需要想辦法活下來，也要想辦法讓他的夥伴活下來，所以他需要繼續說下去。

「我只是在忙我的事業，就跟你們每個人一樣，但那些該死的胡塞人把一切都搞砸了。」

他看得出來那些綁架他的人表情變了，他們的姿態開始軟化。穆赫塔感覺到情況有所突破，接著他做了一件連他自己也很驚訝的事情。他從床上站起來，走向那些審問者坐的地方，跟他們坐在一起，回頭望著阿赫麥和薩德克。

「你們想保衛自己的城市，自己的家園。」他繼續說，「這些該死的胡塞人卻來入侵，他們沒有權利這樣做。」他一邊說，一邊看著阿赫麥和薩德克，彷彿已經跟他們劃清界線，加入了人民委員會。

「我們不該來亞丁的，我知道很危險。」穆赫塔說。「我只是想和我的未婚妻奈瑟在一起，我們只是想一起回家。」

過程中，他一直跟阿赫麥和薩德克保持隨意的眼神交流，以確保他們不會打斷或反駁他。目前為止，他的計畫成功了。藉由解釋他的事業及瞎掰一個未婚妻，他把自己人性化。現在他必須為阿赫麥和薩德克做同樣的事。

「這兩個人很好心幫我，我知道他們看起來很可疑。」他指著薩德克說：「他看起來有點像鄉下人，但那是因為他們忘了打扮。他們只是在我的咖啡處理廠工作的員工，答應載我到港口。」

他講得幾乎跟真的一樣。

「各位，我們跟你們是同一陣線的。」穆赫塔補充說道。

就這樣，緊張的氣氛消失了。穆赫塔知道他們不會死了。

❖

他們被帶到外面，這時穆赫塔才看到那臺他們連夜開了九小時的卡車，正面是什麼模樣。卡車正面的保險桿上貼了一張貼紙，上面寫著「真主至大，美國去死」（GOD IS GREAT. DEATH TO AMERICA），那是胡塞組織的口號，並以伊朗的顏色呈現。難怪他們可以輕易地通過所有的胡塞檢查站。

他不知道那些綁架他們的人是否也看到了那個標語。他不得不假設他們也看到了。他別無選擇，只好自己指出來。

他笑著說：「你看，我們連這個地方貼了這個玩意兒都不曉得，難怪我們那麼容易通過那麼多檢查站。」

人民委員會的成員也笑了，但現在又多出新的不安感。他猜錯了，他們本來沒看到那個標語。現在指出那個標語後，穆赫塔和他的同伴反而多出很多疑點：薩德克的衣服、穆赫塔的美國護照，那臺空蕩蕩的大卡車，三人連夜開車到其他人正逃離的亞丁，現在又多了這個標語。穆赫塔知道他必須好好地拍他們馬屁，才能安全脫身。

他說：「願真主保佑你們。」並朝著卡車走去，「希望你們勝利，我真心這麼想。我相信你們一定可以辦到！我敢打賭你們一定可以打敗胡塞組織那些混帳。」

他開始跟他們握手，輕拍他們的背，面帶微笑，好像他是來視察部隊的美國權貴似的。他又感謝他們好幾次，不知怎的，這招奏效了，他們重獲自由。二十分鐘前，十支AK－47步槍指著他們的胸部和頭部。現在他們已經是朋友，可以自由離開了。唯一的問題是，人民委員會的成員拿走了穆赫塔的點四五柯爾特自動手槍。

他對自己說：「算了吧。」

❖

他們坐上卡車，這時一輛黑色休旅車開進圓環。一位戴著尼卡布的老婦人下車，以濃濃的布魯克林口音和穆赫塔打招呼，大喊：「你在這裡啊！」

那是奈瑟的母親，她很高興見到穆赫塔，並看到他安然無恙。她講話時，習慣搭配很多手勢。穆赫塔心想，奈瑟也在休旅車裡，所以他走向那輛休旅車的後座。後座有兩個車窗是打開的，他走到一個車窗邊，看到一名年輕女子也戴著尼卡布。

「我為這一切感到抱歉。」他說。

「我不是奈瑟。」那女人說。

「我在這裡。」另一個聲音說。

穆赫塔走到車子的另一邊，看到另一雙從尼卡布探出來的眼睛，她說：「我是奈瑟。」她等候穆赫塔時，那艘希臘船駛離了。她預期還會有其他的船隻，其他的機會。

穆赫塔簡單地描述了他們剛剛被捕又獲釋的經過。講述那個經過時，他讓他們知道人民委員會的成員拿走了他的手槍，這點比其他的細節更吸引奈瑟母親的關注。

她問道：「他們拿走你的槍？」她很生氣，語氣聽起來就像布魯克林球場上一些男孩偷走她兒子的籃球一樣。她說：「你應該把槍拿回來。」

這時一陣灰塵吹了過來，一輛白色的Montero休旅車停了下來，一個男人跳下車，問道：「這裡發生什麼事？」他的身材高大，穿著考究，似乎是頗有聲望的人物。

奈瑟的媽媽出面回應，她告訴那個男人，人民委員會搶了穆赫塔的東西，剛剛還拘留他，偷了他的手槍。她還說，穆赫塔在美國是很重要的人物，是有錢人，底下雇用了八萬人，是她女兒的未婚夫。

穆赫塔別無選擇，只能跟著瞎掰。他不能反駁她，只能望向奈瑟求助，看她能不能請她的母親稍微收斂一點。奈瑟的眼神告訴他：「別礙了她。」

這個男人的名字也叫穆赫塔，他和奈瑟的母親一樣憤怒，並承諾擺平這一切，把穆赫塔的槍拿回來。

這時一陣槍響劃破了天空。

另一個穆赫塔說：「是狙擊手。」他指向他們周圍的屋頂。在那些五六層樓的建築之間，胡塞的狙擊手就躲在某處，瞄準了平民委員會的士兵。

「我們去一個比較安全的地方吧。」另一個穆赫塔說：「我有一家旅館，跟我來吧，我們從那裡打電話，我會幫你把槍拿回來。」

奈瑟的那臺車子開回他們在亞丁的家。她說，稍後她會打電話給穆赫塔，穆赫塔再次向她道歉。三輛車駛離了圓環，穆赫塔、阿赫麥和薩德克緊跟在另一個穆赫塔的車子後面。阿赫麥和薩德克看著穆赫塔，他們本來有機會離開，現在又開回亞丁市中心拿槍，這樣做似乎不太明智。

第三十三章　另一個穆赫塔

他們開車尾隨另一個穆赫塔穿過亞丁時，穆赫塔也開始對這個計畫產生了懷疑。他真的需要那把槍嗎？那把槍是祖父給他的，光是那個原因，就值得去取回。但是話又說回來，他們身在一個即將被胡塞叛軍占領的城市裡。在這座城市淪陷之前，他們還有幾個小時可以脫身？

「我們應該回去。」穆赫塔說。

「回沙那嗎？」薩德克問道，「那我們確實需要一把槍。」

穆赫塔想了想。往北走會經過二十個檢查站，他們可能需要一把槍，而且另一個穆赫塔也已經承諾幫他伸張正義了。

他們跟著另一個穆赫塔來到他的旅館。他們進入大廳時，街上空無一人。旅館裡，除了四名警衛拿著AK–47步槍以外，整個旅館看起來舒適宜人，甚至稱得上豪華。大廳寬敞潔淨，他們走過閃閃發亮的大理石地板，在這個肯定很快就會淪為戰區的地方，感受著一種較為富麗堂皇的奇特氣氛（事實上，翌日迫擊炮就擊中了那家旅館）。

薩德克癱坐在一張飽滿的黑色皮椅上，把注意力轉向大螢幕電視上播放的埃及電影。另一個穆赫塔人消失在櫃臺後面，接著拿著鑰匙走回來說：「去洗個澡，放鬆一下吧。」他也說，他會馬上打幾通電話，擺平槍枝的事情。

❖

穆赫塔、薩德克和阿赫麥走進電梯，電梯上面飄出隱約的音樂聲，把他們帶到三樓的三〇三號房。

他們打開房門，看到一間有兩張雙人床的乾淨房間。

「我先去洗個澡。」薩德克說。後來阿赫麥也洗了澡，他們彷彿是來度假、準備晚上出遊似的。穆赫塔緊張到無法放鬆去洗澡，也沒更換衣服。他坐在床上，望著窗外，在房裡來回踱步。他心想：「那艘希臘船真的走了嗎？」奈瑟似乎對此毫不在乎。她信誓旦旦地說還會有其他的船。

敲門聲嚇了他一跳。他打開門，看到服務員送來芒果汁和餅乾。

「這是穆赫塔免費招待的。」服務生說。

那是十一個小時前離開沙那以來，他們唯一獲得的食物。這種招待令人窩心，甚至感到放心。他們享用點心後，穆赫塔突然感覺到自己放下了警戒，非常疲憊。他知道這種情況下稍微打個盹並不明智，但他躺在床上，幾秒後就睡著了。

四十五分鐘後，他醒了過來。他問阿赫麥和薩德克有沒有另一個穆赫塔的消息，他們說沒有。小睡片刻恢復精神後，穆赫塔決定離開亞丁。他心想：「我們可以請他們把槍寄給我。」他打電話給另一個穆赫塔，說他們打算離開了。

「不，不。」另一個穆赫塔說：「我去拿槍，給我一個小時。你們先去享用午餐，之後再打電話給我。」

❖

幾週或幾個月後，穆赫塔很難確切地解釋，為什麼他會覺得在一座遭到襲擊的城市中尋找午餐是個好主意。但他們當時坐上卡車，開車在城市裡穿梭，尋找餐館，卻什麼也找不到。於是，他們把車子停在路邊，問一個在人行道上的男人，哪裡可以買到午餐。

薩德克開口詢問那個人，那實在是大失策，因為那個人一聽到薩德克的口音，立刻改變姿態。

「你是胡塞人嗎？」他問道。

穆赫塔試圖以古典阿拉伯語扭轉錯誤，努力說服那個男人相信他們不是讓亞丁陷入被害妄想深淵的叛亂分子。他們開車回旅館，他又打電話給另一個穆赫塔。

「你拿到槍了嗎？」他問道。

另一個穆赫塔說還沒拿到。他說，當時的局勢很亂，人民委員會一點也不像有組織的團體，資訊無法有效率地流通。他無法從任何人那裡得到明確的答覆。

「但我會把槍寄給你。」他說。「我保證我會拿到槍，並把它送到沙那。」

穆赫塔說那主意不錯，現在他不需要再擔心手槍了。他問另一個穆赫塔，離開亞丁的最好方法，問他可不可以幫忙，或至少保證他們安全通行？他提到他們剛剛在人行道上遇到那個可疑男子，以及他們剛進入這個城市時就遇到武裝分子。

另一個穆赫塔說：「沒問題，你有我的電話號碼。只要說你們認識我，就沒事了。」

第三十四章　一刀斃命

他們沒能及時趕上那艘希臘船——前提是那艘希臘船確實存在的話。現在他們不得不掉頭，往北開九個小時的車子回去，而且還是在胡塞叛軍一路往南挺進的情況下折返。但至少他們安全地離開亞丁了。另一個穆赫塔指引他們走某條路，他說那條路可以避開多數的檢查站，不久即可開上公路。

離開亞丁後，道路都是由胡塞叛軍掌控，保險桿上的標語可以保證通往沙那的道路暢通無阻。

他們從旅館開車經過三個街區後，遇到第一個檢查站。他們停了下來，穆赫塔探頭出去解釋他們的處境，士兵隨即揮手放行。穆赫塔心想：「很簡單嘛！」他又把身體縮回座位上，想起了伊卜。他們會在伊卜暫時停留，好好吃一頓並休息一下。姑媽會為他們做一頓大餐，那也是薩德克和阿赫麥理當獲得的款待。

阿赫麥來到另一個檢查點，再次停車。一群拿著AK-47步槍的人走過來，圍著他們的卡車。

「你他媽的要去哪裡？」一個人問道。

穆赫塔負責回應。他解釋了咖啡、奈瑟、希臘船，以及另一個穆赫塔。

那些人依然感到懷疑。薩德克看著穆赫塔，眼神充滿了擔憂。

最後，一個男人從人群中走出來。他穿著背心、及膝短褲和涼鞋。他說：「他們沒問題。」那人看起來快三十歲，比他旁邊那些人民委員會的成員年輕，但他似乎比他們更有權勢。他直視著穆赫塔，兩人之間產生了信任。他說：「你看起來一臉善良，有一種好人的氣質。讓他們通過吧。」

那群人離開卡車，阿赫麥迅速啟動車子離開。

他們沒有時間多想剛剛發生的事情，檢查站的運作沒有固定模式，每次遇到的情況都不一樣，每次都很主觀。檢查站的人可能認為他們三人是胡塞人，或認為他們是盟友；可能覺得他們很危險或不危險。每種情況都不固定，非常多變。亞丁已經深陷重圍，在這種情況下，他們覺得殺死任何人都不會有太大的遺憾。

阿赫麥繼續開車，他們只要開到海岸就安全了。另一個檢查站攔住了他們，但迅速對話之後，士兵就放行了。到了另一個街區，又有一個檢查站。有幾次，穆赫塔探頭出去，提到另一個穆赫塔，但似乎沒有人知道那個穆赫塔是誰。儘管如此，他們還是通過了五個檢查站，終於可以看到前面的藍色大海。

穆赫塔說：「快到了。」這時萬里無雲，陽光明媚，天氣晴朗。穆赫塔想像羊肉、牛肉，以及姑媽為他們準備的豐盛餐點。他可以帶薩德克和阿赫麥到祖父家的六樓陽臺欣賞風景——從那裡可以把伊卜方圓一百六十公里的景色盡收眼底。他們可以在那裡一直待到休息足夠，可以睡好幾天。

「該死！」薩德克說：「你看。」

是另一個檢查站，位於布瑞卡（Al Bura’aiqah）的濱海公路上。布瑞卡是個以白沙著稱的美麗海灘。阿赫麥放慢車速，停了下來。十五個人圍住他們的車子。

其中一人說：「出來。」那人看起來三十幾歲，鬍子刮得乾乾淨淨，穿著防風外套和運動褲，額頭上綁著一條黑色的細頭巾，穆赫塔不禁想起《小子難纏》裡那個學空手道的主角。

阿赫麥下車，雙手舉過頭頂，薩德克跟在其後，穆赫塔也離開卡車的駕駛區，來到大太陽底下。

「空手道小子」問他們要去哪裡，穆赫塔開始解釋。他讓空手道小子看美國護照，空手道小子似乎對他刮目相看，因此和其他人討論了一下，接著平靜地回來說：「別擔心，你歸我管。」

穆赫塔暗自發笑，心想空手道小子是去哪裡學「你歸我管」這句話。這些人都佯裝成士兵，裝得跟真的一樣。空手道小子把手放在穆赫塔的肩上。

「你沒問題。」他說，表情嚴肅，「你是美國人，不必擔心，但這兩個……我建議你自行離開，留下他們。」

「我不能這樣做。」穆赫塔說。

「我們必須把這兩人帶到警局問一些問題。你可以留在這裡。」

「你們問完就會帶他們回來嗎？」

「對。」空手道小子說。

這個檢查站的人做起事來井然有序，再加上空手道小子舉止溫和，態度上公事公辦，這些因素讓穆赫塔、薩德克、阿赫麥放鬆了下來。空手道小子平靜地說，他們會把薩德克和阿赫麥帶到警局，他的夥伴平靜地蒙住他們兩人的眼睛，接著又平靜地把他們送上一輛白色Hilux汽車的後座。整個過程好像例行公事一般，那些人以一種隨性又有效率的方式處理，所以穆赫塔以為這只是簡單的官僚程序，沒什麼好擔心的。他們叫穆赫塔放輕鬆，說這只需要一個小時，不會有問題的，他就乖乖照他們的指示做了。

❖

穆赫塔離開馬路，走到白沙灘坐了下來。一小群人民委員會的成員跟他坐在一起，他們一起眺望亞丁灣。那裡可以清楚看到三艘美國軍艦在幾浬外的海上。穆赫塔心想，如果美國政府直接疏散美國公民，事情就簡單多了，「天啊，那裡明明就有三艘船。」

那個海灘很美，但除了他和看守他的人以外，整個海灘空蕩蕩的。穆赫塔脫下鞋子，把腳埋在質地細如灰燼的白色細沙中。他把手伸進沙裡，仰頭面向太陽。士兵詢問穆塔的工作，他開始用手機展示山上梯狀咖啡園的照片，那些高海拔農業令人驚嘆的成果，包括黑瑪、布拉、哈傑、巴尼馬塔、伊卜、烏特曼（Utman）等地的照片。

「這是葉門嗎？」一個年輕的士兵問道。他從未離開亞丁，不知道葉門有那樣的風景。

穆赫塔說對，那是葉門，那些都是葉門。葉門除了亞丁和沙那以外，還有許多其他的風貌。穆赫塔滑動手機上的照片時，愈來愈多人圍了過來。他讓他們看日曬平臺、紅色的咖啡果實、亮綠的咖啡葉、皮膚黝黑的農民和孩子的臉龐。

另一個比剛剛那位士兵更年輕的男子也問了同樣的問題：「那真的是葉門嗎？」

❖

一輛汽車開了過來，汽車的轟鳴聲使他們頓時抽離了遐想。一輛白色Hilux汽車在公路上急轉彎，一個大塊頭的男子從卡車的後臺跳了下來。他立即把目光放在穆赫塔上。

「過來！」他大喊。

他穿著運動服和皮衣。另五名男子留在卡車的後臺，他們大多持有武器。

氣氛突然徹底變了，穆赫塔不顧拖鞋還在沙灘上，馬上跳了起來，衝到路上去跟那個男人會合。

「你必須跟我們走，上車！」皮衣男說。

穆赫塔看到卡車後臺已經沒有空位了，所以他坐上卡車的副駕駛座。在這之前，氣氛都很友善，所以面對這群新朋友，坐在副駕駛座似乎是最合乎邏輯、最合宜的方式。

「不對！」皮衣男喊道：「去後臺！」

穆赫塔走向卡車的後臺。一個男人抓住他，開始把他的手綁在背後。綑綁的東西質地很軟，似乎是從襯衫撕下來的布料。穆赫塔想回去沙灘穿拖鞋，但他知道為時已晚。接下來不管發生什麼事，他都得赤腳面對了。

現在他們蒙上他的眼睛，由於眼罩是匆促蒙上的，他的右眼還是可以透過眼罩底下的縫隙，看到他前方的地面。

他被扶上卡車的後座，坐在輪弧的上方，不久卡車就上路。疾風吹過，空氣變得愈來愈濃，車子正駛向城內。

「你是個該死的胡塞人。」皮衣男在風中喊道。他和皮衣男一起坐在卡車的後臺上。

「我不是胡塞人。」穆赫塔說。他努力維持鎮靜，說著古典的阿拉伯語。他知道他們會從口音判斷有沒有北方口音的跡象。

「我們打算殺了你。」皮衣男說。

穆赫塔依然保持平靜與理性，以呈現出中立旁觀者的形象，一個身陷在他人戰爭中的文明百姓。他問道：「你真的想在良心上記上這一筆嗎？」

「我的良心上記的死人可多了。」皮衣男說：「今天早上我就殺了你們同夥的兩個人。」

這下子，穆赫塔相信自己死定了。人民委員會的其他成員都是普通人和青少年，以及被迫拿起武器捍衛亞丁的中年管理者。但這個人是惡棍、是投機者，也許是個瘋子。不管他是否相信穆赫塔是胡塞人，都可能殺了他。

卡車在城市裡急轉彎，穆赫塔聞到柴油味，感覺到高樓的陰影籠罩，想著自己可能是怎麼死的。他們會對他開槍嗎？他想到子彈穿過頭顱。他記得當過警察的舅舅拉菲克告訴他，眉毛和鼻梁之間有個點——他說，如果把子彈射到那裡，就像扳動停機開關一樣，沒有痛苦，馬上一了百了。

穆赫塔不想被槍殺，他寧可被刀子割破喉嚨。卡車上的每個人都配戴著彎刀，他想到他可以請皮衣男用刀子解決他的性命，一刀斃命——穆斯林就是這樣屠殺動物，以確保肉類符合清真認證。那種宰殺方式對動物來說既迅速又人道。他想像自己的葬禮，想像舊金山的市長哀悼他，也許歐巴馬總統會說些什麼，至少傳遞一個訊息：「穆赫塔．肯夏利在從事他熱愛的事業時喪生。」那是合宜的死法嗎？他想到父母和手足，想到布特、喬蒂、瑪麗、史蒂芬。他的死可能是一種啟發，他將成為烈士。是咖啡烈士嗎？他這輩子過得很好，至少有幾年過得很好。他想到金銀島，想到無限大樓，想到那個喝咖啡的雕像。不，他的故事不是那麼好，對任何人來說並沒有什麼意義，那是一個沒有結局的故事。

他想起祖母在豐園區開的商店，想到祖父和姑媽正在伊卜準備豐盛的菜餚，心想：「誰會吃下那些食物呢？」

他將會英年早逝，他震驚地意識到這點。二十五歲還很年輕，他想起米麗安、賈斯汀、傑若米、朱利亞諾，他們會背著已逝友人的包袱繼續活下去。

卡車在城市裡疾馳穿梭。穆赫塔覺得事到如今，要嘗試任何事情也無妨了。他乾脆把他的故事告訴這些人，反正他也沒別的事做。

「你想聽我的故事嗎？」他問皮衣男。

皮衣男嘲諷說：「你確定你都記得嗎？」

「願真主保佑（Inshallah），我記得。」穆赫塔說。

卡車上的人都笑了。

穆赫塔開始說故事，他談到黑瑪和布拉的咖啡工人，談到他如何組織他們，想辦法改進他們的栽種與處理方法，以證明葉門咖啡是世界上最好的咖啡。他說，全世界都喝咖啡，但咖啡是在葉門誕生的，我們應該為此感到自豪。全世界都應該知道這點，我們有機會把咖啡做得很棒，向全世界展示我們不是只有內戰、無人機和咖特草而已。

他說完時，其他人都不發一語。穆赫塔也不確定皮衣男或其他人是否聽了他的故事。風在耳邊咆哮著，車子在支離破碎的道路上急馳，突然停了下來。

第三十五章 溫柔的手

卡車停了下來，車上的人紛紛跳下車，導致卡車左右搖晃。一隻溫柔的手伸過來扶著他。

「小心。」那人的聲音說。那是友善的聲音，就像扶著他的手臂一樣溫柔，「下車。」

穆赫塔下了車，站在路上。

「走過這裡。」那個溫柔的聲音說。

穆赫塔意識到他還沒死，也可能不會死。這個溫柔的新聲音是誰？難道這個人是溫和地引導他邁向死亡嗎？皮衣男去哪裡了？

「上樓梯。」那個溫柔的聲音說。穆赫塔走上一排樓梯，接著穿過走廊，進入一扇門內。即使蒙著眼睛，他也可以感覺到光線的變化。他在一個黑暗的空間裡，裡面的惡臭嚇了他一跳。室內的空氣濃密潮濕，充滿了汗水味、沒洗澡的氣味、尿騷味和糞便味。

他的眼罩被拿了下來，他環顧四周，看到一個小房間裡擠滿了骯髒的男人。他身後的鐵籠門關上了，那是警局裡的牢房。

他看見阿赫麥，阿赫麥衝向他。

「薩德克在哪？」穆赫塔問道，接著他看到薩德克也在那裡，就在阿赫麥的後方。

「我一直跟你在一起。」薩德克說，他剛剛也在那臺卡車上。

穆赫塔摸了一下腰帶，確定他攜帶的現金還在身上。這段時間，沒有人搜過他的身體。他們要是搜身的話，肯定會發現那筆現金。現在那四千美元仍綁在肚子上。

房間裡還有十個人，都穿著破衣服。一個男人睡在水泥地板上，地上都是排泄物，這些人只能隨地大小便。穆赫塔無法呼吸，那臭味嗆得他眼淚直流。

「這是什麼地方？」他小聲對阿赫麥說。

「監獄。」阿赫麥說。

牆上的高處有一扇鐵窗。

多數人看起來已經精神失常，狀似精神病院裡的患者。穆赫塔想起他在田德隆街上看到的那些人。這時，角落有個男人掀起紗籠蹲了下來，一灘尿在他的周圍擴散，一條細流朝著穆赫塔的赤腳流過來。他往後退，差點撞上另一個囚犯。他問那個人來那裡多久了。看他衣衫襤褸的樣子，穆赫塔原本以來那個男人會說幾個月，但那人說：「四天。」

穆赫塔心想：「四天後我們也會變成那樣嗎？這些人四天前是正常人嗎？」他覺得不是，他們的衣服破破爛爛，嘴巴喃喃自語。他猜想，人民委員會把他們送來這裡，是為了趁戰爭期間把他們處理掉。這是唯一的解釋，他們把城裡的精神病患集中起來（通常是街頭流浪漢），把他們關在這裡，以維護自身安全。

「我操你祖嬤！」一個刺耳的聲音喊道。那個人看起來上了年紀，赤著腳，流著口水。在接下來的一個小時，他持續發出類似的叫聲。

穆赫塔在後牆找到一個地方，靠牆站著。阿赫麥走到他身邊說：「我受不了。」眼神中充滿了絕望。

「放輕鬆，」穆赫塔說：「我們現在也束手無策，至少在這裡是安全的。」

但阿赫麥想離開。

「我操你祖嬤！」那個老人再次喊道。

穆赫塔走近牢門。

他無意間聽到兩個獄卒在談論摩卡港。其中一人的家人住在吉布地，顯然還有船隻在兩岸之間航行，把洋蔥和牛隻從摩卡港運到吉布提（Djibouti City）。

「我操你媽和你姊！」

「警衛！」阿赫麥大喊。那個瘋子的聲音很大，但阿赫麥的聲音更大，他失控了。「警衛！警衛！拜託！拜託！」

一名看起來比較乾淨的囚犯走近穆赫塔。

「你見過阿瑪（Ammar）嗎？」那人說，他描述那個穿皮衣的人，「你能活下來，運氣很好。你有看到那邊的血嗎?」他指著一個黑暗角落,「他在那裡砍了兩個人頭。」

穆赫塔不想看那裡,他不確定他是否相信那個男人的說法,那人看起來像牢房裡神智最清醒的瘋子。

「警衛!」阿赫麥再次大喊。

穆赫塔和薩德克試著讓阿赫麥平靜下來,但毫無效果,阿赫麥已經失控了。「警衛!警衛!警衛!」他哭喊著。

「冷靜下來。」穆赫塔說,「去窗戶那邊,吸點空氣。」阿赫麥仍持續嚎叫:「警衛!警衛!」

「白癡!你會害死我們!」薩德克低聲說。

最後,一位年輕的警衛來到門口。阿赫麥衝向他,把手伸出鐵欄,抓住那個警衛的膝蓋,竭盡所能地親吻他的膝蓋。在葉門,那是一種祈求的傳統姿態。

另一個看似警官的年長者,留著鬍子,來到那個警衛的身後。他穿著紗籠和馬球衫,看似當地的重要人物,也是他們被帶到警局以來見到位階最高的警官。

穆赫塔走向他。留那種鬍子幾乎肯定是虔誠教徒的象徵——他也許明白穆赫塔年少時接受的宗教教誨。

「長官,」穆赫塔說:「我覺得這裡有些誤會。我們跟這些人是不同的,我是學生,曾在伊斯蘭神學院求學一年。」穆赫塔很討厭他在伊斯蘭神學院求學的經歷,但他現在希望那段經歷可以派上用場。

「你是哪裡人？」那人問道。

「伊卜。」穆赫塔說：「我跟著你們的學者一起學習。」

那人突然產生了興趣。穆赫塔用古典阿拉伯語背誦了《古蘭經》的詩句。他刻意挑選與仁慈、好客、善待囚犯有關的詩句。

那個蓄鬍的警官轉向警衛說：「這些人不屬於這裡，開門。」

阿赫麥站了起來，薩德克也走到門口。警衛打開門，鬍子男帶著他們上樓，一名警衛尾隨在他們的後面。他們來到一間小辦公室，裡面除了一張桌子以外，幾乎沒有別的東西。

門開了，出現一張熟悉的面孔。穆赫塔過了一會兒才想起他在哪裡見過那個人。後來他想起來了，他就是那個穿著背心和及膝短褲、告訴穆赫塔他看起來一臉善良的人。現在，他看到穆赫塔被關在監獄裡，怒不可遏。

「這裡發生了什麼事？」他問道。

鬍子男聳聳肩，他們兩人之間的動態關係難以解讀。鬍子男看起來比背心男至少大了十五歲，但背心男似乎位階比較高。背心男大吼，在房裡來回踱步，對於穆赫塔和他的朋友遭到的待遇怒不可遏。

「我實在難以置信！」他大聲說：「這些人在這裡幹什麼？是誰准許這樣做的？」

穆赫塔仔細觀察背心男。他那誇張的憤怒神情讓穆赫塔想起「扮白臉扮黑臉」的業餘手法。背心男大拍桌面，也搥打牆壁。

另一位警官走進房間，鬍子刮得乾乾淨淨，滿頭白髮。在正常情況下，他可能是警察局長。但現在他穿著便服，和人民委員會的其他成員一樣。他向穆赫塔、阿赫麥、薩德克保證，這一切搞錯了。他說，皮衣男阿瑪是流氓，他們自由了。

鬍子男走近穆赫塔。

「我妻子也是伊卜人。」他說：「我為這一切感到抱歉。」他名叫阿卜杜・瓦瑟（Abdul Wasr），他把自己的電話號碼給了穆赫塔，並承諾在遇到困難時給予協助。不久，他們開始笑談那天遇到的瘋狂狀況，以及整個過程有多麼荒唐。穆赫塔跟他們提起他的咖啡事業，他們都表示佩服，接著終於到了該離開的時候。

就像之前遭到審訊那樣，穆赫塔與那些獄卒愉快地走出警局。他們離開警局時，穆赫塔仍滔滔不絕地講述他在公關方面可以幫他們多少忙。他說，他可以幫他們把訊息翻譯成英文，幫他們開推特（Twitter）帳戶，讓他們上臉書（Facebook），幫他們經營所有的社群媒體。他說，他來自舊金山，認識矽谷的各號人物。在此同時，阿赫麥則是跪在警察局長的面前，親吻他的膝蓋。

第三十六章 六個全副武裝的人站在床邊

他們的卡車仍停在當初被攔下的海灘上，所以背心男載他們回海岸，在那裡找到絲毫未損的卡車，新秀麗行李箱仍綁在卡車的後臺上。

背心男說：「天快黑了。」他說天黑後行駛在亞丁附近的任何地方都很危險。他建議他們在當地留宿一晚，早上再走。他知道有個地方很安全。

穆赫塔有預感這樣做是錯的，他們應該趁現在能走時趕快離開。但現在天色已經暗下來了，背心男剛剛激動地反對囚禁他們，但眼神中還是可以看出他並未完全信任穆赫塔三人。現在匆忙離開的話，可能會引起對方更多的疑慮。

於是，他們上了卡車，跟著背心男開到加迪爾旅館（Al Ghadeer），把卡車停在旅館前毫無人跡的街上。

背心男從休旅車下來，帶他們走進旅館大廳，他認識旅館老闆。老闆四十幾歲，留著鬍子，身型削瘦。背心男說：「幫我照顧這幾位，他們是我的朋友。」

那家旅館看起來廉價破舊，他們三人告別背心男後，往樓上走去。

背心男說：「哦，等等。」他們三人轉過身，「今晚要小心，這附近有些傢伙，類似今天抓你們的那個人。」穆赫塔知道他指的是阿瑪，「他們晚上會到處惹是生非，我覺得他們今晚不會來這裡，我只是希望你們小心。」

❖

穆赫塔、薩德克、阿赫麥精疲力竭，情緒低落。他們癱倒在床上，在監獄裡失控的阿赫麥慢慢地恢復鎮定。穆赫塔躺在床上，盯著牆壁，感到愈來愈不自在。他們實在不該留在亞丁。然而，薩德克的舉止卻像在度假一樣。他想換個景觀更好的房間。

「你是講真的嗎？」穆赫塔問道。

薩德克說：「整家旅館都是空的，我敢打賭那些面海的房間都沒人住，我們可以一人住一間。」

穆赫塔告訴他，還是算了吧。薩德克悶悶不樂地去洗澡。

「你還好嗎？」穆赫塔問阿赫麥。

「我沒事了。」阿赫麥說：「但我本來以為我們一定會死在那個牢房裡。」

薩德克從浴室走出來，穿著迷彩內褲。

「你瘋了嗎？脫掉！」穆赫塔喊道。人民委員會不太可能看到薩德克的內褲，但任何迷彩服都暗示他們與胡塞叛軍有關，他們不能冒險。薩德克把迷彩內褲脫掉，穆赫塔把那件內褲藏在櫥櫃的後方。

現在，穆赫塔對於薩德克究竟是何許人感到困惑，他真的是胡塞叛軍的臥底嗎？他不想過問。

穆赫塔打開電視，新聞顯示胡塞部隊在葉門各地攻城掠地，聚集在離亞丁幾公里的地方。阿赫麥大聲歎了口氣。電視新聞不斷傳出槍響聲，穆赫塔不知不覺就睡著了。

❖

他睜開眼睛時，看見一排陰影。那是凌晨兩點，房間裡出現六個陌生的男子，臉上都遮著方頭巾，手上拿著AK－47步槍，手指扣在扳機上。

穆赫塔看得出來他們大多很年輕。他不加思索就說出：「Masa al-khair!（晚安！）」語氣好像在舉辦晚宴一樣。這個問候語一說出口，馬上就化解了屋內的威脅氣氛。他正前方的人看起來好像在微笑，穆赫塔可以看見圍巾上方那雙笑到瞇起來的眼睛。

「你說晚安是什麼意思？」另一個人問道。他似乎是隊長。

穆赫塔又不加思索地回答：「不然你要我說什麼？早安嗎？」

阿赫麥和薩德克以恐懼的眼神看著穆赫塔，他再這樣亂講下去，會害死他們。但穆赫塔覺得他的方法有效，之前他已經用講話的方式幫他們脫困幾次，這次也一樣。他已經讓其中一兩個蒙面人笑了。他們手中拿著步槍雖然危險，但其他的跡象顯示他們還有希望。

那些人臉上圍著圍巾是好徵兆，那表示他們認為穆赫塔三人中，有些人或全部的人都是胡塞人。萬一他們露臉了，囚犯獲釋後，胡塞叛軍可能會對他們或他們的家人展開報復行動。他知道，如果這種團體不在乎你看到他們的臉，那才是真正的危險，那你就死定了。

那個隊長問他們來亞丁幹什麼。穆赫塔告訴他們，他們本來要去港口搭一艘離開的希臘船。阿拉伯語的「希臘」是Yunani，穆赫塔說得太快，聽起來很像「伊朗的」——暗示他們是在找一艘伊朗船。那些蒙面人一聽，內心警鈴大作，因為伊朗支持胡塞叛軍。

「你說什麼船？」隊長問道。

「Yunani，Yunani（希臘，希臘）。」穆赫塔說。是希臘、希臘。

他解釋，他是美國人、咖啡商、生意人，只是想帶著咖啡樣本離開葉門。

「你以美國人的身分為榮嗎？」隊長問道。

聽他這樣一問，穆赫塔不禁擔心了起來。這些人是誰？他們看起來像人民委員會，但也可能蓋達組織。在葉門，這兩組人馬可說是同床異夢，各懷鬼胎，兩者之間有一些令人不安的重疊。

「把你的筆記型電腦交給我。」

交出筆電實在很不妙。剎那間，穆赫塔想起當年賣本田汽車的邁克・李所說的：「掌控對話。」

「好吧，你可以借用。」穆赫塔說，「但早上七點以前要還我。」

他對著一群手拿AK–47步槍的蒙面男子這麼說。他堅持五小時內要拿回筆電，彷彿他七點要開一場不能錯過的電話會議似的。怪的是，對方竟然同意了。

「好。」隊長說：「我們也需要你們的手機。」

穆赫塔、阿赫麥、薩德克交出手機。那些人拿了手機和筆電後，就離開房間了。

阿赫麥站起來，鎖上門。「那是怎麼回事？」他問道。「為什麼你告訴他們，你需要在七點前拿回筆電？你要害我們被殺嗎？」

在黑暗中，阿赫麥、薩德克、穆赫塔猜測那些人是誰。他們考慮逃走，但那裡只有一個出口，要不是那群人守著，就是由人民委員會守著。

穆赫塔說：「我們還是睡吧。」他很累，心裡有一種奇怪的感覺：他只要去睡覺，七點就會有人來敲門，歸還他的筆電。

沒想到，他們早上五點就來了。穆赫塔感到有人推他的肩膀。他睜開眼睛，看到一個蒙面人歸還他的筆電。他叫那個人把筆電放在地板上，那個人照做了，穆赫塔又繼續睡。

❖

早上，穆赫塔跟著日出醒來，打開筆電。筆電正常運作，除了背景螢幕改了以外，似乎一切沒變。本來的背景螢幕是哈拉斯（Haraz）的山間村落，現在變成穆赫塔在奧克蘭舉辦某場咖啡活動的傳單圖。那些蒙面客似乎沒有動到其他的東西，他唯一能想到解釋是，人民委員會的人不知道如何使用麥金塔電腦。他在葉門沒看過任何人使用麥金塔，他們花了很長的時間摸索他的電腦，卻只做了一件事：更換背景螢幕。

他走下樓，大廳一片漆黑。出口拉下了鐵捲門，他們被關在裡面，櫃臺後方的人坐在椅子上睡著了。

穆赫塔使用櫃臺的電話，打電話給那個幫他們逃出警局監獄的鬍子男瓦瑟。穆赫塔認為他知道狀況。

「我們必須離開。」穆赫塔說：「我們的手機在哪裡？」

瓦瑟的語氣聽起來很不安，他問道：「你獨自一人嗎？」

穆赫塔說他確實想獨自離開。

「有人對你的朋友薩德克有些疑慮。他們在他的手機上發現了一些令人不安的名字。昨晚那些人想把你們全部帶走，但我說服他們不要那樣做。」

瓦瑟叫穆赫塔先留在旅館。幾分鐘後，他趕到現場，告訴穆赫塔，他的手機很快就會歸還，但他們在薩德克的手機上，發現葉門軍隊中高階胡塞分子及胡塞共謀的電話號碼。人民委員會打算進一步審問薩德克。穆赫塔心想他會遭到折磨。

穆赫塔回到房間後，質問薩德克。

薩德克一臉事不關己的樣子，他說：「那是我堂哥的電話，我不認識任何胡塞高層。」

穆赫塔追問，為什麼他堂兄的電話裡會有胡塞和葉門軍方將領的名字。薩德克說，他的堂兄有一輛送貨卡車，客群很廣，包括旅館、學校和一些軍事基地。

穆赫塔相信他了。薩德克看起來不像革命者。他們一起住進這家位於戰區的旅館時，他甚至還要求更換有海景的房間。

穆赫塔下樓向瓦瑟解釋這件事。「薩德克不可能是胡塞叛軍的臥底，你也看過他，不是嗎？」

瓦瑟允許穆赫塔使用他的手機。穆赫塔打電話給沙那的哈吉里。

「你還活著！」哈吉里說：「很好，尼寇森已經跟那個女孩通話了，那個叫奈瑟的女孩。」

「奈瑟？」

哈吉里解釋以後，穆赫塔終於想通了。人民委員會的人昨晚拿走穆赫塔的手機，他們檢查手機時，尼寇森剛好打電話給穆赫塔。人民委員會的人不知道怎麼使用iPhone，試圖關掉手機鈴聲，卻不小心接通了電話，並放任手機處於通話狀態。

尼寇森就這樣聽了人民委員會的成員對話兩個小時，他聽到的訊息令人不安，他知道穆赫塔和夥伴身陷險境。所以，尼寇森和哈吉里整晚都在打電話。他們找到奈瑟的名字，打電話給她。奈瑟不停地打電話，直到她找到穆赫塔被關在哪裡，以及被誰關著。

哈吉里告訴穆赫塔：「一切會沒事的，我們找了很多人，我們會確保你的安全，奈瑟的家人認識亞丁的每個人。」

❖

在新希望的鼓舞下，穆赫塔回到房間。他洗了澡，努力洗去腳上的污垢——前一天他斥著腳踩在那個骯髒的牢房裡，那似乎是很久以前的事了。沖澡的時候，那是那天他第一次獨處，他想著自己有哪些選項。現在那些人懷疑薩德克是滲透到亞丁的胡塞叛軍臥底，懷疑他可能向上級回報敵人的位置和戰力。捍衛亞丁的人民委員會對城內的任何人起疑是合情合理的，尤其是一個曾在警局內看過其據點的胡塞人。

穆赫塔不知道自己該相信什麼或該做什麼。如果薩德克是胡塞人，穆赫塔還要繼續保護他嗎？現在是跟薩德克劃清界線的時候嗎？那阿赫麥呢？他是同謀嗎？

薩德克拿走了唯一的毛巾，穆赫塔只好用亞麻材質的浴簾擦乾身子。他走出浴室時，看到另一個穆赫塔。他和那六名武裝人員在一起。

他說：「我們來帶你們離開這裡。」

❖

另一個穆赫塔接到了奈瑟的電話。

他說：「你現在必須離開這座城市。」

他們也不清楚這個人為什麼要為他們三人冒那麼大的風險，但穆赫塔不想再質疑，他們就快解脫了。這時，穆赫塔開口說了一句話，現場每個人都覺得那句話很荒謬。

「我的樣本，裝在黑色的新秀麗行李箱裡。沒有那些樣本，我不能離開。」

另一個穆赫塔不禁皺眉問道：「你的什麼？」

穆赫塔開始講述那些咖啡豆的故事，以及西雅圖舉行的大會。

「那是我的一生。」穆赫塔說。

「你先留在這裡。」另一個穆赫塔說。

他和六名武裝人員離開了。

「你是認真的嗎？」阿赫麥說：「我們現在有機會離開，卻要留下來等你的咖啡豆？」

一個小時過去了。接著，兩個小時過去了。

穆赫塔、薩德克、阿赫麥看著電視上播放的戰況。他們都不太清楚亞丁的地理位置，但是從報導上看來，彷彿他們的周遭到處都有戰爭。新聞中提到胡塞組織時，穆赫塔突然冒出一個想法。

他看著薩德克說：「我們必須幫你變裝。」

穆赫塔多帶了一件西服襯衫，他把那件襯衫拿給薩德克。薩德克穿上襯衫後，轉變很大，但變裝尚未結束。穆赫塔把眼鏡拔下來給他戴，幫他把頭髮梳理整齊。

「太不可思議了。」阿赫麥看著穆赫塔說，「他看起來很像你。」薩德克看起來像個全球生意人，穿著整潔的藍襯衫，戴眼鏡，頭髮整齊地分邊。穆赫塔馬上覺得任何威脅感都消失了。為什麼他在沙那還沒有啟程時不先做這件事呢？他有許多好點子都是等最實用的時機過了才出現。

門口傳來急促的敲門聲。

是另一個穆赫塔。「我拿到你的行李箱了，我們走吧。」

在旅館外面，穆赫塔看到那輛卡車，行李箱仍綁在後面。

另一個穆赫塔說：「我必須待在我的旅館內，但我的朋友會跟你們一起走。」他把他們介紹給一個叫拉姆西（Ramsi）的人。「如果有人問你是誰，你就說你是亞丁一家污水處理場的員工，你正要離開。」

阿赫麥發動卡車。穆赫塔向另一個穆赫塔道謝，多虧他救了一命，雖然這輩子可能再也沒機會碰面了。阿赫麥開車離開當地。

他們離開亞丁之前，經過三個檢查站，拉姆西幫他們通過每個檢查站。他們在離亞丁十六公里的地方，讓拉姆西下車。之後，道路就暢通了。他們在毫無阻礙下疾駛了九個小時，晚上終於回到沙那。

第三十七章　摩卡港

坐在叔叔的公寓裡，穆赫塔權衡著自己的選項。關在人民委員會的監獄時，他聽到一名警衛談到摩卡和吉布提之間運送牲畜和人的貨船。穆赫塔上網查詢時得知，摩卡港或多或少仍在運作。那裡屢次遭到沙國的轟炸，即使是沒有轟炸的時候，也有胡塞組織和國軍在當地爭鬥，但是當地的船隻仍如常進出港口。

他打電話給尼寇森。

尼寇森問他：「你想從摩卡港搭船嗎？」

穆赫塔說：「我們抵達吉布提後，再飛往阿迪斯。」

這次尼寇森同意了。亞丁之行沒有引起他的興趣，是因為亞丁已淪為戰區，而且他一直在期待更實際的方案出現，例如機場重新啟用。但是那並未發生，現在ＳＣＡＡ的大會就快舉行了。瑞洋每年的咖啡銷量中，有很大一部分是透過那場大會銷售，他非去ＳＣＡＡ的大會不可。

穆赫塔打電話去吉布地的美國大使館，他沒有期待什麼，只是想找個人問問。他假設性地問道，如果他和另一個美國人橫渡紅海，乘船抵達吉布地，美國大使館會接待他們並幫他們返回美國嗎？

大使館的代表是一位友善的女性，她的務實回應讓穆赫塔大受鼓舞，她說他們確實會提供協助。

「我們不會被關進難民營吧？」穆赫塔問道。

「不會，不會。」那個女人說：「如果你能來到這裡，我們會盡力幫助你。」

穆赫塔和尼寇森決定週五過去，在主麻日（jumma）＊之後。他們認為在伊斯蘭的聖日當天，發生暴力事件的可能性比較小。

❖

阿赫麥答應再去一次，雖然兩天前他在亞丁才剛從死裡逃生。穆赫塔覺得自嘆不如，一週前他幾乎不認識阿赫麥，現在他又答應再次冒著生命危險，而且是為了穆赫塔、尼寇森和咖啡。

「我們會沒事的。」穆赫塔對他說。

穆赫塔透過沙那的朋友，認識馬哈茂德（Mahmoud），他知道駛離摩卡港的船隻動向。馬哈茂德向穆赫塔保證，他會搞定讓他們上船及離開摩卡港的細節。

「沒問題的。」馬哈茂德說。

早上，阿赫麥開著小貨車來到穆赫塔的門前。穆赫塔把手提箱放上小貨車的後臺，他們開車穿過城市，去接哈吉里和尼寇森。尼寇森穿著週五祈禱的衣服下樓，身上噴了古龍水，提著五個手提箱，裡面裝滿咖啡豆，還有一盒妻子烘焙的馬芬。他們出發了，尼寇森讓穆赫塔及阿赫麥看他手機上一段女兒瑞洋的影片（他以公司名稱為女兒命名）。瑞洋兩歲，她在影片中談論草莓。

穆赫塔說：「你為什麼要讓我們看這個？」他們驅車前往摩卡時，他不想去想尼寇森的女兒。他只想思考一些平淡無奇的事情，例如西雅圖、咖啡豆之類的。

穆赫塔心想：「再見了，沙那。」他確信，他回來時，沙那還在，只是他不知道自己何時會再回來，但也有可能他回來時，沙那已經徹底變了。沒有人確定沙國會做什麼，胡塞叛軍會做什麼。葉門可能變成下一個敘利亞。

他們向西行駛，穿過哈拉斯山脈。山路又窄又彎，把他們帶到海拔三千米的高處。每十六公里或三十二公里就會出現檢查站，但是在阿赫麥負責回應下，胡塞士兵很快就放他們通行。

---

* 譯註：穆斯林於每週五舉行的聚禮。

他們來到荷臺達（Hodaidah），開上南北向的公路。他們在公路上開了四個小時，都沒遇到任何阻礙。那條公路離海岸有三十二公里遠，穿過平坦的高地。那條公路大多是四線道，檢查站很少，效率也高。他們在傍晚就抵達摩卡。

❖

穆赫塔讀過摩卡的相關資訊，也以摩卡為自己的公司命名，多年來他對摩卡的歷史一直很著迷。但這是他第一次親眼目睹摩卡，通往摩卡的道路坑坑窪窪，路邊都是搖搖欲墜的石屋，很多石屋已廢棄不用。這個傳說中的港口曾是全球最重要的港口之一，但如今這裡只剩下約一萬五千名窮困的人口，整座城市的處境艱難。

市區裡只有一家旅館仍在營業。穆赫塔、尼寇森、哈吉里走進旅館時，發現現場一片混亂。每個想從摩卡逃離葉門的人都在那裡，包括衣索比亞人、厄利垂亞人、索馬利亞人。櫃臺的服務員收取的住宿費是平日的五倍，但他們別無選擇，只能付錢，前往他們的房間。

穆赫塔打電話給馬哈茂德，馬哈茂德說他可以安排隔天搭船。一個小時後，馬哈茂德抵達旅館，確認他們可以搭乘一艘索馬利亞的貨船，那艘貨船平時是載運牲畜到摩卡，但最近被改裝成客輪，以運送乘客離開葉門。他說，隔天——後來他又修正，也許是週日——那艘船將會載運一百五十人及幾噸洋蔥離港。他會確保穆赫塔和尼寇森搭上那艘船。到吉布提的行程需要十五到二十個小時。

尼寇森很擔心，因為誰也無法保證隔天就離開，也不確定他們何時可以抵達，這對他們的烘豆時間很不利。如果他們無法在隔天（週六）離開摩卡港，就無法在隔天搭機離開吉布地，那表示他們趕不上晚上十點從阿迪斯阿貝巴起飛的航班，也就無法及時回到美國烘焙咖啡豆。咖啡豆需要烘焙靜置才會變好，如果咖啡無法變好，這樣大老遠跑一趟就沒有意義。

「所以我們明天一定要離開。」穆赫塔說。

他們在旅館內吃晚餐，很早就準備好上床睡覺了。他們在房裡嚼著咖特草，聽到三輛柴油巴士停靠在旅館外面的轟鳴聲。透過窗戶，他們看到數十名索馬利亞人下車。穆赫塔認為他們也是來搭隔天的船，城裡的每個人似乎都急著離開。

穆赫塔說：「明天可以看到夏狄利清真寺。」他整天都在想這件事，那裡是摩卡僧侶夏狄利的發跡地——他是第一個煮咖啡、開創咖啡交易的人。

尼寇森看著穆赫塔，好像他瘋了似的。「我們明天不會去清真寺。」他說，「我們又不是在度假，我們要趕快離開這裡。」

❖

他們在日出時醒來，並聯絡馬哈茂德。

馬哈茂德說：「有個問題。」穆赫塔聽他這麼一說，就知道剩下的狀況了。在葉門，做任何事情都不容易。如果有人說他可以把你弄上船，那只是對話的開始而已，從來不是買票上船那麼簡單。馬哈茂德說，因為沒有燃料，船當天不會離開。

「那什麼時候離開？」穆赫塔問道。

「很難說。」馬哈茂德回應。

穆赫塔向馬哈茂德詢問其他的可能性。馬哈茂德提到有一種極小的可能性是租用所謂的「蛇船」。他說，搭那種船只要五六個小時就可以抵達吉布地。穆赫塔想像那是加勒比的毒販愛用的那種快艇。

「我會去查看看。」馬哈茂德說。

穆赫塔知道他那樣講是什麼意思。現在他有空檔了。

❖

他的嚮導是當地的法官兼史學家阿德爾．法德（Adel Fadh）。法德是個身材矮小的中年人，舉止斯文，他帶著穆赫塔進入清真寺，那座簡陋的建築正在進行大規模的整修。晨光從高處的窗戶射進室內時，他們在鷹架的下方走動。那座清真寺的興建是為了紀念夏狄利，那裡保留了一種充滿活力的靈性。夏狄利是蘇菲派的僧侶，他去了哈勒爾，娶了一個衣索比亞的女人，把咖啡樹帶回葉門（那時還沒有人工栽種的咖啡樹，仍是野生的）。在摩卡，他發明了現在稱為咖啡的黑色飲料。當地的傳說指出，夏狄利讓摩卡晉升為咖啡交易中心。是他把咖啡介紹給來摩卡的商人，並大力宣傳咖啡的藥效。

法德解釋，那座清真寺已有五百多年的歷史，已修復多次，但現在幾乎沒有經費維護下去。由於摩卡這個城市實在太窮，葉門又處於戰爭狀態，他很擔心清真寺及摩卡市的未來。穆赫塔說：「我們可以讓這個港市恢復往日的榮光。」他說，只要他能活著離開葉門，有朝一日他再回來這裡時，一定會做到這點。他也不知道自己要如何做到，但他覺得他有義務給法德一些希望。

法德是老實人，認真地聆聽穆赫塔的說法。穆赫塔發現清真寺裡的所有人也在聆聽。他談到現代的咖啡貿易、精品咖啡的興起、葉門咖啡即將再次稱霸，以及摩卡如何再次繁榮起來。

這時穆赫塔的手機響了，是馬哈茂德打來的。他找到船了。

❖

回到旅館，穆赫塔得知馬哈茂德並未找到船。他們只好開車在城裡繞，到處問人租用漁船或充氣船艇的可能性。

最後馬哈茂德打電話來，說他找到一艘船及願意駕駛的船長。哈吉里把他們載到岸邊，領航員是個年輕人，約三十歲，那艘船很小，約四米長，只有平底的小划艇，根本不是「蛇船」。後來他們才知道馬哈茂德說的是纖維船（fiber boat），而不是蛇船（viper boat）。而且，逃生船看起來很寒酸，又淺又窄，只配備一個寒酸的山葉（YAMAHA）船外機馬達，看起來好像會被鮪魚撞翻。

「我們搭那艘船會濕透。」尼寇森說。

他們回到卡車上，開車去尋找防水布。他們必須用防水布包住行李箱及鋪在船底，以保持咖啡的乾燥。他們同意讓阿赫麥先去港務局，為穆赫塔和尼寇森的護照蓋章。

他們分頭進行任務。哈吉里開車送他們回城內，穆赫塔和尼寇森在城裡找到賣防水布的商店。他們買了三張防水布後，掉頭開回海灘，卻發現卡車快沒油了，所以又開去加油。他們坐在卡車裡，聽見不到一、兩公里外的海濱傳來槍聲。

「打電話給阿赫麥。」穆赫塔說。

尼寇森打了，結果阿赫麥的手機在卡車裡響了起來，原來他把手機忘在了車內。這時，他們看到馬哈茂德的福特汽車出現，他把車子迅速開進停車場，跳下車。他說港務局發生槍戰，他和阿赫麥拿護照去蓋章時，胡塞叛軍對著港務局的警衛開槍，或者也有可能是警衛對胡塞叛軍開槍。總之，現場一片混亂，馬哈茂德和阿赫麥因此走散了。

穆赫塔和尼寇森當場愣住，不知如何是好。他們需要找到阿赫麥，但現在去海濱簡直是自殺，而且他也應該逃離了那裡。

「回旅館吧。」穆赫塔說。

哈吉里開著車在寬闊的道路上疾馳時，他們不發一語地坐在車內。穆赫塔有強烈的預感，阿赫麥已經死了，他不可能再像上次那麼幸運。他在亞丁幸運地度過所有難關，但他實在碰到太多危機了。

尼寇森看到穆赫塔一臉憂心忡忡，對他說：「別擔心，他會沒事的。」

車子抵達旅館後，他們隨即跳下車。

阿赫麥站在旅館大廳，毫髮無傷。

「嘿。」他說。

穆赫塔展開雙臂抱住他。

阿赫麥笑著說：「我很好，那沒什麼大不了的。」

穆赫塔往後退，看著阿赫麥。幾分鐘前，他確信阿赫麥掛了，現在阿赫麥還活著，他身上有他們的護照。槍戰開始時，他把護照藏在襯衫裡，溜出大樓，進入停車場，一邊跑一邊閃躲子彈。後來他看到一輛路過的機車，他把那輛機車攔下來，跳上後座，指引騎士騎來旅館。

現在，他把護照交給穆赫塔和尼寇森，彷彿他剛剛做了一項很基本的任務似的。他在槍戰爆發前，就已經把護照蓋好了。

「你們最好現在就走。」他說。

他們回到哈吉里的卡車上，開到海岸的另一邊。他們租的那艘小船離槍戰的地點很遠。在海灘上，他們遇到兩位當地的警察，穆赫塔看不出來他們是效忠胡塞組織，還是效忠政府。穆赫塔把賄賂的錢塞進他們的手中，他們終於可以離開摩卡了。

❖

尼寇森和穆赫塔走近那艘租來的小船時，兩人都笑了出來。尼寇森是在路易斯安那州的湖泊區成長，那艘船比他以前釣魚用的船還小，那真的能夠橫渡紅海嗎？他們雇來駕駛這艘船的人似乎很有信心，他說他已經橫渡紅海很多次了。

那艘船沒有額外的馬達，只有一個槳，沒有救生衣。他們不知道海上有沒有沙國的船隻，也不知道沙國的飛機會不會攻擊駛離港口的船隻，更不知道海上有沒有美國海軍誤以為他們是恐怖分子，而把他們的船炸翻。此外，還有一種可能是（而且機率可能比上述的其他情況還高），船長可能把他們賣給索馬利亞的海盜。

「離開的時候到了。」穆赫塔說。

他們為行李箱包上防水布，也在船的底部鋪上防水布。他們兩人總共帶了一百公斤的生豆，船長在準備引擎時，穆赫塔、尼寇森、哈吉里和阿赫麥為可能發生的意外情況制定了計畫。

他們約定好穆赫塔和尼寇森抵達吉布地的港口時，或是在啟程二十四小時內，打電話給哈吉里和阿赫麥。在接到他們的電話以前，哈吉里和阿赫麥持續住在摩卡。萬一穆赫塔和尼寇森沒在那段時間內打電話，那就表示他們出事了，他們可能已被賣給海盜。發生那種事時，哈吉里和阿赫麥就有權去綁架船長的親屬，那是葉門的作法。

他們在海灘上討論這些事情時，言談中夾雜了嚴肅的態度和黑色幽默。他們把行李箱排在船底，一切都準備就緒。然而，他們準備上船及討論各種意外狀況時，兩個當地的小孩（一男一女）一直在附近徘徊。這在當地並不罕見——總是有當地的孩子對離岸的船隻感興趣——但現在這兩個孩子跳上了船。

「這些孩子是誰？」穆赫塔問船長。

船長說，他們是朋友的孩子。他要載他們去吉布地，跟他們的父親會合。穆赫塔和尼寇森簡短地討論了一下，船上多兩個孩子究竟是增加旅程的危險，還是減少旅程的危險。

「我們走吧。」尼寇森說。

他們向哈吉里和阿赫麥道別。哈吉里曾向尼寇森和穆赫塔解釋，萬一他們遭到不測，他會索取什麼抵押品及如何為他們報復，但現在他看起來似乎異常地徬徨。

「你們真的要走了嗎？」他問道。

「我們必須趕去西雅圖。」尼寇森說。

「從船上打電話給我。」哈吉里說。

他們幫船長把小船推到淺水區。船長上了船，並在舷外發動機的旁邊就位。

「你知道嗎？我從來沒搭過船，」穆赫塔說。

「你是從來沒搭過這種船吧？」尼寇森問道。

「不是，我是從來沒搭過**任何**船。」穆赫塔說。

穆赫塔在舊金山長大，舊金山的周遭都是水域，包括海洋、海灣、河流、河口和湖泊。他在葉門生活多年，葉門有一千九百多公里的海岸線。他在金銀島上讀中學，那是一個真正的島嶼。但他從來沒搭過船。他一直想搭船，但他年少時看到的渡船、遊艇和帆船，似乎是一個他無法企及的世界。

所以他第一次搭船，就是在內戰期間搭乘小艇離開葉門。

他踏進船內，他們開始駛離海岸。這是八十年來帶著第一批咖啡離開摩卡港的人。

第三十八章 吉布地歡迎你

海浪來襲時，他們連坐都坐不穩，整個人翻倒在船底。他們回過神來時，笑了笑，重新坐起來。那艘小船又小又不靈活，每次浪潮來襲時都很危險。沒幾分鐘，他們全身都濕透了，孩子也濕透了。他們一起擠在船中央，連續三個小時不發一語。

海岸從身後消失後，尼寇森從背包中取出一袋咖特草。

「現在嗎？」穆赫塔說。

尼寇森笑了。咖特草讓他們平靜下來，使整個旅程看起來很稀鬆平常。他們咀嚼著，咖特草讓他們進入一種滿足又豁達的狀態，即使海浪聲和風聲大到他們需要用喊的對話。一個小時後，海面平靜下來了，咖特草開始發揮效果。由於陽光明媚，再加上他們對船長的信任度愈來愈高，他們終於放鬆了下來。穆赫塔和尼寇森一起擠在船中央，坐在他們的樣本上，開始隨口聊一些哲理，談一些咀嚼咖特草時才會閒扯的話題。那可能也是身處在戰區及未知的彼岸之間，漂流在海上、嚼著咖特草時，才會聊到的事情。

他們聊到真主，穆赫塔說：「如果你相信通往真主的道路只有一條，你是在限制真主。」他甚至覺得自己講的話意義深遠，可能永遠改變他們的人生。他們也聊一些務實的事情——他們的咖啡事業、咖啡園、農民和計畫。由於他們正平安地橫渡紅海，他們也知道有數百人想要離開葉門但找不到方法，他們因此想出一個計畫：如果他們平安抵達吉布地的話，他們會租一艘可載兩百五十人左右的船，載著葉門人、美國人和其他人橫渡紅海，做美國國務院不做的事情。他們稱之為「阿拉伯摩卡行動」，他們也完全相信那是可行的。

❖

他們往西南偏南的方向行進，直到抵達曼德海峽（Bab el Mandeb），那是位於吉布地北部和葉門南部之間的狹窄海峽。海灣變得波濤洶湧，風也大了起來。整整一個小時，他們一直在思考，他們的身體到底會濕到什麼程度，那艘船到底能裝多少水，還有他們的樣本承受海水的可能性有多大。

但不久吉布地的海岸就出現在眼前了，那片土地看起來灰暗又荒涼。在接下來的幾個小時裡，夜幕低垂，他們沿著海岸行駛。偶爾會經過一些漁民，看到遠處頭頂上有飛機的燈光。夜幕籠罩整個天空時，他們在漆黑的水面上急馳。他們第一個抵達的吉布地港口是奧博克

（Obock），那是海岸最東邊的小鎮，絕對不是他們打算上岸的地方。那裡沒有美國大使館，幾乎沒有任何服務。他們不想停下來。

但船長停了下來。

「等一下。」船長說。

他需要送孩子下船。他說，奧博克是葉門難民的一個入口，附近有一個聯合國的難民營，他打算把孩子送到那裡寄放，馬上就回來開船。

但是這聽起來不太對勁，穆赫塔以前在田德隆訓練出來的直覺，現在處於高度警戒狀態。過去的五個小時，他們對船長愈來愈滿意，現在卻突然變成這樣。這種突如其來的計畫變動，正是他們擔心的。但船長的態度就是一副無所謂的樣子，他們只好放任他把船開近碼頭。穆赫塔希望在五分鐘內就重新啟程：讓小孩自己上岸，船直接駛離。

他沒有料到這裡會出現穿制服的人，但現在碼頭上有兩個人，船長朝著他們拋出繩子。

「我們在做什麼？」穆赫塔問船長。

「只是送孩子上岸，別擔心。」他說

這時，穿制服的人示意穆赫塔和尼寇森下船。

「這些人是誰？」尼寇森嘟囔著。

穆赫塔也不知道。海岸警衛隊嗎？當地的警察嗎？他們身穿藍色的迷彩服，拿著德國G3步槍。

「你們從哪兒來？」其中一人問道。

「葉門。」船長說。

「這兩人呢？」那個人又指著穆赫塔和尼寇森問道。

船長回答，他們是美國人，在前往首都的途中短暫停留，大使館的人正等著他們。

聽他這麼一說，那兩人突然興趣來了。

「你們跟以前來這裡的人不一樣。」其中一人說。

「什麼意思？」穆赫塔問。

「我是說，跟你之前的美國人不一樣。他們有美國政府的人來接上岸，你們怎麼沒有人來接？」

穆赫塔說：「因為我們要去吉布地，本來就沒有計畫在奧博克停留。」

「跟我們來吧。」其中一人說：「總督會想見你們的。」

❖

穆赫塔的腦中閃過種種可怕的可能性。祕密監獄，非法拘留，這裡可能是中情局的黑牢。自從九一一恐怖攻擊後，吉布地一直是美國重要的反恐夥伴。經常轟炸葉門的無人機就是從這裡發動的。多年來，疑似恐怖分子的嫌疑犯都被送到吉布地拘留、審訊和折磨。他很慶幸身邊還有尼寇森這個美國白人存在，像尼寇森這樣的人不會突然失蹤。

船長關掉引擎，孩子上了碼頭，穿著制服的吉布地巡警笑容滿面地迎接穆赫塔和尼寇森。穆赫塔看著尼寇森，心想這應該沒什麼好事。但是拒絕總督的款待似乎比接受款待更麻煩，穆赫塔和尼寇森只好離船上岸。不久，他們的行李箱也搬上岸並打開檢查。手提箱裡裝滿了小塑膠袋，看起來像毒品。穆赫塔和尼寇森必須解釋那些樣品、他們的咖啡事業、行程安排，以及他們需要回到船上繼續前進，以便趕上西雅圖的大會。

但現在看來，準時抵達似乎不太可能了。他們遭到拘留，雖然對方沒有敵意，他們也沒有感覺到特別的威脅（至少目前還沒有威脅感）。當時的感覺比較像美國機場常見的非理性拘留，是因為警官覺得他們遇到無法立即理解的事情，覺得事情太不尋常而不能輕易放行。

❖

穆赫塔和尼寇森坐上一輛休旅車的後座，他們被告知車子是開往總督的官邸。

尼寇森低聲問道：「你認為我們真的是去那裡嗎？」

穆赫塔回應：「我也不知道。」他心想，吉布地人是故意告訴他們要前往總督的官邸。想到他們即將獲得款待，肯定會讓他們得意忘形。現在船長不知道人在哪裡？他和小孩都不見蹤影。這又增加了船長是刻意出賣他們或移交他們的可能性。送那兩個孩子來吉布地根本是障眼法！穆赫塔的腦中浮現出各種暗黑的可能性。

那臺休旅車在一個看似房子的地方停下來，那裡看起來不像監獄。他們打開車門，帶著穆赫塔和尼寇森來到門口。這時一個身穿卡其褲和襯衫、面帶微笑的吉布地男子走出來迎接他們。

那個男人說：「你好，你好。」然後轉向一名助手，「水呢？我們先為你們倒杯水好嗎？」他帶著他們進去屋內。

他們接受了對方提供的瓶裝溫水。奧博克的氣溫很容易升到攝氏四十三度，濕度又高，悶得令人窒息。總督帶他們到他的辦公室，那是一間寬敞的木板房，可以眺望大海。

他詢問他們的行程和計畫，穆赫塔和尼寇森告訴他，他們希望直接前往首都，然後從那裡搭乘最早的航班飛往阿迪斯。

「哦，你們趕不上飛機了！」總督一派輕鬆地說。

他說，現在已經八點了，坐船到首都要好幾個小時。此外，他們還有很多事情需要釐清。總督需要先聯繫美國駐首都的大使館，讓他們知道有兩名穿著葉門服飾的美國人突然來到這裡。

「在這裡過夜吧。」總督說，「我們有一家很好的旅遊飯店，你們可以住在那裡。」

❖

他們沒有選擇的餘地。至少這個夜晚他們是吉布地當局的俘虜，而且還得自己付費。這是一週內第二次穆赫塔得為自己遭到拘留付費。總督告訴他們，美國大使館的部門必須批准釋放或來接他們，他們才能離開。接著，他跟他們道別，並說隔天會再見到他們。

穆赫塔知道，從那裡開車到大使館所在的首都需要六個小時。大使館裡沒有人會開車來奧博克。況且，不管怎麼說，這一切都毫無意義。他們唯一該做的是回到船上，搭兩小時的船去首都。

警衛把穆赫塔和尼寇森帶到旅館，那是一排坐落在濱海懸崖上的土坯房。他們辦理入住手續時，警衛在一旁等候。他們以美金付款後，警衛就離開了。

房裡空蕩蕩的。每個房間內都擺了一張小床和床頭櫃，上頭裝了一支風扇，沒人監守他們。他們若要挑戰吉布地當局的話，可以試著離開旅館，找到道路，然後搭便車到首都。又或者，他們可以到海濱碰碰運氣，找到船長，乘船潛逃。

這兩種選項都不太可能成功，因為未知數太多了。穿藍色迷彩服的警衛可能就守在海邊，而且整個城鎮黑暗又荒涼，根本看不到車子的蹤影，路上也毫無人跡。這是一個瀰漫著不祥氣氛的破敗小鎮。在這種地方，人可能無緣無故地消失。

尼寇森試著打他的手機，發現可以收到訊號。他打電話給妻子，告訴她現在他們在哪裡。她幫忙找到美國駐吉布地大使館的電話。他打電話過去，並用最迷人的南方口音，告訴電話那端的美國大使館人員發生了什麼事。對方只承諾他們抵達首都後會殷勤地接待及保證安全通行。

看來他們別無選擇，只好等待早晨。

❖

早餐時，小旅館的餐廳裡出現奇怪的情境。那裡有一群看起來很混雜的北非軍官，還有一個義大利家庭（包括家長，也許還有幫傭，低聲地說話；孩子用iPad看卡通片）。最奇怪的是一桌修女，她們開心地聊天，似乎對於來到吉布地很興奮。吉布地現在的氣溫是攝氏四十六度。穆赫塔和尼寇森默默地吃著早餐。

吃完早餐後，他們搭計程車去總督的辦公室。警衛告訴他們，他們可以搭定期往返的渡輪從奧博克前往首都。

「渡輪什麼時候開？」穆赫塔問道。

警衛也不確定。他們說，渡輪通常是十二點三十分離開，但時間表不可靠。他們說，渡輪也可能整天都不開。

尼寇森開始焦躁了起來，並提醒穆赫塔他們的時程安排。他們需要趕回美國，需要烘焙咖啡豆，也需要休息。於是，他們兩人開始對當地的官員施壓，尼寇森扮演苛刻的美國人，穆赫塔的語氣比較溫和。這種軟硬兼施的伎倆行不通時，他們又角色互換，再試一次。最後可以明顯看出，當地的官員無法接受兩個美國人隨意搭上漁船前往首都，因為那樣會出問題。萬一他們告訴首都的官員他們在奧博克遇到的狀況，那怎麼辦？

拘留他們的人很擔心，因為他們沒有這兩個美國人的入境證明——他們沒有權力那樣做，因為奧博克不是正式的入境港口——在此同時，他們也不能直接放他們回海上。

問題在於通行的方式：穆赫塔和尼寇森現在不准回到船上，任何船隻都不行。所以他們提出另一種選擇：他們租一輛車，雇一個司機，開車去首都。官員接受了這個選項，不久他們就租到一輛休旅車，雇了一名司機，把行李放上車，開車離開了。

❖

當時的溫度是攝氏四十九度，再加上濕氣，感覺氣溫加倍的炎熱。開車花了六個小時，而且車子裡又多了一個人：一個低階的吉布地官員堅持跟著他們，無疑是因為他預期到了首都可以索賄。

他們穿過大片無人居住的土地，那些土地在乾旱及酷暑的衝擊下，呈現焦紅色的狀態。車子沿著吉布地的海岸行駛，偶爾會抄近路，穿過乾涸的河床和焦紅色的山谷。過程中，穆赫塔和尼寇森一直用英語討論各種可能性和突發狀況。他們需要抵達美國大使館，只要抵達那裡，索賄及那個不請自來的官員都不再是問題了。

但他們必須先趕到那裡。途中，他們一直在想，這趟路程是否真的就只是把他們載到首都那麼簡單。不先解決賄賂問題的話，如何避免那個吉布地官員建議繞遠路或中途停留？沿途有好幾個檢查站。吉布地政府正試圖控制來自葉門的難民潮。前兩個檢查站很輕鬆迅速地通過了，第三個檢查站質問了司機和官員，尼寇森和穆赫塔都必須出示護照，但最後還是放行了。他們抵達首都時已是傍晚，這個有五十二萬九千人的城市塵土飛揚，跟全國的其他地區一樣酷熱難耐。

穆赫塔和尼寇森以為他們會被送去美國大使館，沒想到他們是被載到警局。一名穿著時髦便服的年輕警官（看起來更像模特兒，而不是警察）逐一盤問穆赫塔和尼寇森，問他們為什麼來吉布地及如何抵達。穆赫塔接受盤問時，尼寇森打電話給美國大使館，並與前一天晚上聯繫的那位凱洛女士通話，凱洛說她會派人去接他們。

那個打扮時髦的警察做完盤問後，說穆赫塔和尼寇森可以自由離開了，但那個奧博克的官員不同意，他仍在大廳裡等著。他索求兩百美元，但他無法決定那筆費用的名義。他說，那是指引他們來到首都的費用。穆赫塔和尼寇森不肯支付時，他又說那是他們抵達奧博克的處理費，他們還是不肯支付。於是，他揚言在警察局逮捕他們。

「你能幫我們嗎？」穆赫塔問那位時髦的警察。警察介入處理後，就把那個官員打發走了。

「我覺得他很可悲。」穆赫塔說。

大使館派來的人到了，她是來自華盛頓特區的吉布地裔美國人，非常友善能幹，穆赫塔和尼寇森簡直是感激涕零，差點就想擁抱她。不過，穆赫塔認為，最好還是讓尼寇森以路易斯安那州的方式來談，所以他始終保持緘默，覺得他還是有很小的可能性遭到拘留，被送去關達那摩（Guantánamo）。

她帶他們去一家旅行社，訂了第二天起飛的航班，讓他們及時趕回美國參加SCAA大會。那個航班將於凌晨三點離開吉布提。

他們到達機場時，海關官員困惑不解。穆赫塔和尼寇森從未獲得進入吉布地的簽證，護照也沒有入境的戳記。既然沒有蓋入境章，海關人員就不能幫他們蓋出境章。三更半夜，基於罕見的務實立場，海關人員決定讓他們直接登機，不蓋戳印，彷彿他們從未去過吉布地似的。

第五部

第三十九章　回到無限大樓

穆赫塔回到美國後簡直忙翻了。在舊金山的機場，一出關就遇到電視臺的攝影機。他接受了當地新聞、全國公共廣播電臺（NPR）、半島電視臺（Al Jazeera）的採訪。回家後，他和困惑不解但心懷感恩的家人過了一夜，翌日就飛往西雅圖，並在美國精品咖啡協會所舉行的大會上獲得熱烈的迴響。他在大會上發表演講，觀眾起立鼓掌。他和尼寇森合租一個攤位，向精品咖啡界介紹葉門咖啡。會議結束後，穆赫塔搭計程車去機場時，聽到廣播傳出自己的聲音。那是他接受BBC訪問的內容。

司機說：「這傢伙瘋了。」他絲毫沒意識到那個瘋子正坐在車內。他和尼寇森租那條船時，沒有想過家鄉的人會怎麼看待那件事。經過多次的炮火洗禮，租用小船，橫渡紅海後，他們終於從摩卡港離開葉門，只為了參加一場秀展。

他的灣區朋友中，有一半的人至少有幾個小時認為他已經死了。穆赫塔成功逃脫的那天，灣區有另一名葉門裔美國人才被迫擊炮擊斃，名叫傑瑪・拉巴尼（Jamal al-Labani）。新聞中透露死者的名字之前，一些零星的資訊在穆赫塔的社交圈內傳了開來，朋友都擔心他可能遇害。

咖啡大會結束後，穆赫塔在舊金山見了米麗安、賈斯汀和朱利亞諾。他們說他看起來很鎮靜，不像剛從戰火中逃生的人。阿拉伯裔美國人的社群都想訪問他，包括美國穆斯林的宣導團體及咖啡界的人士。但經過一段時間後，熱潮終於回歸平靜，他又恢復原來的生活。他去拜訪藍瓶咖啡，創辦人費曼聽過他的故事，現在為他的黑瑪區樣本做杯測，並打了九十分以上的成績。

「這種咖啡你可以買到多少量？」費曼問道。

「一個貨櫃，一萬八千公斤。」穆赫塔回答。

費曼沉吟半晌後說：「那可能不夠。」他想全部買下來。

這樣算起來數字很驚人。如果穆赫塔可以把一貨櫃的葉門咖啡賣給精品咖啡的專賣店，利潤可能非常可觀，他的農民將比以前多賺三〇%。

但他需要資金，遠比之前更多的資金。

他問易卜拉辛有沒有想法。易卜拉辛列了一份清單，他們已經找遍葉門裔美國人圈子裡每個認識的人了，不得不另尋出路。

某天，穆赫塔在教會區跟米麗安講述這一切。米麗安對於穆赫塔還活著感到很高興，畢竟當初是她指引穆赫塔朝咖啡這一行發展，穆赫塔為此去了葉門，差點連命也丟了。現在他需要資金採購更多的咖啡，也很渴望持續去葉門。

他們在瓦倫西亞街（Valencia Street）的儀式咖啡館（Ritual Coffee Roasters）裡聊著這一切，以及葉門這個國家、葉門的麻煩和咖啡。這時鄰桌一位女士突然對他們的話題產生了興趣。那個女士身材高瘦，金髮碧眼，名叫史蒂芬妮。她說：「你們應該來我工作的地方。」

穆赫塔不知道去她工作的地方和這一切有什麼關係。她說她在一家創投公司工作，那家公司名叫創始元老（Founder Fathers），聽起來很有趣。

他打電話給易卜拉辛，易卜拉辛說：「創始元老，那是很棒的創投名稱。」但是他們上網搜尋時，發現沒有一家創投公司是這個名稱。於是，他們上臉書去搜尋史蒂芬妮。

「天哪！」易卜拉辛說，「她在創始人基金（Founders Fund）上班。」

穆赫塔聽不懂那句話的含意，他問道：「那很好嗎？」

易卜拉辛告訴他，創始人基金很早就投資Facebook、Airbnb、Lyft等企業，他們的資金多達數百億美元。他們的認可可以讓任何模糊的概念轉變成現實。他們聯繫史蒂芬妮，說他們很樂意去她上班的地方。

但是話又說回來，創始人基金的創辦人是彼得．提爾（Peter Thiel），最近他因為在共和黨的全國代表大會上大力地支持川普而引起轟動。

穆赫塔說：「現在還不用擔心那些。」創始人基金裡充滿了革新派人士，包括一位女性合夥人——史蒂芬妮認為他們應該跟那位合夥人見面談談。她的名字叫賽恩・班尼斯特（Cyan Banister），他們上網搜尋她的資訊，發現她是知名的天使投資人，很早就投資太空技術探索公司（SpaceX）和優步，她也是性別酷兒。

穆赫塔說：「我們可以去看看。」他們覺得她的政治立場應該可以和提爾的立場相互平衡。況且，提爾也是同性戀。這一切感覺難以捉摸。

創始人基金的總部位於舊金山北岸的要塞區（Presidio），那裡以前是軍事基地。總部大樓是由喬治・盧卡斯（George Lucas）改裝的，大廳裡放了一個真人尺寸的黑武士（Darth Vader）複製品。

賽恩說：「費曼說你的咖啡嘗起來宛如天籟般美好。」她的態度和善，也很感興趣，而且她已經事先研究過了。她知道，優質咖啡很賺錢，藍瓶咖啡對穆赫塔的信心讓她更有勇氣投資葉門咖啡。但她說，創始人基金不能當領投者（lead investor），他們在募資的初期不主導投資。

易卜拉辛說：「我們有領投者。」嚴格來說，這不是真的，但易卜拉辛的想法是，如果他們能獲得創始人基金的投資承諾，就可以利用那點去找另一家位於杜拜的創投公司「持久資本」（Endure Capital）來當領投者。持久資本是易卜拉辛的朋友泰里克・法希姆（Tarek Fahim）經營的，他是埃及人。

那天，他們帶著一個不大可能實現的計畫離開要塞區，但幾個月後，那個計畫實現了。他們靠著創始人基金的承諾，拉進持久資本公司來當主投者，有了持久資本公司的承諾，他們又拉進第三家投資者五百新創公司（500 Startups）。突然間，他們變成一家真正的公司，可以付錢把咖啡運到美國，可以付錢給農民，也可以支付自己薪酬了。

❖

穆赫塔有一個新的想法。現在，他甚至有能力自己租一間公寓。當時他還睡在父母位於阿拉米達（Alameda）的住家地板上（沒錯，他們又搬了家）。他睡覺的地方只離瓦力幾公分，瓦力的打呼聲不僅毫無分寸，也干擾他的睡眠。

❖

穆赫塔有一個朋友的朋友，名叫虹美拉（Homera），她是房地產經紀人，所以穆赫塔上網查她刊登的租屋物件。他一看就笑了，馬上發現他租不起舊金山的單房公寓。但是在好奇心的驅使下，他流覽了一下虹美拉刊登的物件，看到其中一間就在無限大樓裡，他不禁停了下來。那些照片令人大開眼界，可以俯瞰灣景、整個市中心、柏克萊、奧克蘭、海灣大橋、天使島、馬林等等。他在無限大樓當門衛時，從來沒踏入裡面的任一戶。偶爾他會送包裹給住戶，或是幫住戶把東西拿進及拿出電梯，或是把外賣的餐點送到住戶的門口，但從來沒有人邀請他踏入室內。

那裡的每月租金貴得可笑，他根本租不起。他索性轉往Craigslist找租屋訊息，結果還是看到無限大樓的租屋資訊，但這次是有人想找室友一起合租兩房的公寓。穆赫塔認為臨時分租的房間可能對分租者比較划算，所以他寫信到那個刊登者的郵件信箱，說他在咖啡業工作，有興趣分租公寓。

結果他收到一封回信，那人名叫夏岡（Shagun）。他上臉書搜尋，發現她是女性，是個很迷人的印裔美國人，在醫學院就讀。他知道他不可能跟她同居（他不能跟沒有婚姻關係的女人同居，不然他的父母會崩潰），但是見她一面並參觀公寓無妨。

自從離開無限大樓後，這是他第一次回去。他打扮時髦，刻意遲到幾分鐘。他不想在大廳裡逗留，以免他認識的人在櫃臺工作。他沒有必要讓夏岡知道他當過門衛。

夏岡出現時，他只覺得她實在長得太漂亮了，他根本不可能跟她同居。原本他還抱持一點反抗葉門習俗的想法，這下子全部消失。當時大廳裡還有一位住戶，是一位比較年長的白人男性，名叫吉姆．史托弗（Jim Stauffer），他是金融界的管理者。穆赫塔曾為史托弗先生開門上百次，幫他收包裹及整理包裹。穆赫塔與他目光相接，他以為史托弗會走過來問他為什麼回來、過得如何。穆赫塔心想，他應該躲不掉，會被史托弗認出來。

沒想到，史托弗先生歪著頭，像個近視的人不確定自己看到了什麼，轉過身就走了。他可能不記得穆赫塔的名字，不然就是根本不認識穆赫塔。

❖

不久，穆赫塔和夏岡一起搭上電梯，直上二十三樓。她談到醫學院，談到為什麼她想找一個有工作、愛乾淨、不會讓人分心的室友——她沒有解釋太多，但穆赫塔可以理解。他曾經為這種專業人士開門，他很清楚。

進了公寓以後，室內就像簡介的圖片那樣。到處都有採光，放眼望去都可以看到藍色，整座城市盡收眼底。光是站在那個房間裡，就足以徹底調整一個人的平衡，感覺就像站在飛機的機翼上。

他們坐了下來，她開始溫和有禮地提出一些問題。穆赫塔心想，她在大廳跟他握手時，應該就想問那些問題了：為什麼你這個年紀的人，在咖啡業工作，租得起這樣的公寓？你是繼承了巴林王國（Bahrain）的一些財產嗎？

於是，他跟她聊起了葉門，聊到他為了把咖啡運出葉門而閃躲炸彈及胡塞叛軍，聊到那些咖啡農，聊到再過幾個月他就可以把一整個貨櫃的上等咖啡從葉門運到奧克蘭。他也提到，那艘船進港時，他很想在這棟無限大樓內俯瞰海灣。

「而且我以前在這裡工作。」他說。

「業務部嗎？」她問道。

她不敢相信他以前是這裡的門衛。他一口氣說出六個他認識的門衛名字，其中有幾個她可能見過，後來她相信了他的話。他知道他不可能跟她同居，不可能跟任何單身女子生活在一起，但現在他的內心有一種渴望。他想住在無限大樓裡，以證明他辦得到。

❖

兩週後，他又看到另一個位於無限大樓B棟的租屋物件，也是在尋找分租的室友。刊登分租廣告的人叫麥特，他和傑夫合租那間公寓，傑夫在柏克萊經營一家分析公司。麥特必須搬到俄亥俄州工作，但他想留住那間公寓，所以把他的房間轉租出去。最近他是轉租給一位俄羅斯的商學院學生，那個學生即將搬走。

那間房間的轉租價格比穆赫塔在美國的任何消費還高，但他有一個願景。在那個願景中，他是住在三十樓或傑夫和麥特住的那個樓層；他和摯愛的每個人一起站在陽臺上，看著貨船載運他的咖啡進港。

穆赫塔打電話給麥特，麥特認為穆赫塔似乎是接替那位俄羅斯房客的不錯人選。穆赫塔只需要再跟傑夫面試就行了，因為傑夫有最終決定權。穆赫塔穿過大廳，沒認出櫃臺的工作人員，直接走進電梯。他到了三十三樓，傑夫開門迎接他。傑夫是四十幾歲的高個子白人男性，他端出葡萄酒來招待穆赫塔，但穆赫塔婉拒了。傑夫為自己倒了一杯葡萄酒，他們聊到那個俄國人，聊起他們的工作時間，過程中傑夫似乎一直想問夏岡問過的那些問題。你是沙國王子嗎？之前穆赫塔說他在咖啡業工作，傑夫本來以為他是咖啡師。後來，穆赫塔注意到櫃檯上擺了一臺高級的手工研磨機，終於想辦法把藍瓶咖啡帶入他們的對話中。他們聊完藍瓶後，面試就結束了。傑夫天天光顧藍瓶咖啡，他答應把房間轉租給穆赫塔，穆赫塔也不顧租金的負擔，毅然承租下來了。

❖

史蒂芬主動提議幫他搬家，但需要搬的東西很少。穆赫塔只裝了一個行李箱和兩個垃圾袋。他們把車子停在街角，接著就把穆赫塔的家當搬到無限大樓的B棟大廳。

那天，一個叫強納森的年輕人在櫃臺工作。電話響個不停，大廳裡一片混亂。強納森應該把傑夫預留給穆赫塔的鑰匙交給他，卻找不到。穆赫塔和史蒂芬只好在大廳的皮椅上等候。

「你還好嗎？」史蒂芬問道。

「我很好，為什麼這麼問？」穆赫塔說。

「你一直站起來為人開門。」史蒂芬說。

穆赫塔一再起身去開門又回座，來來回回多達六次，他忍不住就會衝過去開門。「抱歉，」

他說，「老毛病又犯了。」

「你已經不在這裡工作了。」史蒂芬說。

「我知道，我知道。」穆赫塔說。

❖

一週後，穆赫塔開車經過海灣大橋，前往舊金山，整座城市像吊燈一樣明亮。他的父親坐在車子的前座，母親坐在後座。他們剛在外面用餐，那餐是穆赫塔買單的。他問他們：「你們還記得我以前工作的那棟無限大樓嗎？」

他們還記得。

穆赫塔說：「今晚那裡開放參觀，你們想去看嗎？」

他的父母有兩個兒子在無限大樓工作過，所以對於參觀大樓內部並非毫無興趣。但是，當時是平日的晚上八點，為什麼大樓會在這個時候開放參觀呢？

大廳裡沒有其他的客人，也沒有開放參觀的標示。穆赫塔只希望他的父母能相信他的說法久一點。他們踏入電梯後，他按了三十三樓的按鈕。他事前安排好，他們抵達時，傑夫不在家。他把鑰匙插進門鎖，打開門。一如既往，從屋內的每扇窗都可以看到整座城市充滿了活力，市中心的炫麗燈光映照在公寓的光滑地板上。

「這裡沒半個人。」他的母親說。

穆赫塔把母親帶到陽臺上，他們從那個高度呼吸著海灣吹來的空氣，但他的父親仍站在門口附近。

「他有懼高症。」母親說，「你不知道？」

穆赫塔不知道。他們以前在田德隆住的舊公寓頂多只有三樓。

穆赫塔把母親帶回屋內，這時他的父親已經看到照片了。穆赫塔把裝了父母相片的相框放在咖啡桌上。

「這些照片為什麼會在這裡？」母親問道。

「爸媽，請坐。」穆赫塔說。

他們坐了下來。

他說：「我現在做得很好，工作很努力，公司也經營得不錯。我希望你們以我為榮，我想要好好地供養你們。」他告訴他們他的咖啡、咖啡訂單，以及貨船即將抵達的消息。

「穆赫塔，太好了。」母親說，「但我還是不明白為什麼我們的照片會在這裡。」

「媽，」穆赫塔說，「因為我住在這裡。」

第四十章　海運咖啡

葉門的局勢正在惡化，幾乎沒有貨物運往國外。港口的活動主要是進口必需品，國內的藥品短缺，全國多數地區皆面臨糧食供應不穩的問題。聯合國認為葉門即將陷入饑荒，沒有人把出口咖啡給國際精品咖啡的烘豆商列為首要之務。

但穆赫塔還是請農民持續收成。寡婦瓦爾達、將軍和黑瑪區的其他咖啡農仍持續栽種咖啡。黑瑪區幾乎沒受到戰火波及，他們持續把鮮紅色的咖啡果實運到穆赫塔在沙那租用的倉庫。他的分揀員每天都來上班。在空襲下，他們使用的電力都來自自備的柴油發電機。

每天加州時間的清晨四點，穆赫塔都會與當地連線，以瞭解最新狀況。他與尼寇森和哈吉里通話，以確保每個人都很安全。他是負責處理財務和後勤問題，問題來自四面八方。某天，一位分揀員無法來上班，因為他上班的路被沙國的炸彈炸了一個大坑。另一位分揀員的丈夫被迫加入胡塞叛軍，全家不得不躲藏起來。

另外還有GrainPro氣密袋的問題。這種袋子的存在對穆赫塔來說是個好消息。他採購的生豆量足以裝滿一個貨櫃，但是海運出口的話，不能用傳統的粗麻袋裝生豆。如果穆赫塔想要讓人知道他的咖啡與眾不同、比較高級，就必須從包裝開始著手，確保咖啡到達美國時沒有海的氣味、船艙的氣味，以及船運物品的任何氣味。

GrainPro氣密袋是業界標準，那是很厚的塑膠袋，可以為生豆留住水分，排除干擾元素。在美國或世界上幾乎任何地方，取得GrainPro氣密袋只要打通電話，UPS就會把袋子送上門，非常簡單。但是戰爭期間，想把這些袋子運到葉門，幾乎是不可能的事。

穆赫塔設法把一千兩百個袋子運到衣索比亞，光是運送就花了兩週的時間。但衣索比亞沒有人有辦法把那些袋子送到葉門。他打電話到吉布地，找到一艘貨船往返於吉布提和摩卡港之間，那一段運輸又花了六週的時間。總之，他花了兩個月才把袋子運到沙那。在沙那，分揀後的咖啡是存放在標示清楚的袋子裡。密封後，那些袋裝的咖啡豆被運到亞丁港，準備好運往奧克蘭。

❖

有時你很難把這一切視為非做不可的重要大事。葉門的人民正在跟死神拔河，整個國家分崩離析。穆赫塔住在舊金山的高樓中，每天清晨四點起床，打電話到沙那瞭解咖啡的現狀，瞭解貨櫃何時離開葉門。

這一切攸關的金錢非常可觀，牽涉到蓋扎利的錢、投資者的錢、胡貝席的錢。他還要顧及所有的咖啡農、摘採工人、處理員的信心。現在穆赫塔在舊金山有自己的員工，他聘請老友易卜拉欣擔任財務長（易卜拉欣的妻子莎爾瓦竭盡所能地支持他，因為他們有一個十五個月大的孩子，易卜拉欣又為了和穆赫塔合作，而辭去財捷公司〔Intuit〕的高薪工作。相較之下，穆赫塔最實用的經驗只是賣襯衫和本田汽車而已）。穆赫塔也聘請布特公司的喬蒂和瑪麗來擔任品管主任，並聘請老友傑若米來擔任特助。

如果咖啡無法從葉門出口，這一切人事安排都將無法維持下去。每天史蒂芬和穆赫塔從各自的公寓通話十幾次。他們一直和阿特拉斯（Atlas）航運公司合作，該公司的老闆克雷格·霍特（Craig Holt）對穆赫塔的使命很感興趣。幾個月來，他一直在苦思如何把咖啡運出葉門。十二月底的某天，霍特傳來消息，說他們將在新年的前夕運走穆赫塔的貨櫃。

二〇一六年一月一日，咖啡終於送上海運，那艘貨船名叫麗蓓嘉號（MSC Rebecca）。

第四十一章　露西安娜號

在吉達（Jeddah），穆赫塔的貨櫃從麗蓓嘉號轉移到更大的貨船露西安娜號（MSC Luciana）。露西安娜號從吉達駛向新加坡，再到長灘，這次航程花了近兩個月的時間。最後，霍特在二月底告訴穆赫塔，他的咖啡抵達美國了，正在長灘過海關。他估計貨櫃將在二月二十五日週六抵達奧克蘭。

穆赫塔打電話給父母、史蒂芬、易卜拉辛，也傳簡訊給米麗安、蓋桑、朱利亞諾、賈斯汀。他發簡訊給認識的每個人：「來看我的咖啡進港吧。」他打算在無限大樓的陽臺上舉辦派對，邀請他摯愛的每個人前來看那艘貨船進港。他需要準備氣泡蘋果酒、無酒精的香檳、汽水、乳酪、餅乾、沾醬。他必須跑一趟超市。

但是話又說回來，沒有人保證咖啡在週六抵達。沒有人知道一艘船要等多久，一個貨櫃要搜查多久，尤其是來自葉門的貨櫃。

穆赫塔週四上床睡覺，隔天醒來打電話到葉門。

清晨三四點打電話到葉門依然是他的例行公事，那時正好是葉門的下午，他可以和哈吉里及努里丁通話，以瞭解最新狀況。那天早上的電話內容充滿了麻煩，和平談判毫無進展，處理廠沒有電力，分揀員都很擔心工作不保。穆赫塔也很擔心，下個收成季還要等好幾個月，那些女工沒有多少事做。他的投資者一直要求他解雇那些女工，既然沒有豆子可以分揀，繼續支付薪水給那麼多分揀員沒有意義。

但如果把她們裁掉的話，在戰爭期間她們永遠找不到別的工作。況且，下次收成時，穆赫塔要如何找到並訓練另一批分揀員？所以他繼續留下她們（包括芭格達、薩梅拉、拉琪、珊姆、艾罕和艾罕〔有兩個艾罕〕），也繼續支付她們薪水。她們都很感激，尤其他們的丈夫在遭到攻擊的沙那大多處於失業狀態。

❖

週五，穆赫塔起得比較晚，滿腦子都是負面想法，覺得咖啡肯定會出狀況。例如，貨櫃遭到扣留、咖啡豆已經變質、他將陷入債臺高築的狀態。

史蒂芬去佛羅里達參加婚禮，但他也在追蹤露西安娜號的最新資訊。穆赫塔發了一則簡訊給他，再三確認那艘船的狀況：那艘船隔天會來嗎？

幾秒後，史蒂芬打電話來說：「現在來了。」

「什麼？」穆赫塔問道。他在床上驚坐了起來。

「船啊。」史蒂芬說，「兩小時後，船就抵達奧克蘭了。」

史蒂芬可以從手機上看到船的行進，露西安娜號正平穩地駛向海岸。

「不可能，你確定嗎？」穆赫塔問道。

史蒂芬結束通話，去找阿特拉斯航運公司確認。阿特拉斯說，最新的資訊顯示，那艘船將於當天晚上十點抵達。但史蒂芬手機上的追蹤APP顯示，那艘船正在太平洋海岸急速前進，已經接近金門大橋。

穆赫塔下了床，在公寓裡跑來跑去，不知如何是好。船提早到了，預計下午兩點抵達，而現在已經是正午時分。

他打電話給母親，卻轉到語音信箱。他的父親去開公車了。他打給在南部半島區的米麗安，她離這裡有一小時的車程。

易卜拉辛在舊金山開會，正在結束他在財捷的最後一天。這時穆赫塔唯一能聯絡到，而且能及時趕到無限大樓的人，是那個把這一切寫成書的作家。這跟穆赫塔當初想像的情境不一樣。

❖

穆赫塔從手機上看到代表露西安娜號的小圖正沿著海岸移動，先是經過蒙特雷（Monterey），接著又經過帕西菲卡（Pacifica）。穆赫塔走到陽臺，心想他也許可以看到那艘船，但什麼也沒看見。那艘船尚未通過金門大橋。

門鈴響了，那個作家來了。我們站在那裡，笑看這一切真的已然發生，但公寓裡沒有不含酒精的香檳或蘋果汁，也沒有摯友和家人，只有我們兩人，那艘船又離我們那麼近。

穆赫塔盯著手機的APP。

「你看，它穿過金門大橋了。」他說。

手機螢幕上是電玩版的貨船，以一個小小的紅色箭頭顯示。我們一再從手機螢幕上抬起頭來，望向北方，穿過城市，彷彿我們的視線可以穿過那些擋住灣景的山丘和建築、看到那艘船似的。

我們找到最早看到那艘船的地方。在無限大樓的北方，離兩個街區的地方有兩棟大樓，那是市場廣場一號（1 Market Plaza）一部分。兩棟樓呈斜對角排列，它們之間有一道缺口，可以看到深藍色海灣的一小段。露西安娜號會從那裡經過。

這時太陽高掛天際，熱得發白，天空亮得難以置信。海灣上除了幾艘帆船和一兩艘渡輪，就別無其他。沒有貨輪，也沒有油輪。那兩棟樓之間的缺口只要出現船影，那就是露西安娜號，海面上沒有別的類似船隻了。

那個缺口的下方，我們可以看到整個金銀島，以及島上低矮的白色建築。穆赫塔說：「它會直接從我的老家前面經過。」

他又看了一次手機。露西安娜號的紅色箭號經過了漁人碼頭，正繞過北灘和內河碼頭（Embarcadero）。我們確信，露西安娜號隨時都會出現在那個缺口中。

出現了！兩棟大樓之間出現了那艘船的黑色鼻頭。

穆赫塔說：「哦，天啊。」

穆赫塔驚呼時，露西安娜號的船頭剛好出現。船上堆滿了白藍相間、黃綠相間的貨櫃。

穆赫塔打開手機的鏡頭，開始配音：「現在是二月二十六日，那艘從葉門載運一萬八千公斤世上最好咖啡的貨船，出現在兩棟大樓之間。」

那艘船正經過金銀島、渡輪大廈（塔樓上方懸掛著美國國旗，海鷗在上面盤旋）。有兩艘、三艘或四艘的拖船引導著露西安娜號穿過海灣。這時穆赫塔的手機響了，是易卜拉辛打來的。他提早下班，正在路上。

「你現在就得過來。」穆赫塔告訴他，「就算是並排停車，也要趕過來。」

幾分鐘後，易卜拉辛也來到陽臺上。他和穆赫塔擁抱在一起，露西安娜號仍行經金銀島。穆赫塔打電話給史蒂芬，他接起電話。史蒂芬咧嘴而笑的臉龐占滿了整個螢幕，他的臉在佛羅里達的陽光下顯得更紅了。他的身後有棕櫚樹。

「你看到了嗎？」穆赫塔說。「那就是露西安娜號！在那裡！」

史蒂芬把電話轉向，顯露出身邊的一位年輕女子。

「這是小麗，她明天就要結婚了。」

「小麗，恭喜！」穆赫塔說，「祝妳一生幸福，一定會很棒的。」一切似乎都很美好。

「天哪，我真希望我也在現場。」史蒂芬說。

「你有啊，」穆赫塔說，「你正在現場！」

他把手機的攝影鏡頭對準那艘船，這樣史蒂芬就能看到了。接著，他們掛斷電話。穆赫塔還得打電話給其他人，例如米麗安，他馬上聯絡她，讓她透過螢幕看到露西安娜號穩穩地經過。

「還記得妳發給我的簡訊嗎？」他問道。

你注意過對面嗎？

她還記得。

「但我不能用FaceTime做視訊通話。」她說，「我現在穿著運動褲。」

穆赫塔打電話給母親，他站在陽臺的邊緣，船從他的肩膀上經過，大海和金銀島就在前方。

「我愛妳。」他對母親說，並吻了手機。

不久，就看不到船了。

第四十二章　門衛合作，開放屋頂

「我們應該去屋頂，」穆赫塔說，「從屋頂可以看到一切。」

他帶著易卜拉辛和我下樓，大廳裡年輕的門衛尼克站在櫃臺的後方。我們出現在大廳並衝向櫃臺時，尼克的眼睛睜大了起來，彷彿我們快壓倒他似的。穆赫塔認識尼克，他曾經邀請尼克到家裡共進晚餐。尼克來自奧克蘭，在無限大樓工作了七個月。對他來說，門衛的工作是他去金融業尋找夢想工作之前的跳板。

現在，穆赫塔請他打破一條非常明確的規定：「不可以讓任何人上屋頂，即使是住戶也不行。」無限大樓的屋頂不是為了娛樂而建造的，那是工業化的屋頂，布滿了高壓空調和電纜，而且沒有足夠的護欄，沒有任何裝置讓任何人在上面活動。

但是話有說回來，現在是穆赫塔提出要求，再加上這艘船那麼重要。穆赫塔解釋，那艘船只會進來一次，而且……

「好吧。」尼克說，「可以。」

他帶我們進電梯，抵達三十五樓。他找到一扇不起眼的門，接著用萬用鑰匙開門，一路上一直唉聲歎氣。他帶我們走上兩層樓的樓梯，打開另一扇門。

我們到了屋頂。那裡令人頭暈目眩，而且太亮了，視野幾乎毫無阻礙。穆赫塔答應尼克，我們只待一分鐘，他不會告訴任何人。

尼克看起來憂心忡忡。他不僅讓一名住戶及兩名非住戶上了不接待任何訪客的屋頂，而且他還丟下櫃臺的工作。

「我得回去了。」他說，接著就鑽回大樓內。

我們依然可以看到那艘船，它仍隆隆地駛向奧克蘭港。從屋頂上，站在那些常年為無限大樓維持室溫的運轉機器之間，我們看到了整座海灣大橋，汽車很小，卡車也很小。我們可以看到油輪在南灣等待，可以看到整個舊金山，整個金銀島。

穆赫塔笑個不停，接著又哭了一會兒，然後他又笑了起來，易卜拉辛也笑了。他剛結束在財捷公司的最後一場會議，現在他在無限大樓的屋頂上，看著他們的咖啡進港。

「你看！」穆赫塔說，指著下面，「你可以看到院子，那個有僧侶雕像的院子。」易卜拉辛和我往下看，看到三十七層樓的底下，希爾斯兄弟大樓的院子角落，但是看不到那座雕像。不久，露西安娜號也看不見了，它移到無限大樓D棟的後方。D棟在無限大樓的最東邊，比B棟高了五層樓，擋住了船塢的視線。

穆赫塔說：「我們必須去那邊。」

易卜拉辛和我堅持說沒關係，我們已經看到那艘船了，沒必要再次上上下下，只為了到另一棟高樓多看一點。

穆赫塔說：「這很容易。」他帶我們從屋頂下來，進入電梯，往下三十五層樓，回到一樓，穿過大廳。我們向尼克道謝，穆赫塔問他能不能讓我們去D棟大樓。

尼克說：「問安娜吧。」他比之前更焦慮了，「她正在D棟上班。」

穆赫塔認識安娜，她的全名是波拉娜・海希嘉（Borana Haxhija），就像自己的妹妹一樣。她的父母逃離阿爾巴尼亞、來到美國的時間，跟穆赫塔的父母從葉門移居美國的時間差不多。他們一家人也是在田德隆定居下來，離穆赫塔一家人以前位於兩間色情商店之間的住處僅隔幾個街區。安娜是讀伽利略高中，目前在舊金山州立大學就讀，同時身兼兩份工作。穆赫塔衝進大廳看到她時，他知道她會放行的。

「我們可以上屋頂嗎？」他問道。

她沒問原因，直接把鑰匙交給他。

我們搭電梯到四十二樓，接著走上樓梯，來到屋頂。在屋頂上，方圓八十公里的視野都很清晰。我們可以看到露西安娜號駛進奧克蘭港。在下面，我們可以看到整個院子，還有那個舉著咖啡杯的僧侶雕像。

後記

二〇一六年六月九日，摩卡港咖啡在美國各地的藍瓶咖啡首次上市，是藍瓶有史以來賣過最貴的咖啡，再搭配以穆赫塔母親的配方所製作的小荳蔻餅乾，整套售價十六美元。

布特、喬蒂和瑪麗——布特公司的每個人——都來恭喜穆赫塔。梅斯柯拉從阿迪斯阿貝巴發簡訊跟他道賀。他也收到紐約的桑切斯及巴拿馬的克魯茲稍來的祝福，還有葉門咖啡農傳來的訊息，他們說：「無論你去哪裡，我們都會跟隨你。」當時，穆赫塔已經為他們支付了婚禮、葬禮、醫療，以及大學學費。

穆赫塔的相關事蹟已經傳遍了葉門。全國各地的農民都把咖啡運到沙那的摩卡港咖啡公司，希望能進行直接交易，以提高咖啡的售價。截至二〇一七年春季，黑瑪區的農民已經以咖啡樹取代一萬七千棵咖特草的栽種。

二〇一七年七月，北美、日本、巴黎、巴西都可以買到摩卡港咖啡，價格也比較實惠。第一個貨櫃的咖啡在四十五天內就在四大洲賣完了。摩卡港的第二批貨是從葉門空運到約旦，再轉到舊金山，於二〇一七年一月五日抵達，三十二天就宣告售罄。

二〇一七年二月，《咖啡評鑑》（*Coffee Review*）給予摩卡港的黑瑪微批次咖啡九十七分的高分，那是該雜誌發行二十年來的最高評分。

西雅圖咖啡大會結束一個月後，尼寇森搭乘運牛船返回葉門。後來，他把全家人帶回了美國，但持續前往葉門經營瑞洋，直到後來在沙那被一個反叛組織綁架。反叛組織把他關押了一個月，所幸毫髮無傷。獲釋後，他回到美國與家人團聚。瑞洋處理廠仍在營運，並出口咖啡到世界各地。

二〇一六年，穆赫塔搬出無限大樓，他覺得那間公寓太高級了，住在裡面很孤寂。當初他想住在那裡，只是為了看咖啡進入奧克蘭。離開無限大樓後，他搬到了奧克蘭，一個離弗魯特韋爾捷運站（Fruitvale）不遠的地方。摩卡港咖啡的實驗室設在那裡，那也是他儲藏不同品種、杯測、烘豆的地方。

由於葉門國內麻煩頻傳，穆赫塔的祖父搬回了美國，與加州中央谷地的親戚住在一起。某天穆赫塔去造訪他，他接近祖父的房子時，看見祖父獨自坐在屋外，頭靠在拐杖上。穆赫塔走近他，親吻他的膝蓋、雙手和前額。那天是開齋節，按照慣例，穆赫塔為祖父帶來了一份禮物。那是一個裝滿百元大鈔的信封。

哈穆德問道：「你從哪兒弄來的？」

穆赫塔笑著說：「這是來自比驢子還不值錢的男孩。」

穆赫塔從未見過祖父流淚。他坐在祖父的旁邊，抱著他。

那天他一直和家人待在一起，晚上才開車回奧克蘭。在葉門打電話來之前，他還有幾個小時可睡。

謝辭

這本書得益於無數人的大方協助，他們分享了記憶和專業知識，在過程中使這本書盡可能地兼顧準確性及完整性。我想在此感謝以下諸位：Miriam Zouzounis、Jeremy Stern、Giuliano Sarinelli、Benish Sarinelli、Justin Chen、Ibrahim Abram Ibrahim、Andrew Nicholson、Ghassan Toukan、Summer Nasser、Willem Boot、Catherine Cadloni、Jodi Wieser、Marlee Benefield、Stephen Ezell、James Freeman、Wallead Alkhanshali、Faisal Alkhanshali、Bushra Alkhanshali、Nasrina Bargzaie、Zahra Billoo、Temesgen Woldezion、Shaimaa al-Mukhtar、Maytha Alhassan、Marwa Helal、Aben Ezer。這本書可以順利出版，Daniel Gumbiner功不可沒，他不僅精讀了文稿，也孜孜不倦地追求準確。感謝Em-J Staples在二十八個月期間提供堅定的支援、研究和鼓舞人心的話語。深深感謝葉門學者Peter Salisbury和曾在美國國務院任職的Meghan O'Sullivan，他們於二〇一五年為我說明葉門與沙烏地阿拉伯及伊朗的關係，還有美國及其盟

友的利益。眼光敏銳的葉門裔美國記者Fatima Abo Alasrar為我提供敏銳的分析和背景資訊。哈佛大學教授兼詩人學者Steven C. Caton也是如此。感謝舊金山的亞洲法律聯會，以及美國伊斯蘭關係理事會。感謝我們在葉門、吉布地、衣索比亞的朋友和嚮導。感謝Jay和Kristen Ruskey。感謝以下諸位仔細閱讀書稿及提供其他形式的協助：Tish Scola、Paul Scola、Amanda Uhle、Inder Comar、Ebby Amir、Becky Wilson、Kevin Feeney。感謝Tom Jenks設法把這本書減到最適重量。感謝Knopf出版社的編輯Jennifer Jackson，她擔任我的編輯近十六年了，這些年來我們的關係始終很融洽，我對此感激不盡。多年來沐浴在她的熱情下，使我倍感幸運及堅強。這些年來，Sonny Mehta一直支持我和Jennifer Jackson的工作，他的良善使一切事情得以成真。感謝Knopf出版社的所有友人，尤其是Andy、Paul、Zakiya。近二十年來，Andrew Wylie一直是我的好友兼擁護者。我很幸運能成為他的客戶，也因他和旗下員工的無盡關懷而受惠。

以下幾本好書對於瞭解咖啡的歷史和咖啡業極其重要：Mark Pendergrast的《咖啡萬歲（繁中版）》（*Uncommon Grounds: The History of Coffee and How It Transformed Our World*）；Corby Kummer的《咖啡之樂（暫譯）》（*The Joy of Coffee*）；Antony Wild的《咖啡：黑色的歷史（簡中版）》（*Coffee: A Dark History*）；Dean Cycon的《來自咖啡產地的急件（繁中版）》（*Javatrekker: Dispatches from the World of Fair Trade Coffee*）；Steve McCurry的《源自這些手（暫譯）》（*From These Hands: A Journey Along the Coffee Trail*）；Stewart Lee Allen

的《咖啡癮史（繁中版）》（*The Devil's Cup: A History of the World According to Coffee*）。Willem Boot和Camilo Sanchez在他們合撰的報告《重新發現葉門咖啡》（*Rediscovering Coffee in Yemen: Updating the Coffee Value Chain and a Marketing Strategy to Re—Position Yemen in the International Coffee Markets*）中對葉門的咖啡貿易做了重要的概述。以下有關葉門的書籍也提供很大的幫助：Steven C. Caton的《葉門紀事（暫譯）》（*Yemen Chronicle: An Anthropology of War and Mediation*）；Nancy Um的《摩卡商人之家（暫譯）》（*The Merchant Houses of Mocha: Trade and Architecture in an Indian Ocean Port*）；Marieke Brandt的《葉門部族與政治（暫譯）》（*Tribes and Politics in Yemen: A History of the Houthi Conflict*）；Tim Mackintosh–Smith的《葉門（暫譯）》（*Yemen: The Unknown Arabia*）；Gregory D. Johnsen的《最後的避難所（暫譯）》（*The Last Refuge: Yemen, al—Qaeda, and America's War in Arabia*）。瞭解舊金山田德隆區的最佳入門書籍，請參閱Randy Shaw寫的《田德隆》（*The Tenderloin*）。Marc Francis和Nick Francis執導的紀錄片《咖非正義》（*Black Gold: Wake Up and Smell the Coffee*）對咖啡業做了引人注目又簡明扼要的調查。美國公共廣播公司（ＰＢＳ）和Frontline電視節目聯合製作、Safa Al Ahmad執導的紀錄片《為葉門而戰》（*The Fight for Yemen*）對胡塞組織的崛起做了中肯又深刻的概述。

關於本書的詳細參考書目和資源列表，請見www.daveeggers.net/monkofmokha。

沒有Wajahat Ali的遠見和熱情，這本書不可能出版。好友，謝謝你！

沒有穆赫塔．肯夏利的無限誠實與勇氣，這本書也不可能出版。兄弟，謝謝你！
沒有ＶＶ，這一切都不可能達成。摯愛，謝謝你！

摩卡基金會

作者和穆赫塔・肯夏利以本書的所得成立摩卡基金會，並以多種方式運用這筆資金來改善葉門的生活水準，包括支持農民和他們的家庭、保護自然資源、終止前線的難民危機。如欲共襄盛舉，請參見www.themokhafoundation.com。

戴夫・艾格斯作品集

小說

- 《前線英雄》（*Heroes of the Frontier*）
- 《你的父親們，他們在哪裡？還有先知們，他們永遠活著嗎？（暫譯）》（*Your Fathers, Where Are They? And the Prophets, Do They Live Forever?*）
- 《揭密風暴》（*The Circle*）
- 《梭哈人生》（*A Hologram for the King*）
- 《什麼是什麼》（*What Is the What*）
- 《我們是如何飢餓（暫譯）》（*How We Are Hungry*）
- 《你將知道我們的速度！（暫譯）》（*You Shall Know Our Velocity!*）

回憶錄

- 《怪才的荒誕與憂傷》（*A Heartbreaking Work of Staggering Genius*）

非虛構

- 《理解天空（暫譯）》（*Understanding the Sky*）
- 《賽頓（暫譯）》（*Zeitoun*）

編輯作品

- 《倖存的正義：美國冤錯案與被證無罪案（與羅拉・瓦倫博士合編）（暫譯）》（*Surviving Justice: America's Wrongfully Convicted and Exonerated(with Dr. Lola Vollen)*）
- 《證人之聲文摘：為年輕讀者宣揚未聞之聲的十年（暫譯）》（*The Voice of Witness Reader: Ten Years of Amplifying Unheard Voices for young readers*）
- 《野獸國》（*The Wild Things*）
- 《這座橋將不會是灰色的（暫譯）》（*This Bridge Will Not Be Gray*）
- 《她的右腳（暫譯）》（*Her Right Foot*）
- 《起重機（暫譯）》（*The Lifters*）
- 《公民能做什麼？（暫譯）》（*What Can a Citizen Do?*）

國家圖書館出版品預行編目（CIP）資料

摩卡僧侶的咖啡煉金之旅：從葉門到舊金山，從煙硝之地到舌尖的醇厚之味，世界頂級咖啡「摩卡港」的崛起傳奇／戴夫．艾格斯（Dave Eggers）；洪慧芳譯. -- 初版. -- 臺北市：麥田出版：家庭傳媒城邦分公司發行, 民109.09
面； 公分. --（不歸類；174）
譯自：THE MONK OF MOKHA
ISBN 978-986-344-805-1（平裝）
1. 肯夏利（Alkhanshali, Mokhtar） 2. 傳記 3. 咖啡
785.28 109011096

不歸類174

摩卡僧侶的咖啡煉金之旅

從葉門到舊金山，從煙硝之地到舌尖的醇厚之味，世界頂級咖啡「摩卡港」的崛起傳奇

THE MONK OF MOKHA

作　　者／戴夫．艾格斯（Dave Eggers）
譯　　者／洪慧芳
責任編輯／賴逸娟

國際版權／吳玲緯
行　　銷／巫維珍　蘇莞婷　林圃君
業　　務／李再星　陳紫晴　陳美燕　葉晉源
副總編輯／何維民
編輯總監／劉麗真
總 經 理／陳逸瑛
發 行 人／凃玉雲
出　　版／麥田出版
10483臺北市民生東路二段141號5樓
電話：(886)2-2500-7696　傳真：(886)2-2500-1967
發　　行／英屬蓋曼群島商家庭傳媒股份有限公司城邦分公司
10483臺北市民生東路二段141號11樓
客服服務專線：(886) 2-2500-7718、2500-7719
24小時傳真服務：(886) 2-2500-1990、2500-1991
服務時間：週一至週五09:30-12:00．13:30-17:00
郵撥帳號：19863813　戶名：書虫股份有限公司
讀者服務信箱E-mail：service@readingclub.com.tw
麥田網址／https://www.facebook.com/RyeField.Cite/
香港發行所／城邦（香港）出版集團有限公司
香港灣仔駱克道193號東超商業中心1/F
電話：(852)2508-6231　傳真：(852)2578-9337
馬新發行所／城邦（馬新）出版集團Cite (M) Sdn Bhd.
41-3, Jalan Radin Anum, Bandar Baru Sri Petaling, 57000 Kuala Lumpur, Malaysia.
電話：(603)9056-3833　傳真：(603)9057-6622
讀者服務信箱：services@cite.my

封面設計／黃暐鵬
印　　刷／中原造像股份有限公司

■2020年09月03日　初版一刷　Printed in Taiwan.

定價：420元

ISBN 978-986-344-805-1